AF617616

RESPONSABILIDAD CIVIL POR NEGLIGENCIA PROFESIONAL

M.ª CARMEN CRESPO MORA
Profesora titular de Derecho civil. UC3M

RESPONSABILIDAD CIVIL POR NEGLIGENCIA PROFESIONAL

PRÓLOGO
ANTONIO CABANILLAS SÁNCHEZ

Editorial Aranzadi, S.A.U.
C/ Collado Mediano, 9
28231 Las Rozas (Madrid)
Tel: 91 602 01 82
e-mail: clienteslaley@aranzadilaley.es
https://www.aranzadilaley.es

Primera edición: 2024

Depósito Legal: M-13968-2024
ISBN versión impresa: 978-84-10295-66-7

Diseño, Preimpresión e Impresión: Editorial Aranzadi, S.A.U.
Printed in Spain

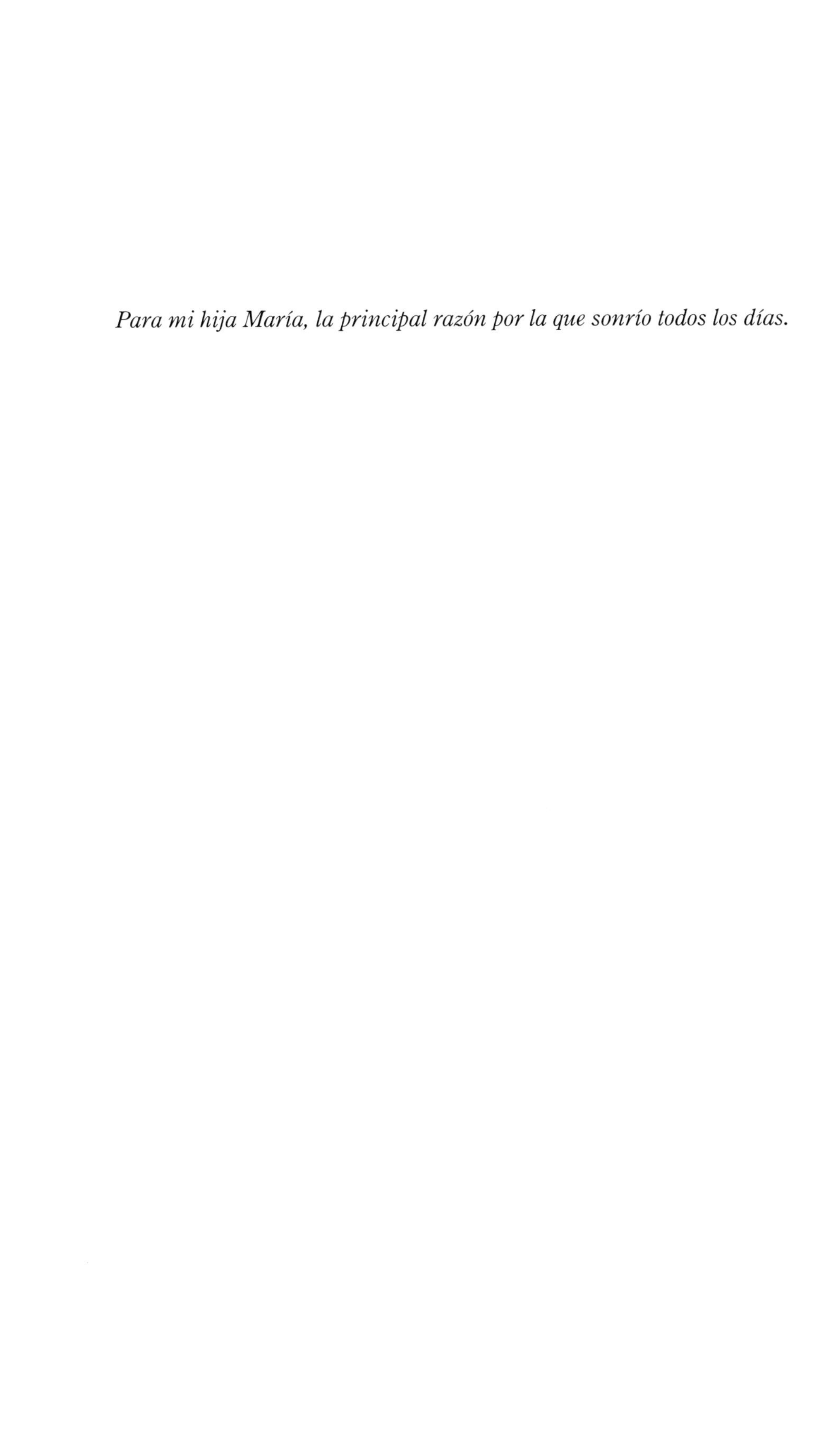

Para mi hija María, la principal razón por la que sonrío todos los días.

Índice General

Página

Prólogo

Conocí personalmente a la autora de la presente monografía, la profesora Carmen Crespo Mora, hace ya bastantes años, al formar parte del tribunal que en 2004 juzgó su tesis doctoral, sobre la responsabilidad civil del abogado, en la Universidad Autónoma de Madrid, siendo los directores de la misma los profesores Miquel González y Gómez Calle. La tesis doctoral mereció la máxima calificación y obtuvo el Premio Sancho Rebullida a la mejor tesis doctoral en el curso 2004-2005. Se publicó en 2005 por la editorial Thomson Civitas, con el título «La responsabilidad del abogado en el Derecho civil».

La trayectoria universitaria de la autora es larga y fructífera, desarrollando su actividad docente e investigadora en la Universidad Autónoma de Madrid, hasta que en 2008 se incorporó a la Universidad Carlos III de Madrid, cuyo Catedrático de Derecho Civil era el profesor Caffarena Laporta. Obtuvo dos becas posdoctorales en concursos competitivos, la Juan de la Cierva (2008-2010) y la Ramón y Cajal (2011-2016). Desde 2017 es Profesora Titular de Derecho Civil en la Universidad Carlos III de Madrid, donde lleva a cabo, con total dedicación, una amplia labor en los ámbitos de la docencia, la investigación y la gestión académica. Además de impartir docencia en todas las materias propias del Derecho civil, fue subdirectora del Departamento de Derecho Privado y en la actualidad es directora del mismo, así como subdirectora del Máster Universitario de Propiedad Intelectual, dirigido por el profesor Bondía Román.

Aunque ha investigado en materias muy diversas, sus dos grandes líneas de investigación son el contrato de servicios y la responsabilidad civil de los prestadores de servicios, lo cual está en consonancia con el tema que fue objeto de su tesis doctoral. Ha publicado numerosos estudios en esta línea, destacando su reciente monografía sobre «La prestación de servicios jurídicos», publicada en 2020 por la editorial Aranzadi. Esta monografía fue galardonada con el Premio Memorial Degà i Rovira 2020, otorgado por el Ilustre Colegio de Abogados de Barcelona. También ha participado en once proyectos de investigación de financiación pública, refiriéndose los dos últimos al contrato de servicios, la más importante de sus líneas de investigación, siendo los investigadores principales los profesores Caffarena Laporta y Santos Morón, que han contribuido decisivamente a su propia formación y a su plena integración en la Universidad Carlos III de Madrid. Estos dos proyectos llevan por título «El contrato de servicios:

hacia una nueva regulación en el marco del Derecho europeo» (DER 2013-44620-P), siendo los investigadores principales los profesores Caffarena Laporta y Santos Morón y «La prestación de servicios de carácter digital» (Der 2017-82638-P), cuya investigadora principal es la profesora Santos Morón.

Estos antecedentes ponen de relieve la capacidad investigadora de la autora y denotan la calidad de sus estudios de investigación, y, dentro de ellos, la monografía que es objeto de nuestra atención, siendo su lectura muy conveniente para comprender la compleja problemática de la responsabilidad de los profesionales liberales en la actualidad. En relación con las cuestiones que se tratan en la misma, la autora tiene en cuenta las aportaciones doctrinales más relevantes que se han publicado en nuestro país y numerosísimas sentencias de nuestros tribunales, siendo muchas las que se han dictado en la última década, de lo que se da noticia en la bibliografía y en la relación de sentencias citadas que figura al final de la monografía, así como en sus 454 notas a pie de página.

La utilización de un adecuado método de investigación, que se concreta en el planteamiento y la resolución de los problemas que son propios de la responsabilidad civil del profesional liberal, determina que la autora haya conseguido plenamente el resultado perseguido, consistente en presentar al lector una panorámica general y actual de cuáles son los nuevos problemas que suscita la responsabilidad civil profesional y en qué estado se encuentran los temas más clásicos en torno a la misma.

La investigación desarrollada aúna la profundidad y el rigor metodológico con la claridad expositiva. Además, si como se afirma reiteradamente, los trabajos que se realizan en el ámbito académico deben revestir utilidad práctica, el realizado por la autora la tiene al más alto nivel, sobre todo por el análisis exhaustivo de la jurisprudencia, evidenciándose el papel decisivo que ha tenido en la configuración de las diversas teorías especialmente vinculadas a la responsabilidad civil profesional (*vr.g.*, la doctrina del daño desproporcionado, el expediente de la solidaridad impropia, la teoría de la pérdida de la oportunidad), así como la reciente concepción del vínculo contractual entre cliente (no empresario) y el profesional como relación de consumo, una novedad que, como señala la autora, implica un cambio de rumbo de imprevisibles consecuencias. Ciertamente, esta monografía será muy útil para resolver los problemas que cotidianamente se plantean ante los tribunales.

Pasando a reflejar a grandes rasgos las cuestiones principales, las más debatidas, que tienen que ver con el contenido de la monografía, se advierte que no se trata de establecer el régimen de la responsabilidad civil de los profesionales liberales en general, ni siquiera de perfilar los principios generales de la responsabilidad del profesional liberal, sino de algo más concreto, como es reflejar los problemas específicos que se plantean cuando el daño deriva de una prestación profesional. Se trata de mostrar algunos problemas particulares que se suscitan en el campo de la responsabilidad profesional, los cuales no resultan localizables en el resto de los ámbitos o supuestos de responsabilidad civil y para cuya solución se muestran insuficientes los mecanismos tradicionales del Derecho de obligaciones. De esta manera se trata de enumerar y responder a algunos de los principales interrogantes que suscita en la práctica la responsabilidad civil de los profesionales liberales, como son los problemas en torno a la relación de causalidad y los que tienen que ver con los daños específicos derivados de la negligencia profesional.

La responsabilidad civil de los profesionales liberales ha experimentado una extraordinaria evolución, que la autora describe refiriéndose a cuestiones como la litigiosidad, la cuantía de las indemnizaciones y el seguro de responsabilidad civil. También alude a la incidencia creciente de los deberes accesorios que acompañan a la prestación principal del profesional y la complementan, destacando entre ellos los deberes de información. Junto a esto, la irrupción del Derecho de consumo en el sector de los servicios profesionales parece imparable, augurándose, como señala la autora, un aumento de la litigiosidad.

Se aborda la debatida cuestión de la responsabilidad del profesional en el marco de las relaciones trilaterales, muy frecuentes en la práctica, siendo suficiente para entender el problema con pensar en el profesional integrado en el cuadro médico de una aseguradora de asistencia sanitaria o el abogado que presta sus servicios en un despacho profesional. Se puede entender que la responsabilidad del profesional frente al cliente es más aquiliana que contractual, porque el contrato es celebrado por la aseguradora de asistencia sanitaria o el despacho profesional y el cliente. Sin embargo, la autora da un buen número de argumentos para justificar que el esquema de la responsabilidad contractual es el que mejor responde a la situación entre el cliente dañado y el profesional dañante, ya que entre ellos existe una relación obligacional o por incumplimiento de obligaciones.

Se plantea el problema de la distinción entre las denominadas obligaciones de medios y de resultado, que la autora siempre ha defendido, aunque reconoce que actualmente existe una tendencia doctrinal proclive a minimizar las consecuencias jurídicas de la dicotomía.

Partiendo de esta dicotomía, la autora resalta algunos aspectos importantes al referirse al régimen jurídico de estas obligaciones, que denotan su interés por que el cliente goce de una adecuada protección.

La autora subraya la importancia que tiene la publicidad a efectos de determinar lo que es debido por el profesional, que en el ámbito de la prestación de servicios profesionales es habitual que exista y que lo publicitado muchas veces no coincide con lo establecido en las cláusulas del contrato celebrado. La publicidad opera como fuente integradora del contrato, como establece expresamente el artículo 61 del TRLGDCU.

También son esenciales los deberes accesorios de información para determinar lo debido por el profesional, ya que éste no puede crear falsas expectativas en el cliente. El incumplimiento o defectuoso cumplimiento de los deberes accesorios de información puede llevar a que se transfiera al profesional el riesgo de la no consecución del resultado que, por regla general, no recae sobre él, pues lo asume el cliente. En tales circunstancias, si el resultado no se obtiene, aunque tal consecuencia sea inevitable conforme a la «*lex artis*» y estado de la ciencia, el demandante podrá alegar la existencia de incumplimiento contractual sin necesidad de probar la negligencia del profesional.

En relación con la carga de la prueba de la negligencia profesional, la autora se refiere a la doctrina del daño desproporcionado, que es un expediente que facilita la carga de la prueba de la culpa, constituyendo una aplicación de la regla « *res ipsa loquitur*», de acuerdo con la cual la evidencia crea una deducción de negligencia.

En materia médico-sanitaria se plantean problemas particulares que suscita la responsabilidad profesional en sede de relación de causalidad. En los supuestos de error de diagnóstico puede existir incertidumbre causal, lo que plantea problemas a la hora de aplicar el criterio del «todo o nada» defendido por nuestros tribunales para valorar la concurrencia del nexo causal. Se alude a la posibilidad de que nuestros tribunales utilizasen un estándar probatorio menos riguroso para considerar probada la relación de causalidad, al igual que se hace en otros ordenamientos jurídicos de nuestro entorno europeo.

Con respecto a la aplicación del expediente de la pérdida de la oportunidad en el ámbito médico-sanitario lo más adecuado es, en cuanto se tenga el daño por cierto, la muerte o el empeoramiento de la salud del paciente, acudir a la técnica de la concurrencia de causas, es decir, la enfermedad, por un lado, y el diagnóstico erróneo, por otro.

A veces, la averiguación de quién haya sido el profesional causante del daño no es una tarea sencilla. Esto sucede en aquellos supuestos en que han sido varios los sujetos que han producido el daño, siendo imposible determinar la concreta contribución de cada uno de ellos en su producción. Se aplica en tal caso la doctrina jurisprudencial de la solidaridad impropia en el ámbito profesional. En cualquier caso, el recurso a la solidaridad impropia es subsidiario, porque en nuestro ordenamiento jurídico rige la mancomunidad como regla general.

En relación con el daño, elemento esencial de la responsabilidad civil, existen ciertos tipos de daños especialmente vinculados al ejercicio de las profesiones liberales, presentando un gran interés la denominada pérdida de la oportunidad procesal. Se trata de un daño autónomo, distinto del daño final. Para que el cliente tenga derecho a ser indemnizado, habrá de acreditar que habiéndose interpuesto la demanda o el recurso a tiempo lo más probable es que hubiera obtenido una resolución judicial favorable a sus intereses. Deberá realizarse un cálculo de probabilidades y por tanto acreditarse que la oportunidad procesal pérdida era sería, razonable y fundada conforme a las reglas de la experiencia. Lo más problemático consiste en determinar dónde ha de colocarse el listón de lo razonable a efectos de determinar el *quantum* indemnizatorio. Se suele considerar que el umbral de la certeza exige demostrar una probabilidad de al menos un 50 %, aunque esta cuestión no ha sido aclarada por nuestra jurisprudencia.

La configuración de la pérdida de la oportunidad como daño es muy problemática en el ámbito médico-sanitario y en otros ámbitos donde también intervienen profesionales.

Ante el nacimiento de un hijo con graves taras físicas o psíquicas que no fueron detectadas durante el embarazo debido a un negligente diagnóstico prenatal, se plantea como posible daño la pérdida de la oportunidad, ya que la negligencia médico-sanitaria priva a la gestante de la posibilidad de evitar el nacimiento, porque, en casos como estos, nuestro ordenamiento jurídico le reconoce la facultad de abortar. Sin embargo, en los supuestos de «wrongfull» es cuestionable, como observa la autora, que concurra una verdadera pérdida de la oportunidad, debido a que la realización de un aborto queda subordinada a la decisión de la madre gestante. No se puede partir de la idea de que la vida del hijo nacido con enfermedades o discapacidades representa para la madre una situación perjudicial frente a la favorable que hubiera sido su no existencia. Nuestra jurisprudencia no admite que pueda calificarse como daño el nacimiento de un niño con enfermedades o discapacidades. Lo que sucede en este tipo de casos es que se ha privado a la madre del derecho de autodeterminación, procediendo el resarcimiento del daño moral que se le ha causado, así como de otros perjuicios patrimoniales que pueda sufrir.

También es cuestionable aplicar la doctrina de la pérdida de la oportunidad cuando la prestación comprometida por el profesional sea el suministro de información, asesoramiento o consejo que constituyen la base para la posterior adopción por parte del cliente de decisiones razonadas y fundadas, como la conclusión de un contrato, la realización de una inversión o el sometimiento a una intervención quirúrgica no estrictamente necesaria. La autora destaca que la omisión de la información sobre los riesgos o su emisión no adecuada constituye una infracción de la *«lex artis»*, pero la reparación de los daños por pérdida de la oportunidad da lugar a dudas ligadas a la causalidad porque el daño no depende del azar, como sucede en las hipótesis prototípicas de la pérdida de la oportunidad, sino también de la voluntad del cliente, paciente o destinatario del servicio. A nivel metodológico se subraya que debe rechazarse un uso indiscriminado del expediente de la pérdida de la oportunidad para solucionar todos los casos de incertidumbre causal.

No cabe duda de que la evolución de la responsabilidad seguirá siendo intensa en los próximos años. Una buena parte de los problemas ya se advierten en esta sugestiva monografía, que aporta valiosas herramientas jurídicas para solucionarlos.

Antonio Cabanillas Sánchez

Académico Senior. Universidad Carlos III de Madrid

I

Consideraciones preliminares

SUMARIO: A. ¿CUÁLES SON LOS PRINCIPIOS GENERALES QUE RIGEN EN LA RESPONSABILIDAD CIVIL POR NEGLIGENCIA PROFESIONAL?. B. NOTAS INHERENTES A LA PRESTACIÓN PROFESIONAL. C. EVOLUCIÓN DE LA RESPONSABILIDAD CIVIL PROFESIONAL.

A. ¿CUÁLES SON LOS PRINCIPIOS GENERALES QUE RIGEN EN LA RESPONSABILIDAD CIVIL POR NEGLIGENCIA PROFESIONAL?

Antes de comenzar a desarrollar la temática sobre la que versa el presente estudio, he de anticipar que, en mi opinión, no existen unos principios generales específicos y exclusivos de la responsabilidad civil profesional (pues la mayoría de los principios que rigen en esta materia se han importado del resto de los ámbitos de la responsabilidad civil), ni tampoco pueden localizarse unas reglas básicas que resulten de general e inexcusable aplicación a todos los profesionales (salvo, tal vez, la responsabilidad por culpa o configuración subjetiva de la responsabilidad[1], con las matizaciones que luego señalaré). No hemos de olvidar que el Derecho de la responsabilidad civil es eminentemente casuístico, por lo que las reglas dirigidas a resolver los problemas y cuestiones que suscita la denominada responsabilidad civil profesional dependerán de las particulares

1. Como admiten Arcos Viera, 2016, p. 71, Santos Morón, *ADC*, 2017, p. 123 y Pérez Vallejo, 2021, p. 1132, no concurre aquí la presunción de culpa aceptada en otros ámbitos de la responsabilidad civil. Sin embargo, en el sector de la responsabilidad profesional médico sanitaria puede apreciarse cierta tendencia objetivadora, debido a la aplicación de diversos mecanismos sustantivo-procesales que persiguen colocar al paciente en una situación probatoria más ventajosa en relación con la culpa (*v. gr.*, la doctrina del daño desproporcionado, la distribución dinámica de la prueba). Tampoco hemos de olvidar que, cuando lo comprometido por el profesional liberal sea una obligación de resultado, es indiferente que medie culpa o diligencia para la valoración del incumplimiento. Por último, hay que señalar que la ley prevé expresamente la responsabilidad objetiva de ciertos profesionales (artículo 17 de la Ley de Ordenación de la Edificación, en relación con los agentes de la edificación).

circunstancias de cada caso y, sobre todo, de la concreta prestación principal que el profesional se haya comprometido a ejecutar.

En otras palabras, no puede responder a las mismas reglas la responsabilidad del abogado que se compromete a redactar un contrato, que la de otro colega al que un cliente le encargó la defensa de sus intereses en la vía jurisdiccional. Como tampoco puede responder a las mismas reglas, pese a que la jurisprudencia tiende a minimizar las diferencias[2], la responsabilidad de un médico que intenta curar el cáncer que sufre un paciente, que la de aquel otro que es contratado para realizar una rinoplastia, un tratamiento odontológico o para eliminar un defecto óptico.

El abogado que se compromete a redactar un contrato o el médico que acuerda modificar la forma de la nariz mediante una cirugía y que asegura (directa o tácitamente), además, la plena satisfacción del «paciente» con el resultado de la intervención, no se limitan a estipular una mera obligación de medios o actividad, como sucede por regla general en el ámbito de la medicina o con la defensa jurisdiccional de los intereses del cliente. Las diferencias de régimen jurídico entre unos supuestos y otros resultan evidentes: así, mientras que la negligencia desempeña un papel trascendental en las obligaciones de medios (en estas, la culpa funciona tanto como elemento constitutivo del incumplimiento contractual, como criterio de imputación subjetiva de la responsabilidad[3]), no sucede lo mismo en las denominadas obligaciones de resultado, en las que, de acuerdo con un relevante sector doctrinal, la culpa del deudor no es tenida en cuenta en ninguno de estos dos momentos[4].

2. Véase, en tal sentido, las sentencias del Tribunal Supremo de 21 de octubre de 2005 (RJ 2005, 8547), 12 de marzo de 2008 (RJ 2008, 4045), 3 de febrero de 2015 (RJ 2015, 641), 13 de abril de 2016 (RJ 2016, 1495) y 30 de noviembre de 2021 (RJ 2021, 5665), que, al igual que sucede con la medicina necesaria o curativa, afirman la concurrencia de una obligación de medios en el ámbito de la denominada medicina voluntaria o satisfactiva, salvo que el resultado se garantice. Se muestra crítica con esta solución jurisprudencial Santos Morón, *ADC,* 2017, pp. 133 y ss.

3. Schopf Olea, *Revista UCSC,* 2023, p. 65. El trascendente papel que desempeña la culpa en las obligaciones de medios parece inconciliable con el carácter objetivo o neutro del incumplimiento defendido por el nuevo Derecho de contratos. A favor de una idea neutra y unitaria del incumplimiento véase, entre otros muchos, Morales Moreno, 2013, pp. 395-396 y Esteve Pardo, RCDI, 2020, pp. 116 y ss.

4. Schopf Olea, *Revista UCSC,* 2023, p. 71. En contra, entre otros, Díaz Martínez, *DOCTRINAL ARANZADI,* 2011, p. 10 (según pdf) y De Verda y Beamonte, *RdPat,* 2015, pp. 8-9 (según pdf), para quienes han de mantenerse siempre separados los juicios de cumplimiento y de responsabilidad. Según estos autores no se puede prescindir de la culpabilidad en el juicio de responsabilidad civil incluso cuando se haya comprometido el resultado, aunque podrá entenderse que, en tal caso, de no alcanzarse aquel, la culpa se presume (será el profesional quien tenga que demostrar que no concurrió ningún tipo de negligencia por su parte). Para conocer los autores defensores de esta tesis, consúltese la nota al pie número 31 del trabajo de De Verda y Beamonte, *RdPat,* 2015.

Tampoco plantea los mismos problemas de responsabilidad civil la defectuosa ejecución de la prestación de un dermatólogo que fue contratado directamente por el receptor del servicio, que si esa ejecución defectuosa resultara imputable a un profesional que integra el cuadro médico ofertado por una aseguradora de asistencia sanitaria. Y ello es debido a que, en el primer ejemplo, entre médico y «paciente» existe un vínculo contractual directo, mientras que en el segundo (el médico que trabaja para una aseguradora) estamos ante lo que doctrinalmente se conoce como «una relación triangular», cuya característica fundamental es, como es sabido, la inexistencia de contrato que vincule a quien ejecuta el servicio y el cliente que recibe la prestación.

Y hasta hace no mucho eran todavía menos los elementos en común que compartían la responsabilidad subjetiva de un médico que presta su servicio en el ámbito privado, que la objetiva de aquel otro que proporciona asistencia sanitaria pública en el INSALUD. Ciertamente, en los supuestos de prestación de servicios públicos la responsabilidad objetiva es de la Administración y no del profesional, frente al que, además, no se puede interponer ningún tipo de reclamación ex artículo 36.1 de la Ley 40/2015, de 1 de octubre, de Régimen Jurídico del Sector Público (en adelante, LRJSP). Ahora bien, pese a que el artículo 32 LRSJP consagra una responsabilidad objetiva (por el funcionamiento anormal y normal de los servicios públicos), de acuerdo con jurisprudencia reiterada, cuando el daño resulte imputable al ejercicio del profesional sanitario (y no a la organización del sistema), solo se producirá una transferencia de la responsabilidad a la Administración previa comprobación de la infracción de la *lex artis* por parte de aquel[5]. En definitiva, pues, la observancia o inobservancia de la *lex artis ad hoc* ha pasado a ser también, en el ámbito específico de la responsabilidad patrimonial por actuaciones sanitarias, un criterio que determina el surgimiento o no de la responsabilidad de la Administración. La adopción de este nuevo criterio es el resultado de la reiterada resistencia judicial a apreciar la responsabilidad de la Administración en el contexto del funcionamiento normal[6].

Sin embargo, pese a que, en el ámbito de la sanidad pública, la jurisprudencia exija abrumadoramente el previo reproche culpabilístico del concreto profesional para que se desencadene la responsabilidad patrimonial (al igual que sucede con la sanidad privada), de acuerdo con el artículo 36.2 de la citada ley, cuando la Administración hubiera indemnizado a los lesionados, solo podrá exigir de oficio la responsabilidad en vía administrativa al personal a su servicio, cuando este hubiera incurrido en dolo, culpa o negligencia graves. Por el contrario, en la prestación privada de los servicios, la mera culpa leve desempeña un papel fundamental, pues es el parámetro de referencia que es tenido en cuenta al

5. Constatan este cambio jurisprudencial Arcos Viera, 2016, pp. 76 y ss., Egusquiza Balmaseda, 2021, pp. 257-258, Espinosa De Ruvid.da Jover, 2021, p. 408 y Pérez Conesa, 2022, p. 763.
6. Macía Morillo, *AFDUAM*, 2021, p. 125.

valorar el incumplimiento contractual y al imputar subjetivamente la responsabilidad[7].

En última instancia, ello implica que, pese al giro jurisprudencial que se ha operado en esta materia, los facultativos del ámbito de la sanidad pública no responden en iguales condiciones que sus colegas de la sanidad privada; a lo que hay que añadir la desconfianza que han expresado algunos autores sobre si, en la práctica, tal acción de regreso se ejercita realmente[8]. En efecto, no resulta usual que la Administración active la acción de regreso contra el concreto profesional sanitario cuando haya sido condenada a indemnizar al dañado; y, aunque lo haga, solo el dolo o culpa o negligencia graves desencadenarán la responsabilidad de aquel.

En definitiva, pues, la existencia de tan variados escenarios (cuyo único común denominador es el carácter profesional que concurre en el sujeto dañante) explica que, salvo el pionero aunque ya clásico estudio del profesor Yzquierdo Tolsada[9] y otros que se publicaron en esa época, no podamos localizar ningún trabajo actual dedicado al análisis de la responsabilidad civil de los profesionales liberales en general, pues, desde hace tiempo, se ha preferido analizar de forma monográfica la responsabilidad de cada concreto profesional (abogados, médicos, arquitectos, auditores de cuentas, notarios, etc.). E incluso, en relación con ciertos profesionales, las últimas publicaciones delimitan aún más su ámbito de estudio, pues se centran en el análisis de la problemática particular de ciertas especialidades dentro de esa concreta profesión (*v. gr.* cirugía estética, diagnósticos prenatales, diagnósticos genéticos preimplantacionales).

Pero la inevitable consideración de las condiciones particulares de cada situación conflictiva no impide *per se* identificar cierta problemática o desafíos que resultan comunes a la responsabilidad derivada del defectuoso ejercicio profesional.

Por todo ello, tal vez resulte más adecuado hablar de problemas específicos que plantean los diferentes elementos o requisitos de la responsabilidad civil, cuando el daño derive de la ejecución de una prestación profesional, que de principios generales de la responsabilidad por negligencia profesional. Precisamente por ello, en las próximas páginas trataré de exponer algunos problemas particulares que se suscitan en el campo de la responsabilidad profesional que, por tanto, resultan difícilmente localizables en el resto de los ámbitos o supuestos de la responsabilidad civil y para cuya solución se muestran insuficientes los mecanismos tradicionales del derecho de obligaciones.

7. Santos Morón, *Indret*, 2018, pp. 19 y 21-22 (según pdf).
8. En tal sentido, *vid.* Macía Morillo, *AFDUAM*, 2021, p. 116.
9. *Vid.* Yzquierdo Tolsada, 1989.

No puede negarse que un estudio como el propuesto tal vez resulte demasiado pretencioso, porque difícilmente puede diseccionarse en el breve espacio de un solo trabajo las múltiples, diversas y complejas aristas que presenta en la práctica la responsabilidad de los profesionales liberales. Además, existen ya importantes estudios doctrinales que analizan minuciosa y meticulosamente la responsabilidad civil de los principales profesionales liberales. En realidad, el propósito del presente estudio es mucho más modesto, pues tan solo trato de aportar una visión general y actualizada de esta materia, esto es, de enumerar y tratar de responder a algunos de los principales interrogantes que suscita en la práctica la responsabilidad civil de estos profesionales.

Cabe advertir también que en el presente trabajo no se realiza un tratamiento completo de todos los diversos profesionales liberales cuya omisión u actuación negligente puede desencadenar responsabilidad civil, sino tan solo se ofrece un muestreo de algunos de ellos, que han sido elegidos por ser los sectores en los que el ejercicio profesional ha suscitado una mayor litigiosidad en la práctica. En cualquier caso, muchas de las soluciones que se proponen a continuación pueden extrapolarse, sin duda, a otros colectivos profesionales.

He de advertir asimismo que este estudio se circunscribe exclusivamente al análisis de la responsabilidad civil derivada del ejercicio de los profesionales liberales, quedando excluidos aquellos técnicos y expertos que, aun desarrollando un trabajo especializado —adquirido generalmente tras un aprendizaje (*v. gr.*, un título de formación profesional) — no pueden ser calificados como tales.

Por último, aunque el defectuoso cumplimiento del profesional liberal podrá desencadenar en muchos casos responsabilidad deontológica y la correspondiente sanción disciplinaria, el presente estudio examina tan solo las diversas problemáticas que se suscitan desde la perspectiva de la responsabilidad civil (contractual o extracontractual, según las circunstancias concurrentes, como posteriormente explicaré de forma detallada).

En cualquier caso, como no podía ser de otra forma en un estudio incardinable dentro del denominado «Derecho de daños», en el examen de los diversos aspectos dogmáticos que van a ser abordados en las próximas páginas se compaginará el análisis tanto de las valiosas aportaciones de la doctrina científica, como de los criterios de las numerosísimas sentencias dictadas por nuestros tribunales sobre la materia, que han elaborado al respecto un cuerpo teórico sólido y consistente[10].

10. En este sentido, reconoce Llamas Pombo, 2010, p. 33: «Los creadores del Derecho de daños han sido, sin duda, los tribunales de justicia (...) y con la (a menudo olvidada) labor doctrinal y teórica, que ha dotado a la materia de precisión, sistemática y ¿por qué no decir? entidad dogmática». Respecto a las resoluciones de los tribunales, añade que son «protagonistas de una tarea que va mucho más allá de la mera interpretación de los artículos 1101, 1902 y concomitantes del Código civil».

Aunque nuestro sistema codificado, a diferencia de otros como el anglosajón, no se base en el precedente judicial, en una materia eminentemente casuística y en constante evolución como la presente, el examen jurisprudencial resulta inexcusable e ineludible. Como demostraré a lo largo del trabajo, la jurisprudencia ha desempeñado un papel decisivo en la configuración de diversas técnicas, teorías o doctrinas especialmente ligadas a la responsabilidad civil profesional (*v. gr.*, la doctrina del daño desproporcionado, el expediente de la solidaridad impropia, la teoría de la pérdida de la oportunidad), así como en la reciente concepción del vínculo contractual entre el cliente (no empresario) y el profesional como una relación de consumo, una novedosa perspectiva que implica un cambio de rumbo de imprevisibles consecuencias jurídicas.

B. NOTAS INHERENTES A LA PRESTACIÓN PROFESIONAL

Como ya se ha dicho, probablemente el único común denominador a todos los supuestos de responsabilidad civil profesional es que el daño deriva de la defectuosa ejecución o ausencia de ejecución de la prestación por parte de un profesional liberal. En relación con la prestación profesional, aunque tradicionalmente se le atribuyó el carácter *intuitu personae*, la doctrina más moderna coincide en afirmar que aquel no siempre es un rasgo definitorio de estas relaciones, pues en nuestro ordenamiento, a diferencia de otros (artículo 2232 del Código civil italiano: «*Il prestatore d'opera debe eseguire personalmente l'incario assunto*»), este personalismo no se impone con carácter imperativo[11].

De hecho, en la actualidad se multiplican los supuestos en los que resulta imposible sostener el carácter personalísimo de los servicios profesionales. Piénsese, por ejemplo, en la prestación de servicios por parte de una sociedad profesional (*v. gr.*, bufete de abogados cuyos directivos se encargan de repartir los asuntos entre los letrados integrantes del mismo), o en el profesional de la medicina que presta sus servicios en un hospital que forma parte del cuadro médico de un seguro de asistencia sanitaria.

Cuando el receptor del servicio contrata su ejecución con una entidad (ya sea una sociedad profesional o una aseguradora médica), la prestación no es personalísima porque puede ser ejecutada por cualquiera de los profesionales que la integran. Basta igualmente con pensar en los casos de urgencia médica (donde el paciente requiere los servicios del médico más cercano, no parándose a escoger a un profesional concreto) o con el abogado asignado en el turno de

11. Coinciden en afirmar que el *intuitu personae* no siempre es un rasgo definitorio de estas relaciones Alonso Pérez, 1997, p. 264, Serra Rodríguez, 1999, pp. 24 y 25 (también en *J&D*, 2019, p. 90), Cervilla Garzón, 2001, p. 38, Jiménez Horwitz, *ADC*, 2012, p. 579 y Andino López, 2014, pp. 32-33.
Por el contrario, atribuyen automáticamente este carácter a la prestación de servicios profesionales –salvo que se pacte lo contrario–, entre otros, Yzquierdo Tolsada, 1998, p. 78, Iturmendi Morales, *Abogacía*, 2009, p. 146, Macía Morillo, *RJUAM*, 2015, p. 258, Chaparro Matamoros, *CEF LEGAL*, 2015, p. 14 y Pardo Gato, 2017, pp. 230 y 344.

oficio. Lo mismo sucede con un fenómeno relativamente reciente, que ha crecido de forma exponencial debido a la pandemia Covid-19: la prestación *online* de servicios profesionales (*v. gr.*, abogados virtuales), que se aleja bastante del modelo tradicional, pero que se está extendiendo rápidamente, entre otras razones, porque proporciona al profesional un óptimo margen de beneficios debido al ahorro de costes que implica el no contar con un emplazamiento físico.

Estas nuevas realidades ponen en entredicho que el carácter *intuitu personae* resulte consustancial a la actividad de los profesionales liberales, a diferencia de la confianza, que sigue constituyendo un pilar y factor clave en la relación entre el profesional y el receptor del servicio [12]. La confianza subsiste incluso en los supuestos en los que el profesional y el usuario no se encuentren vinculados contractualmente, como es el caso del cliente que contrata los servicios de un bufete de abogados o del paciente que contrata una seguradora de asistencia sanitaria; en todos estos casos, la confianza estaría depositada no en un profesional concreto, sino en el conjunto de profesionales que integran el bufete o el cuadro médico ofertado por la aseguradora [13].

Sin embargo, todavía son numerosas las sentencias que, probablemente por simple mimetismo, continúan afirmando el carácter personalísimo de los servicios profesionales como regla general. Así, en relación con la prestación de servicios jurídicos, afirmaron las sentencias de la Audiencia Provincial de A Coruña, Sección 3.ª, de 9 de octubre de 2009 (AC 2010, 806), de 31 de mayo de 2013 (JUR 2013, 218992) y de 1 de abril de 2016 (JUR 2016, 88452): «No debe olvidarse el carácter personalísimo del vínculo negocial que se establece entre cliente y abogado. La relación tiene un marcado carácter *intuitu personae*. No se va a un abogado cualquiera; el cliente elige uno concreto. Sea por su fama, prestigio u otras razones, se acude a un profesional determinado».

Reiteran la existencia de una relación personal *intuitu personae* en este ámbito, entre otras muchas, las sentencias de la Audiencia Provincial de Madrid, Sección 18.ª, de 21 de febrero de 2008 (JUR 2008, 135795) y de la Audiencia Provincial de Las Palmas, Sección 5.ª, de 6 de marzo de 2015 (JUR 2015, 120036).

Descartado que el carácter *intuitu personae* sea consustancial a la ejecución de prestaciones profesionales, considero más adecuado señalar, como nota inherente a la prestación profesional, su infungibilidad, por tratarse en realidad de prestaciones cuya ejecución exige en el deudor la concurrencia de una formación especializada, de determinadas habilidades o capacidades profesionales, pero, una vez cumplida esta premisa, pueden ser ejecutadas por cualquiera de los habilitados al efecto [14].

12. Destacan el papel fundamental que desempeña la confianza en la prestación de servicios profesionales Yzquierdo Tolsada, 1989, p. 235, Serra Rodríguez, *J&D*, 2019, p. 90 y Crespo Mora, 2020, p. 49.
13. Macía Morillo, 2005, p. 41.
14. Yzquierdo Tolsada, 1989, p. 236 y Montés Penadés, 1995, p. 34.

Al rechazar que el carácter *intuitu personae* sea consustancial a la actividad de estos profesionales, si en el contrato no se señala *ex profeso* que la actividad haya de ser desarrollada por un profesional en concreto (por ejemplo, cuando el cliente solicita al bufete que un abogado determinado se encargue de su asunto) o tal requisito no pueda deducirse de las circunstancias concurrentes que rodean al profesional (que haya sido elegido por sus cualidades profesionales –su fama, tasa de éxito–, su especialización), el usuario, en principio, verá satisfecho su interés con independencia del profesional que ejecute la prestación.

Como ya no puede calificarse la prestación profesional como personalísima en todo caso (pues tal valoración dependerá de la voluntad de las partes y de la naturaleza y circunstancias concretas del negocio celebrado[15]), se tornará prioritario decidir en cada supuesto específico, mediante la correspondiente labor de interpretación negocial, la presencia o no de este carácter, pues de su concurrencia derivan importantes consecuencias jurídicas (*v. gr.*, las obligaciones personalísimas se extinguen por la muerte de la persona obligada, en caso de falta de actividad del deudor la ejecución forzosa habrá de ser siempre por el equivalente económico de la prestación, etc.). Así, de tratarse de una prestación personalísima, esta preferencia subjetiva del acreedor normalmente irá acompañada de la elevación del canon de diligencia del profesional, como expondré en las páginas que siguen[16].

En primer lugar, en el supuesto de que el profesional hubiera sido elegido por su conocimiento especializado, el grado de competencia o diligencia exigible a ese concreto profesional habrá de compararse con el de aquellos otros de su misma categoría o especialidad[17], por lo que la diligencia exigible deja de ser la del profesional generalista para pasar a ser la del profesional medio de su especialidad (el modelo de referencia será el del buen profesional especialista[18]). Al especialista se le exige que actúe conforme a un estándar de valoración objetivo, esto es, que ejerza con el nivel de pericia y diligencia que empleen especialistas similares en las mismas circunstancias[19].

15. Solé Resina, 2022, p. 1257.
16. Nos recuerda Macía Morillo, 2005, p. 220 que, la agravación del parámetro de diligencia deriva de la previsión específicamente recogida en el artículo 1104 del Código civil, en el que se establece la necesidad de adecuar la diligencia en el cumplimiento de las obligaciones a la naturaleza de la obligación y a las circunstancias de las personas, del tiempo y del lugar.
17. Macía Morillo, 2005, p. 223, Alberruche Díaz-Flores, *Act. Civ.*, 2014, apartado III (recurso digital sin paginación) y Solé Feliú, *RDC*, 2022, pp. 5, 6, 13 y 14.
18. Hay que tener presente que, en este ámbito, rige el canon del buen profesional, quedando desplazado el tradicional del buen padre de familia. En tal sentido, véase, entre otras muchas, la sentencia del Tribunal Supremo de 28 de abril de 2005 (RJ 2005, 3646) que, en relación con la diligencia exigible al profesional, indica que «debe ser mayor que la propia de un padre de familia». Así lo apuntan igualmente, entre otros muchos, Jordano Fraga, *RGLJ*, 1985, p. 48, Yzquierdo tolsada, 1989, pp. 276-277, Serra Rodríguez, 2001, p. 106, Díaz Vales, *AC*, 2002, p. 1221, Macía Morillo, 2005, p. 220 (también en *AFDUAM*, 2021, pp. 120-121), Macanás Vicente, 2021, p. 1895 y Solé Feliú, *RDC*, 2022, p. 2.
19. Solé Feliú, *RDC*, 2022, p. 15.

Ahora bien, si la prestación hubiera sido encomendada a un profesional altamente cualificado o competente, esto es, si el profesional hubiera sido contratado por sus específicas cualidades personales o por su acreditada experiencia en la materia, se le podrá exigir un estándar de diligencia y pericia superiores a la media[20]. No bastará con que emplee la pericia exigible al profesional medio del sector, sino que habrá de acomodar su actuación conforme a las destrezas subjetivas e individuales por las que fue elegido, sin que pueda ampararse en que otros profesionales de su sector de actividad no habrían podido hacerlo mejor. Su conducta profesional ha de ser enjuiciada conforme a un estándar profesional más elevado al de la media de su sector; el parámetro de comparación habrá de ser, pues, el de un profesional de renombre.

Y ello porque seguramente esas específicas cualidades, experiencia, fama o prestigio que fueron tenidas en cuenta por el cliente en la contratación del servicio se traducirán en la práctica en la elevación del precio u honorarios. Como reconoce Carrasco Perera, «quien cobra más que sus colegas, no puede poner la diligencia exigible a sus colegas»[21]. El pago de un precio superior al que resulta habitual en el sector, implica un acuerdo implícito sobre este nivel de diligencia más exigente[22]. En el mismo sentido, las diferentes propuestas de reforma nacionales y europeas del contrato de servicios toman el precio de aquel como un criterio que se ha de tener en cuenta a la hora de determinar el canon de diligencia exigible al profesional[23].

20. A favor de esta solución, véase Serra Rodríguez, 2001, p. 128, Díaz Vales, *AC,* 2002, p. 1221 y Monterroso Casado, *Saberes,* 2005, p. 10 (según pdf).
En contra, Díez-Picazo/ Gullón Ballesteros, 2001, p. 148, para quienes la culpa levísima es más propia de la responsabilidad extracontractual. También la sentencia del Tribunal Supremo de 26 de mayo de 1986 (RJ 1986, 2824) («teniendo también en cuenta que la acción ejercitada se basa en supuesta culpa contractual, en la que, a diferencia de la extracontractual con base en el artículo 1902 del Código civil, no rige el principio de incurrir en ella por culpa levísima»).

21. Carrasco Perera, 1989, p. 621.

22. Solé Feliú, *RDC,* 2022, p. 22.

23. De acuerdo con el artículo 1587.2 del Anteproyecto «Del contrato de servicios» elaborado en 2011 por la Comisión General de Codificación (en adelante, CGC), «si el prestador del servicio viniera ejerciendo su profesión con un grado de pericia y excelencia superior al normal, deberá actuar conforme a ello». Por tanto, de acuerdo con este precepto, en estos casos el profesional resultará responsable por culpa levísima. Es más, según el primer apartado del citado precepto (apartado d), uno de los criterios que, con carácter general, han de ser tenidos en cuenta para determinar la diligencia y pericia exigibles al prestador del servicio es «si hay retribución, y en tal caso su importe». Ello implica una rebaja de las exigencias respecto a las prestaciones gratuitas (una solución parecida puede deducirse de nuestro artículo 1726 del Código civil, en relación con el mandato) y, por el contrario, su elevación en caso de prestaciones generosamente retribuidas. En cualquier caso, el mencionado precepto se limita a reproducir el artículo IV.C.–2:105 (4,d) del Marco Común de Referencia (MCR en adelante), según el cual ha de tenerse en cuenta tanto la concurrencia de precio, como su importe, para determinar la competencia y diligencia que el cliente tiene derecho a exigir.

En los primeros estudios sobre la materia a los que me he referido con anterioridad, que ofrecían una visión general de la responsabilidad de los profesionales, se hicieron especiales esfuerzos por tratar de concretar los profesionales que habían de ser considerados como liberales, cuyo desempeño profesional es el que plantea problemas específicos de responsabilidad[24].

En la actualidad, la determinación de los concretos profesionales especializados a los que nos estamos refiriendo tampoco está exenta de dudas, habida cuenta la extraordinaria variedad de las profesiones liberales. Por ejemplo, el artículo 1 de la Ley 2/2007, de 15 de marzo, de Sociedades Profesionales (LSP, en adelante) que indica qué ha de entenderse como profesionales a efectos de aplicación de la reglamentación prevista en la misma, hace depender esta calificación de que el desempeño profesional requiera una titulación universitaria oficial y/o la inscripción en el correspondiente colegio profesional. Por tanto, esta ley exige que estos profesionales superen unos estudios superiores acreditativos de la posesión de la cualificación técnica precisa, para la adecuada ejecución de los servicios que les sean encomendados.

Así las cosas, podría concluirse que las profesiones intelectuales son aquellas que exigen la adquisición de conocimientos científicos o profesionales del más alto nivel en quien las realiza y que la calificación de profesional liberal requiere la superación de los correspondientes estudios universitarios. Pero esta definición es incompleta, ya que no abarca a todos aquellos a los que la doctrina y la jurisprudencia han considerado tradicionalmente como profesionales liberales, a efectos de incluirlos en la denominada responsabilidad profesional. Este es el caso, por ejemplo, de los auditores de cuentas. Así, de acuerdo con el artículo 9 de la Ley 22/2015, de 20 de julio, de Auditoría de Cuentas, aunque por regla general el auditor será un graduado/licenciado universitario, es posible conseguir esta cualificación sin tal titulación, siempre que la misma sea sustituida por cierto período de tiempo de práctica profesional bajo la supervisión de otros auditores de cuentas[25].

Idéntica es la solución adoptada por el artículo 582-5.3.b y c de la *Propuesta del Código civil* elaborada por la Asociación de Profesores de Derecho civil (disposición general del régimen jurídico «De los contratos de servicios», Título VIII del Libro V). De acuerdo con este precepto, para determinar la pericia y diligencia exigibles deben tenerse en cuenta, entre otras, las siguientes circunstancias: «La condición profesional del prestador, en su caso, *la especial excelencia demostrada o declarada por el mismo*; c) Si el servicio es oneroso y, en su caso, la cuantía de la retribución» (la cursiva es mía).

24. Como reconoce Yzquierdo tolsada, 1989, p. 11, los mayores esfuerzos doctrinales en torno a la configuración del concepto de profesional liberal proceden de la doctrina italiana, debido a la reglamentación *ad hoc* de las *professioni intellettuali* contenida en el Libro V, Título III, capítulo II de su Código civil.

25. El citado precepto, tras exigir para la inscripción en el Registro Oficial de Auditores Cuentas, «haber obtenido una titulación universitaria de carácter oficial y validez en todo el territorio nacional», añade que «no se exigirá este requisito a quienes, cumpliendo el resto de los requisitos establecidos en este apartado, hayan cursado los estudios u obtenido los títulos que faculten para el ingreso en la Universidad y adquirido la formación práctica señalada en

Una nota que todos estos profesionales comparten es la primacía del elemento intelectual, es decir, que el conocimiento especializado de la ciencia, arte o técnica y su subsiguiente aplicación constituye el núcleo de la prestación. Se podría objetar que detrás del ejercicio profesional del mecánico, del técnico o del fontanero también hay una ciencia (aunque en estos casos no se aprende en la Universidad). Sin embargo, solo de los profesionales liberales resulta predicable la denominada independencia técnica (autonomía para adoptar decisiones técnicas) frente a todos (empleador, cliente), nota definitoria por excelencia de esta categoría[26].

El margen para la adopción de decisiones autónomas (y, por tanto, también el margen de error) del profesional liberal es infinitamente mayor pues, aunque en algunas profesiones liberales existan ciertas recomendaciones o protocolos, no se trata de guías definidas y definitivas que marquen cómo ha de actuar y qué pasos ha de seguir en cada caso, como sucede por ejemplo con el mecánico que detecta y soluciona los problemas conforme a las reglas de la mecánica del automóvil[27]. En el ámbito de actuación de los profesionales liberales no existen guías que ofrezcan soluciones automáticas, sino que, ante la diversidad de variables y alternativas distintas concurrentes, se le reconoce al profesional un campo de decisión propio, por lo que el escenario en el que se desenvuelve es mucho más complejo.

Precisamente esta independencia técnica es un argumento al que se ha recurrido para rechazar el carácter obligatorio de las guías o protocolos[28], que se limitan a ofrecer estrategias o recomendaciones sobre las que existe un mínimo consenso en la comunidad científica. Cualquier profesional liberal en principio goza de libertad para tomar decisiones y adoptar soluciones que se aparten de los protocolos si, de acuerdo con las particulares circunstancias concurrentes, el receptor del servicio requería una solución distinta a la prevista

la letra b) de este apartado, con un periodo mínimo de ocho años, en trabajos realizados en el ámbito financiero y contable, especialmente referidos al control de cuentas anuales, cuentas consolidadas y estados financieros análogos, de los cuales al menos cinco años hayan sido realizados con un auditor de cuentas o una sociedad de auditoría, y en el ejercicio de esta actividad en cualquier Estado miembro de la Unión Europea».

26. Entre otros, afirma que la independencia técnica es una nota esencial al ejercicio de este tipo de profesionales, Yzquierdo Tolsada, 1989, pp. 55-56. De ahí que este autor defienda la nulidad del eventual pacto que limitara la independencia técnica del profesional, por contravenir el artículo 1271 del Código civil.

27. Para que se entienda la diferencia, Campins Vargas, 2000, p. 307, distingue en el modo de llevar a cabo su actividad un mecánico de coches y un médico. Este último tendrá que decidir en cada caso el tratamiento más adecuado para la curación de la enfermedad, al no existir normas definidas que marquen su actuación. El mecánico, por el contrario, dispondrá de un margen de discrecionalidad menor, al encontrarse perfectamente establecidas las reglas de la mecánica del automóvil.

28. Afirma el carácter meramente orientador del protocolo Solé Feliú, *RDC*, 2022, p. 38. De igual forma, según el artículo 4.7.b de la Ley 44/2003, de Ordenación de las Profesiones Sanitarias, las guías y protocolos sanitarios «deberán ser utilizados de forma orientativa».

en el protocolo, aunque esta solución alternativa que se aparta de aquel habrá de encontrarse fundada científicamente.

He de reconocer, no obstante, que, pese al carácter no obligatorio del protocolo (al menos desde una perspectiva teórica), para nuestra jurisprudencia su no observancia por parte del profesional sanitario suele constituir un indicio o criterio determinante para considerar acreditada la negligencia. Pero, por el contrario, su seguimiento no siempre asegura la exoneración de responsabilidad civil del profesional, esto es, no constituye una prueba concluyente de la diligencia del profesional[29], como sí sucedería si el seguimiento de tal guía de actuación fuera realmente vinculante.

A modo de ejemplo, la sentencia del Tribunal Supremo de 7 de mayo de 2007 (RJ 2007, 3553) condenó a un médico del servicio de cardiología, pues «aunque los protocolos médicos no recomendasen la ecocardiografía en atención al tiempo transcurrido desde la anterior en junio, nada impedía que se recomendase en ese caso concreto esa medida de diagnóstico (...) hubo entonces una omisión al no agotar las posibilidades del examen del paciente, no utilizando todas las pruebas apropiadas para asegurarse el diagnóstico». De igual forma, la sentencia del Tribunal Supremo de 6 de julio de 2007 (RJ 2007, 3658), en un caso en el que nació un niño con síndrome de *Down*, afirmó la vulneración de la *lex artis* por parte del ginecólogo, por no practicar a la embarazada la prueba del triple *screning*, que no venía impuesta por el protocolo (quedó acreditado que a la embarazada se le habían practicado las ecografías y analíticas previstas en los protocolos vigentes).

La independencia técnica no ha de ser confundida ni identificada con la independencia laboral[30]. En la actualidad, es frecuente que el profesional preste sus servicios bajo el amparo de un contrato laboral, ya que para un ejercicio profesional moderno y eficaz, se ha de contar con una organización, a veces compleja, de medios humanos y materiales, de elevadísimo coste. Pero esa subordinación jurídico laboral no interferirá en su independencia técnica[31]. Es decir, el empleador podrá imponer horarios, organizar los turnos de vacaciones, decidir los encargos que acepta y el modo de repartir su ejecución entre los profesionales e incluso podrá llegar a imponer las directrices de organización de la actividad profesional, pero existe un ámbito reservado sobre el que no puede haber ningún tipo de intromisión y que ha de permanecer ajeno al campo de actuación de los órganos ordinarios de gestión y representación empresariales.

29. Solé Feliú, *RDC*, 2022, p. 48.
30. Yzquierdo Tolsada, 1989, p. 65 y Macía Morillo, *RJUAM*, 2015, p. 275.
31. Macía Morillo, *RJUAM*, 2015, p. 275. Por ejemplo, en el ámbito de la abogacía, esta falta de interferencia de la subordinación laboral en la independencia técnica puede constatarse claramente en el artículo 6 del Real Decreto 1331/2006, de 17 de noviembre, por el que se regula la relación laboral de carácter especial de los abogados que prestan servicios en despachos de abogados, individuales o colectivos. El mencionado precepto limita las facultades de dirección y control por parte de los titulares de los despachos en su condición de empleadores de los abogados, ya que han de preservar y respetar en todo caso la independencia profesional.

En concreto, el empleador (el bufete de abogados, la clínica, la aseguradora de asistencia sanitaria, la empresa constructora) no podrá imponer al profesional la forma de actuar o los criterios técnico-científicos que ha de aplicar en el desempeño del servicio, porque los profesionales liberales gozan de autonomía técnica, que, además, llega a ser impuesta de manera taxativa por las normas reguladoras de algunos estatutos profesionales[32]. Precisamente, esta es la razón por la que a estos profesionales se les considera «liberales». Y, como luego veremos, en esta circunstancia apoyo mi propuesta de aplicar las normas reguladoras de la responsabilidad contractual en determinados supuestos que, *a priori*, deberían resolverse mediante las normas de la responsabilidad extracontractual. De momento, dejo apuntada esta idea, que desarrollaré con detenimiento en las próximas páginas (véase en el capítulo segundo de esta obra el apartado «La responsabilidad civil en el ámbito de las relaciones triangulares»).

Otra nota que, de acuerdo con la doctrina, define al profesional es la habitualidad, esto es, que el ejercicio de esa actividad profesional constituya su modo

32. En este sentido, reconoce el artículo 4.7 de la Ley 44/2003, de 21 de noviembre, de Ordenación de las Profesiones Sanitarias, que «el ejercicio de las profesiones sanitarias se llevará a cabo con plena autonomía técnica y científica, sin más limitaciones que las establecidas en esta ley y por los demás principios y valores contenidos en el Ordenamiento jurídico y deontológico».
Sirva igualmente como ejemplo, el ejercicio profesional de la abogacía. La independencia del letrado respecto al cliente aparece consagrada en diversos preceptos del Real Decreto 135/2021, de 2 de marzo, por el que se aprueba el Estatuto General de la Abogacía Española (en adelante, EGAE): *v. gr.*, artículo 1. 3 («Son principios rectores y valores superiores del ejercicio de la abogacía los de independencia, libertad, dignidad e integridad, así como el respeto del secreto profesional»), artículo 47.1 («La independencia y la libertad son principios rectores de la profesión que deben orientar en todo momento la actuación del profesional de la abogacía, cualquiera que sea la forma en que ejerza la profesión. El profesional de la abogacía deberá rechazar la realización de actuaciones que puedan comprometer su independencia y libertad») y artículo 50.2 («El profesional de la abogacía podrá cesar en su intervención profesional cuando surjan discrepancias con su cliente y deberá hacerlo cuando concurran circunstancias que afecten a su independencia y libertad en la defensa o al deber de secreto profesional»).
La independencia del letrado frente a sus empleadores, cuando el abogado esté integrado en un despacho individual o colectivo (recordemos que el abogado también puede prestar sus servicios por cuenta ajena, sujeto a una relación laboral común, como es el caso del abogado de empresa), se encuentra igualmente prevista en diversos preceptos del Real Decreto 1331/2006, de 17 de noviembre, por el que se regula la relación laboral de carácter especial de los abogados que prestan servicios en despachos de abogados, individuales o colectivos: *v. gr.*, artículo 5.2 («(...) los abogados tendrán, en la relación de trabajo concertada con los despachos, los siguientes: a) Poder actuar, en todo momento, de acuerdo con los principios, valores, obligaciones y responsabilidades que imponen a los mismos las normas que rigen la profesión de abogado, incluidas las éticas y deontológicas») y artículo 6.2 («Los titulares de los despachos deberán ejercer el poder de dirección que se les reconoce respetando, en todo caso, los principios y valores que son inherentes al ejercicio profesional de la abogacía y preservando en todo momento el cumplimiento de las obligaciones y responsabilidades que imponen a los abogados las normas que rigen el ejercicio de la profesión de abogado. En particular, los titulares de los despachos deberán respetar la libertad y la independencia profesional de los abogados en el ejercicio de la profesión»).

de vida[33]. Ahora bien, el que el profesional se dedique a otras actividades, de las que obtiene sus ingresos fundamentales, solo influirá en que a la relación que ocasionalmente puede llegar a surgir entre este profesional y el usuario del servicio no le resulte aplicable la normativa tuitiva de los consumidores (pues para calificar una actividad como empresarial o profesional la doctrina exige que se trate de una actividad habitual y no ocasional, con cierta estabilidad), aunque el cliente reúna tal carácter e, incluso, aun cuando medie contraprestación económica[34].

Ahora bien, las reglas civiles que disciplinan la responsabilidad profesional resultarán directamente aplicables, sin excepciones, aunque no concurra la nota de la habitualidad en el profesional. Si el daño hubiera sido ocasionado por un profesional que no ejerce tal actividad de forma habitual, tan solo podría plantearse una posible rebaja del grado de diligencia exigible, si se acreditara que no medió precio en la prestación del servicio (o, tratándose de servicios remunerados, cuando los honorarios solicitados fueran muy inferiores al precio de mercado) o si el profesional puso en conocimiento del cliente esta circunstancia.

C. EVOLUCIÓN DE LA RESPONSABILIDAD CIVIL PROFESIONAL

Si hay un ámbito en el que se haya producido un radical cambio de tendencia con el transcurso del tiempo, es, sin duda, el relativo a la exigencia de responsabilidad civil a los profesionales liberales. De todos es sabido que la reclamación de responsabilidad civil a estos profesionales es un fenómeno relativamente reciente, porque hasta la década de los setenta-ochenta del siglo pasado no se dictaron las primeras sentencias estimatorias de su responsabilidad civil.

Son muchos y variados los argumentos esgrimidos para tratar de explicar esta asombrosa inmunidad que protegió durante mucho tiempo a los profesionales liberales. Se ha hablado de una concepción sacerdotal, casi sacramental, con la que eran observados estos profesionales por los clientes que los contrataban. Esta percepción del profesional coincidía con la actitud mantenida en un principio por los particulares respecto a los daños que sufrían, que eran considerados una suerte de castigo divino, ante los cuales a la víctima no le cabía más opción que la aceptación y resignación, aunque hubiesen sido causados negligentemente por un tercero[35].

33. Yzquierdo Tolsada, 1989, p. 11 y Pardo Gato, 2017, p. 138, quienes exigen la concurrencia de cierta habitualidad o continuidad en la prestación de los servicios para poder hablar de «profesional».

34. Así lo admiten Fernández Fernández, 2016, p. 2282, Mato Pacín, *RdPat*, 2019, apartado II. 2 (recurso *online* sin paginación) (también en 2021, pp. 4 y 6) y Crespo Mora, 2020, p. 210.

35. Díez-Picazo, *ADC*, 1979, p. 728, Yzquierdo Tolsada, 1989, p. 2, Pantaleón Prieto, *AFDUAM*, 2000, p. 13, Macía Morillo, 2005, p. 34 y Vicente Domingo, 2014, pp. 318-320.

Pero incluso cuando el fenómeno de la responsabilidad civil ya había despuntado y su exigencia se había generalizado[36], la responsabilidad profesional seguía sin despertar el interés de la doctrina, ni era reclamada ante los tribunales de justicia. Probablemente ello se debiera a la condición profana del cliente, paciente o receptor del servicio, que normalmente carecía de conocimientos suficientes para descubrir que el daño sufrido resultaba imputable al comportamiento negligente del profesional[37].

Sin embargo, a partir de la década de los años setenta-ochenta comenzó a invertirse esta tendencia, quizá por la progresiva secularización y la mayor accesibilidad a los estudios superiores de amplias capas de la población[38]. Es entonces cuando empezaron a dictarse las primeras sentencias estimatorias de responsabilidad civil contra aparejadores, arquitectos y médicos[39].

Pero la exigencia de responsabilidad civil a otros profesionales liberales como los abogados todavía se hizo esperar una década más; hasta mediados de los noventa (en concreto, la sentencia del Tribunal Supremo de 17 de noviembre de 1995 [RJ 1995, 8735]) el Tribunal Supremo no dictó la primera sentencia estimatoria de responsabilidad de estos profesionales[40]. De hecho, aún hoy se mantiene esta tendencia, porque mientras que, por ejemplo, el número de sentencias del Tribunal Supremo estimatorias de la responsabilidad civil de los médicos y del resto de personal sanitario es muy abundante, prácticamente inabarcable, las sentencias estimatorias de responsabilidad civil de abogados y procuradores se producen con cuentagotas[41].

36. Esta tendencia ha sido definida por Pantaleón Prieto, *AFDUAM,* 2000, p. 13, como el incremento exponencial de la «conciencia del derecho a exigir responsabilidades». De igual forma, Díez-Picazo, 2000, p. 19, ya advierte de la «muy significativa ampliación» que viene experimentando el Derecho de daños desde hace tiempo. Vicente Domingo, 2014, p. 319 habla de «un fenómeno social firmemente implantado en todas las sociedades desarrolladas y consiste (...) en que se exige en todos los casos en los que hay un daño, la reposición del perjudicado al estado anterior a la producción del daño o su equivalente en dinero». Díez-Picazo Giménez y Arana de la Fuente, 2009, p. 22, por su parte, hacen referencia a la «práctica judicial imperante (...) de responsabilizar a quien sea y como sea por cualquier daño sufrido».

37. Romeo Casabona, *La Ley*, 1993, p. 981, De Ángel Yágüez, 1995, p. 76 y Serra Rodríguez, 2001, p. 183.

38. Macía Morillo, 2005, p. 34.

39. Macía Morillo, 2005, p. 37 y Aparicio Carrillo, 2021, p. 331.

40. Serra Rodríguez, *J&D,* 2019, p. 97. Con anterioridad, el Tribunal Supremo se había pronunciado en varias ocasiones sobre la responsabilidad de los letrados, aunque siempre había rechazado su concurrencia por entender que faltaba alguno de los presupuestos de la misma. Sobre este particular, véanse, *v.gr.*, las sentencias del Tribunal Supremo de 26 de septiembre de 1989 (RJ 1989, 6379), 4 de febrero de 1992 (RJ 1992, 819), 23 de diciembre de 1992 (RJ 1992, 10715) y 23 de octubre de 1995 (RJ 1995, 7649). Por su parte, la exigencia de responsabilidad civil a los procuradores fue anterior (sentencia del Tribunal Supremo de 4 de abril de 1987 [RJ 1987, 2488]).

41. Constatan igualmente que sobre médicos y arquitectos hay una mayor experiencia jurisprudencial e interés doctrinal Romeo Casabona, *La Ley*, 1993, p. 98, Rebolledo Varela,

Esta diferente repercusión jurisprudencial, a mi juicio, lo que indirectamente demuestra es que la determinación de la responsabilidad profesional preocupa mucho más cuando se ha producido menoscabo en la integridad física, la salud o cuando el paciente haya perdido la vida como consecuencia de la negligencia profesional[42], que cuando los daños sufridos por el cliente son de carácter puramente económico.

Esta mayor resistencia a estimar la responsabilidad de los profesionales del Derecho contrasta con la evidencia de que la apreciación de los presupuestos de la responsabilidad civil de los abogados se ve favorecida por los especiales conocimientos científico-jurídicos que poseen los tribunales, lo que no es predicable de otras profesiones, en las que el recurso a los peritos se revela un requisito imprescindible en cualquier juicio de responsabilidad.

Tras superarse esa primera etapa de resignación, en la actualidad asistimos a un escenario en el que el cliente, el paciente, el usuario o el receptor del servicio[43] ha tomado conciencia de sus derechos, lo que en la práctica se ha traducido en un incremento exponencial de las demandas interpuestas contra estos profesionales, así como en un aumento progresivo de las cuantías solicitadas por daños y perjuicios.

Sirva de ejemplo la paradigmática sentencia del Tribunal Supremo de 20 de mayo de 2014 (RJ 2014, 3761), que condenó al abogado negligente a satisfacer a los clientes perjudicados una indemnización superior a 840.000 euros. Resulta igualmente ilustrativo el caso resuelto por la sentencia del Tribunal Supremo de 24 de mayo de 2012 (RJ 2012, 6539), que condenó al médico ginecólogo, a la clínica y a sus aseguradoras a una indemnización de más de un millón seiscientos mil euros, debido a las graves secuelas presentadas por un niño como consecuencia del sufrimiento fetal padecido durante el parto. Evidentemente, en el ámbito de la medicina es donde se reconocen con más asiduidad las indemnizaciones de mayor cuantía, debido a la gravedad de los daños que experimentan las víctimas en estos casos.

Para hacer frente a estas cantidades y ejecutar su prestación con relativa tranquilidad, ya no solo es necesario que el profesional suscriba un seguro de responsabilidad civil (que no es obligatorio para todos los profesionales libera-

---

CCJC, 1997, p. 483, Moreo Ariza, *Indret*, 2007, p. 10 (según pdf) y García Garnica, *RDC*, 2020, p. 32.

42. Romeo Casabona, *La Ley*, 1993, p. 980 y García Garnica, *RDC*, 2020, p. 32.

43. En mi opinión, el término «cliente» no siempre resulta el más adecuado para referirse al destinatario de los servicios (por ejemplo, en la medicina curativa o necesaria parece más correcto hablar de «paciente»). Se ha objetado igualmente que, quien encarga por primera vez un servicio no es un cliente, término que implica cierta frecuencia. De ahí que en el texto se utilicen indistintamente diversos términos, para dar respuesta a la variedad de situaciones que pueden producirse en la práctica.

les, aunque sí para algunos[44]), sino que ha de tratarse de un seguro con una amplia cobertura. El seguro de responsabilidad civil, además, presenta la ventaja de legitimar al perjudicado para dirigir una acción directa contra la compañía aseguradora dentro del límite establecido en la póliza (artículo 76 de la Ley 50/1980, de 8 de octubre, de Contrato de Seguro), sin tener que reclamar previamente al responsable del daño[45]. Por tanto, cuando la responsabilidad se encuentre asegurada, la regla consagrada en el artículo 76 de la Ley de Contrato de Seguro permitirá agilizar el cobro de la indemnización, además de evitar trámites procesales[46].

Es más, como aclara el mencionado precepto, esta acción directa del tercero perjudicado permanece «inmune a las excepciones que puedan corresponder al asegurador contra el asegurado» (entre ellas, el dolo del asegurado o su incumplimiento por impago de las primas), aunque la norma admite que el asegurador pueda oponer la culpa exclusiva del perjudicado y las excepciones personales que tenga frente a él, así como las excepciones objetivas que deriven de la ley o de la voluntad de las partes del contrato de seguro (*v. gr.*, la definición del riesgo y el alcance de la cobertura)[47].

---

44. Por ejemplo, el artículo 46 de la Ley 44/2003, de 21 de noviembre, de Ordenación de las Profesiones Sanitarias, impone la obligación de suscribir el oportuno seguro de responsabilidad, un aval u otra garantía financiera a «los profesionales sanitarios que ejerzan en el ámbito de la asistencia sanitaria privada, así como las personas jurídicas o entidades de titularidad privada que presten cualquier clase de servicios sanitarios». Otros profesionales obligados por ley a la suscripción de un seguro de responsabilidad civil o cualquier otro tipo de garantía que cura estos supuestos son los auditores (el artículo 27 de la Ley 22/2015, de 20 de julio, de Auditoría de Cuentas, obliga a los auditores y sociedades de auditoría a prestar garantía financiera), los notarios (el artículo 23 del Decreto de 2 de junio de 1944, por el que se aprueba con carácter definitivo el Reglamento de la organización y régimen del Notariado, obliga al notario a constituir fianza) o los registradores (artículo 282 del Decreto de 8 de febrero de 1946 por el que se aprueba la nueva redacción oficial de la Ley Hipotecaria, obliga al registrador a constituir una fianza como presupuesto previo antes de la toma de posesión). De igual forma, el artículo 11 LSP contempla la obligación de la sociedad profesional de suscribir un seguro que cubra la responsabilidad en la que esta pueda incurrir en el ejercicio de la actividad que constituye su objeto social.
Por el contrario, en el caso de los abogados de momento no existe una ley en el ámbito nacional que imponga el aseguramiento obligatorio. La única referencia al mismo se encuentra en el artículo 125 t EGAE, que prevé que la falta de contratación de un seguro de responsabilidad civil constituirá una infracción grave, cuando dicha obligación «así esté prevista por ley». El Estatuto no puede consagrar esta obligación por carencia de rango normativo suficiente, ya que, de acuerdo con el Dictamen del Consejo de Estado de 14 de enero de 1999, se trata esta de una materia reservada a la ley por su intervencionismo y por incidir en el tráfico jurídico.
45. Sin embargo, Sánchez Calero, 2001, p. 1351 aconseja demandar tanto al asegurador como al causante del daño, pues el reconocimiento de la existencia de deuda respecto a este último es presupuesto para la condena al asegurador.
46. Como reconoce la sentencia del Tribunal Supremo de 5 de junio de 2019 (RJ 2019, 2213), esta norma evita pleitos dobles: que el perjudicado reclame al causante del daño y este, a su vez, al asegurador.
47. Admite Gómez Ligüerre, 2021, pp. 1138-1139, que la aseguradora puede quedar obligada frente a la víctima, a más de lo que estaría frente a su propio asegurado. Sin embargo, ante

Los seguros de responsabilidad profesional constituyen un instrumento de socialización o pulverización de los daños[48] y su contratación probablemente sea el mejor antídoto contra el efecto paralizante y defensivo que puede llegar a provocar la exigencia de responsabilidad civil profesional, como apuntan algunos autores[49]. Los que critican la proliferación de responsabilidades profesionales opinan que la amenaza de la responsabilidad bajo la que actúan los profesionales obliga a aquellos a ejecutar el servicio con excesivas cautelas, lo que en la práctica lleva al profesional a exigir un consentimiento informado en cada una de las actuaciones que realiza. Según los anteriores, la actuación cada vez más defensiva en la relación con el cliente puede provocar el efecto perverso de que el médico prescriba pruebas diagnósticas excesivas o que el abogado defienda solo aquellas pretensiones que presenten *ex ante* un alto porcentaje de prosperabilidad, tratando de eludir así eventuales responsabilidades.

Al probable ejercicio «defensivo» del profesional, los críticos suman la elevación excesiva de los costes de las prestaciones profesionales, como otro posible efecto pernicioso de la exigencia de responsabilidad civil profesional. Según los mismos, los costes derivados del aumento en la suscripción de pólizas de responsabilidad civil terminan repercutiéndose sobre los clientes que contratan los servicios de estos profesionales, que son los que asumen en última instancia tal encarecimiento[50]. A su vez, se señala que la contratación generalizada de estos seguros puede entrañar la desincentivación o relajación de la diligencia debida por parte del profesional, produciéndose lo que algún autor ha denominado como el «síndrome del asegurado a todo riesgo» (la idea de que «el seguro paga»)[51].

Frente a estas críticas, considero que ha de prevalecer el argumento de que la responsabilidad, más que un lastre que paralice al profesional, ante todo (y, sobre todo) constituye una garantía que se ofrece al cliente. A mi juicio, la amenaza de la responsabilidad civil más que obstaculizar al profesional (quien, cierto

la gran litigiosidad que plantea esta acción en la práctica, el autor sostiene la necesidad de su replanteamiento.

48. Díez-Picazo, 2000, p. 190. Ahora bien, como advierte García Garnica, *RDC,* 2020, p. 32, las indemnizaciones cada vez más cuantiosas por responsabilidad civil profesional están provocando un creciente recelo por parte de las aseguradoras a la hora de cubrir este tipo de siniestros.

49. Señalan el ejercicio defensivo de la profesión como un posible efecto adverso al que conduce la amenaza de responsabilidad civil Muñoz Campos, 1989, p. 351, Romeo Casabona, *La Ley,* 1993, p. 982, Brezmes Martínez De Villarreal, 2007, pp. 120-121, García Garnica, *RDC,* 2020, p. 32 y Solé Feliú, *RDC*, 2022, p. 37.

50. Romeo Casabona, *La Ley*, 1993, p. 982.

51. Utiliza tal expresión Muñoz Campos, 1989, pp. 353-354. De igual forma, Alonso Soto, *AFDUAM*, 2000, p. 204, advierte que la extensión y proliferación del seguro de responsabilidad civil provoca la despreocupación por la prevención y el aumento de las actuaciones negligentes del asegurado.

es, ahora ejecuta su prestación con mayores cautelas y precauciones), contribuye decisivamente a elevar el nivel del ejercicio profesional[52].

En la actualidad, todas estas críticas y reproches a la responsabilidad civil profesional han sido superadas y el fenómeno se ha consolidado. De hecho, la responsabilidad civil profesional podría ser calificada, pese a la tardanza en comenzar a emerger, como un tema clásico del Derecho de obligaciones, al que, sin embargo, el transcurso del tiempo no le ha privado de vigencia e interés. Ello es debido a que se trata de una materia en continua evolución y a que los principales y más complejos interrogantes que suscita aún no han sido resueltos (*v. gr.*, ¿qué daño ha de indemnizarse en caso de error en el diagnóstico o diagnóstico tardío?; ¿sigue vigente el polémico artículo 1591 del Código civil tras la aprobación de la Ley de Ordenación de la Edificación?; ¿qué daños provoca la interposición extemporánea de una demanda por parte del abogado?; ¿cómo se articulará la responsabilidad cuando no pueda determinarse la concreta contribución causal de cada uno de los miembros de un grupo profesional que ocasionó un daño?).

Ahora bien, el paso del tiempo ha traído consigo un innegable cambio cualitativo en la jurisprudencia. Así, mientras que los primeros casos que llamaron la atención de nuestros tribunales eran errores evidentes, negligencias fácilmente constatables, que implicaban un incumplimiento contractual flagrante por parte del profesional, desde hace tiempo la responsabilidad civil de los profesionales se hace derivar también de otras omisiones o actuaciones más difíciles de valorar desde la perspectiva de la responsabilidad civil, por resultar más ardua y compleja la constatación de la negligencia.

Por ejemplo, tratándose de abogados, los primeros casos que llamaron la atención de nuestros tribunales fueron ciertos errores derivados de la actividad forense, como sucede con la extemporánea interposición de demandas o recursos: *v. gr.*, la interposición fuera de su plazo de prescripción de la acción de responsabilidad extracontractual (sentencias del Tribunal Supremo de 16 de diciembre de 1996 [RJ 1996, 8971] y 14 de julio de 2003 [RJ 2003, 4630]), la interposición fuera de plazo de la demanda laboral (sentencia del Tribunal Supremo de 8 de octubre de 2000 [RJ 2000, 842]) o la reclamación extemporánea al FOGASA de cantidades acordadas judicialmente (sentencias del Tribunal Supremo de 28 de enero de 1998 [RJ 1998, 357] y 3 de octubre de 1998 [RJ 1998, 8587]).

En el ámbito médico, puede señalarse como ejemplo de negligencia flagrante el supuesto resuelto por la sentencia del Tribunal Supremo de 26 de febrero de 2001 (RJ 2001, 1340) (Sala Segunda): se operó la rodilla de la pierna izquierda, cuando en realidad la operación programada se refería a la derecha. Constituye igualmente una grave imprudencia profesional, realizar una operación quirúrgica de vasectomía, en lugar de la programada de fimosis (sentencia de la Audiencia Provincial de Sevilla, Sección 7.ª, de 14 de julio de 2003 [ARP 2003, 639]).

52. A esta misma conclusión llega Romeo Casabona, *La Ley*, 1993, p. 982.

La dificultad para verificar y constatar que media negligencia, se incrementa cuando se ha de valorar el posible incumplimiento de los deberes accesorios que acompañan a la prestación principal de los profesionales y la complementan. De entre todos ellos, destaca el deber de información, por ser el que ha alcanzado un mayor protagonismo en la jurisprudencia más reciente. De hecho, como apuntan algunos autores, actualmente el setenta por ciento de las reclamaciones por daños sanitarios se producen por vicios y/o defectos en el consentimiento informado o por falta de información al paciente[53].

Sirva como ejemplo, el ejercicio de la denominada medicina satisfactiva o voluntaria, donde muchas de las sentencias estimatorias de responsabilidad civil profesional derivan de la defectuosa o insuficiente información proporcionada por el profesional, al silenciar ciertos riesgos atípicos o menos habituales, por descuido o para evitar que el cliente/paciente reconsidere su decisión de someterse a una intervención.

Lo mismo cabe afirmar respecto a la responsabilidad del abogado, ámbito en el que pueden localizarse sentencias que han configurado el deber de información del abogado como una obligación de resultado, exigiéndose al profesional que se cerciore de que el cliente resulta efectivamente informado, es decir, que asimila y comprende la información suministrada[54].

> Si revisamos la jurisprudencia puede constatarse que algunas sentencias han llegado a configurar el deber de informar del abogado (o de otros profesionales jurídicos como los notarios, cuando, de acuerdo con el artículo 1 del Reglamento Notarial, desempeñen funciones no propiamente notariales[55]) como una obligación de resultado, exigiéndole al profesional que se cerciore de que la información no solo es comprensible para el cliente, sino que resulta efectivamente comprendida por aquel (véase, al respecto, las sentencias del Tribunal Supremo de 14 de mayo de 1999 [RJ 1999, 3106] y 28 de noviembre de 2007 [RJ 2007, 8124]). Por ello, cada vez es más usual que el profesional adopte precauciones documentales probatorias para defenderse de una futura reclamación del cliente.

No obstante, la existencia de una desigual información entre las partes (habitualmente el cliente carecerá de los conocimientos técnicos que posee su contraparte, un profesional altamente especializado) y, sobre todo, las dificultades técnicas a las que se enfrenta el cliente para acreditar el incumplimiento o defectuoso cumplimiento de este deber (pues además de que se le exige la demostración de un hecho negativo, cuya prueba es imposible o diabólica, no

53. Proporcionan esta cifra Navarro Simón, *ADIBE*, 2018, p. 314 y Oyarzún Vargas, *RJUAM*, 2021, p. 133.
54. En el ámbito de la abogacía, el profesional puede conseguir esta protección a través de la hoja de encargo. Véase, en tal sentido, Mate Satué, 2021, p. 414.
55. Entre otras, la resolución de la Dirección General de los Registros y del Notariado de 16 de enero de 1996 (RJ 1996, 5041) y la sentencia del Tribunal Supremo de 14 de mayo de 2008 (RJ 2008, 3077), ponen de relieve la doble vertiente, funcionarial y profesional, de la actuación de los notarios.

suelen estar a su disposición los medios materiales o documentos necesarios –su expediente– para demostrar este extremo[56]), justifican la alteración de las reglas generales de la carga de la prueba, atribuyendo al profesional la carga de la prueba de este extremo, por ser quien tiene mayor facilidad o disponibilidad para acceder a los medios de prueba (artículo 217.7 de la Ley de Enjuiciamiento Civil)[57]. De no hacerlo, tendrá que soportar las consecuencias desfavorables derivadas de su falta de aportación.

En este sentido, en el ámbito médico, atribuyen al demandado la carga de la prueba de que se ha informado correctamente al paciente, las sentencias del Tribunal Supremo de 27 de abril de 2001 (RJ 200271, 6891) («la prueba de haberse practicado información adecuada resulta a cargo de la recurrente, por hallarse en situación favorable para aportarla al pleito, al entrar en juego la facilidad de disposición de los medios probatorios»), 29 de junio de 2007 (RJ 2007, 3 871) («la prueba de haber facilitado la información incumbe a quien tiene la obligación de prestarla y tiene a su alcance los medios necesarios para justificarlo»), 29 de julio de 2008 (RJ 2008, 4638) («se exige que sea el médico quien pruebe que proporcionó al paciente todas aquellas circunstancias relacionadas con la intervención mientras este se halle bajo su cuidado, pues se trata de hechos que fácilmente pueden ser probados por él») y 21 de enero 2009 (RJ 2009, 1481) («la Ley General de Sanidad (...) exige como corolario lógico invertir la carga de la prueba para que sea el médico quien pruebe que proporcionó al paciente todas aquellas circunstancias relacionadas con la intervención mientras se halle bajo su cuidado, incluyendo diagnóstico, pronóstico y alternativas terapéuticas, con sus riesgos y beneficios»).

En el ámbito de la prestación de servicios jurídicos, entre otras, las sentencias de la Audiencia Provincial de Barcelona, Sección 4.ª, de 4 de mayo de 2007 (JUR 2007, 270008), de la Audiencia Provincial de Granada, Sección 3.ª, de 18 de abril de 2011 (JUR 2011, 334565), de la Audiencia Provincial de Madrid, Sección 21.ª, 13 de septiembre de 2016 (JUR 2016, 250271) y de la Audiencia Provincial de Granada, Sección 5.ª, de 10 de febrero de 2017 (JUR 2017, 164740), atribuyen al letrado la carga de probar que ha informado debidamente a su cliente.

Puede calificarse como resolución pionera, sobre todo porque es muy anterior a las que se acaban de enumerar, la sentencia de la Audiencia Provincial de Girona, Sección 2.ª, de 21 de marzo de 2003 (JUR 2003, 158637), que atribuyó al letrado expresamente la carga de «demostrar de manera suficiente que había informado a su cliente de algo tan trascendental como la existencia de un proceso en su contra, y que previo conocimiento de la misma, había tomado la decisión de asumir la postura de no comparecer». Afirmó la sentencia que la prueba le correspondía al abogado demandado, por el principio «de facilidad probatoria, ya que tenía que demostrar un hecho positivo (existencia de información) y no un hecho negativo, como ocurría a la apelante, a quien parece exigírsele que demuestre que no la hubo».

56. Solé Feliú, *RDC*, 2018, p. 80.
57. Solé Feliú, *RDC*, 2018, pp. 62-63 y Santos Morón, *Indret*, 2024, apartado 3.1.

Por el contrario, las sentencias del Tribunal Supremo de 22 de octubre de 2008 (RJ 2008, 5787) y 14 de julio de 2010 (RJ 2010, 6045), apreciaron que, el no haber cumplido adecuadamente el deber de información ha de ser demostrado por la parte demandante, sobre quien recae la carga de la prueba. Se pronunció en idéntico sentido la sentencia de la Audiencia Provincial de Jaén, Sección 3.ª, de 24 de mayo de 2013 (JUR 2013, 253624).

El cumplimiento de estos deberes de información adquiere tal trascendencia en la práctica, que, como luego explicaré, su falta de observancia puede llegar a transformar la originaria asignación de riesgos del contrato y convertir una genérica obligación de medios en una de resultado en algunos casos (véase en el capítulo II, el apartado «Obligaciones de medios *versus* obligaciones de resultado)».

Junto a la creciente importancia que está adquiriendo en los últimos tiempos el incumplimiento del deber de información como razón jurídica que fundamenta la demanda de responsabilidad civil por negligencia profesional, hay que señalar cierta tendencia jurisprudencial, todavía incipiente respecto a algunos profesionales, que abre un nuevo capítulo en el proceso de exigencia de responsabilidad civil a los profesionales liberales. Me refiero a la aplicación de la normativa tuitiva de los consumidores y usuarios a la deficiente prestación de servicios profesionales, lo que presupone la consideración del contrato concluido entre el profesional y el receptor del servicio como una relación de consumo[58].

Ahora bien, para que pueda declararse la presencia de una relación de consumo será necesario comprobar previamente que el cliente reúne las características que exige el artículo 3 del Texto Refundido de la Ley General para la Defensa de los Consumidores y Usuarios (TRLGDCU, en adelante), lo que no sucederá cuando aquel hubiera celebrado el contrato para usos relacionados con su actividad profesional. Asimismo, será necesario que el profesional reúna la condición de empresario *ex artículo* 4 TRLGDCU, cualidad que es predicable sin duda de los profesionales liberales, siempre que no trabajen como asalariados[59].

Esta nueva manera de contemplar la relación obligatoria entablada entre el prestador del servicio y su receptor entraña un incuestionable giro jurisprudencial. De hecho, hasta no hace mucho, lo habitual era que los tribunales resolvieran los casos de responsabilidad por servicios con los mecanismos jurídico-civiles generales previstos para la prestación insatisfactoria del servicio, quedando deliberadamente relegada la aplicación de las normas específicas sobre

58. Sobre la consideración de la relación entre el paciente y el hospital o médico como un acto de consumo véase Muruaga Herrero, *RDC,* 2023, p. 205; sobre la categorización de la prestación de servicios abogado-cliente como relación de consumo véanse Zamprogna Matiello, 2012, p. 13 y Crespo Mora, 2020, pp. 205 y ss.

59. Santos Morón, *ADC,* 2017, p. 151, Alonso Pérez/Calduch Gargallo, 2019, p. 2 (según pdf), Crespo Mora, *RDC,* 2021, p. 100 y Alonso Pérez, *Indret,* 2023, p. 9.

Derecho de consumo, a las que solo se acudía para reforzar la conclusión alcanzada de acuerdo con las reglas tradicionales[60].

Esta incursión del Derecho de consumo en el ámbito de ejercicio de los profesionales liberales se ha producido especialmente con dos profesionales: los médicos y los abogados. Sin embargo, aunque jurisprudencialmente tenga una incidencia mucho menor, también la responsabilidad de los agentes de la edificación ha sido objeto de regulación por el Texto Refundido de la Ley General para la Defensa de los Consumidores y los Usuarios.

Concretamente, en el ámbito de la edificación, el consumidor o usuario podrá exigir responsabilidades conforme al mencionado texto legal en cualquiera de los tres siguientes supuestos: en primer lugar, cuando los daños se hayan ocasionado como consecuencia de la utilización de materiales de construcción defectuosos (capítulo I del Título II del Libro III); en segundo término, en el caso de que los daños se hayan producido en el seno de un proceso de rehabilitación o reparación de vivienda *ex art*ículo 148 TRLGDCU; por último, cuando los daños deriven de defectos de la vivienda construida o comercializada (artículo 149 TRLGDCU), aunque, en tal caso, la normativa de protección de consumidores solo podrá ser invocada cuando los daños no estén cubiertos por un régimen legal específico[61].

Respecto a los médicos, frente a la doctrina tradicional del Tribunal Supremo que viene exigiendo al paciente la prueba de la culpa o negligencia médica, el actual artículo 148 TRLGDCU contiene una regla de imputación objetiva de responsabilidad a los servicios médicos privados[62]. Sin embargo, la jurisprudencia al principio se mostró reticente a aplicar el artículo 28 LCU (actual artículo 148 TRLGDCU) en este sector[63]. En la actualidad, si bien es cierto que aquella ha evolucionado en el sentido de normalizar la aplicación de la citada norma, sigue sosteniendo una interpretación restrictiva del término «servicios sanitarios».

En concreto, nuestros tribunales restringen la aplicación de la responsabilidad objetiva consagrada en el artículo 148 TRLGDCU a los servicios defec-

60. Exponen esta realidad jurisprudencial Parra Lucán, 2011, pp. 227 y 229, Pertíñez Vílchez, 2011, p. 1905 y Azparren Lucas, 2011, p. 1262.

61. Identifica y sintetiza estos tres supuestos Gregoraci Fernández, *RdPat,* 2009, apartado 2.2 (recurso digital sin paginación) (también en Gregoraci Fernández, 2019, p. 496).

62. Díez-Picazo, 2000, p. 142, Parra Lucán, 2011, pp. 253 y 261, Azparren Lucas, 2011, p. 1269, Pertíñez Vílchez, 2011, p. 1935, Santos Morón, *ADC,* 2017, p. 123 y Evangelio Llorca, 2021, p. 512.

63. Así lo admite Pérez Conesa, 2021, pp. 1062. En relación con el derogado artículo 28 LCU, reconoció Yzquierdo Tolsada, *DS,* 2001, p. 44, que, en un principio, los demandantes no invocaban el precepto ni los tribunales lo aplicaban.

tuosos (servicios que no cumplan los estándares de seguridad exigibles[64]). Es decir, la aplicación del artículo 148 TRLDCU se circunscribe a aquellos casos en que el daño haya sido producido por los aspectos organizativos de la prestación de servicios sanitarios (como, por ejemplo, sucede en el caso de las infecciones nosocomiales o intrahospitalarias[65], el contagio transfusional[66] o la deficitaria organización en la prestación del servicio sanitario[67], pues se trata todos ellos de riesgos plenamente controlables por el centro sanitario), sin que hasta la fecha haya sido aplicado a los actos médicos en sentido estricto[68].

64. Santos Morón, *ADC,* 2017, p. 135. La autora incluye dentro del servicio defectuoso los supuestos de daño desproporcionado (p. 139), el caso de las infecciones hospitalarias (p. 142) y el de la utilización de un producto defectuoso, en el curso de un tratamiento médico (catéter que se rompe; DIU que no funciona; prótesis mamaria tóxica; transfusión en la que se utiliza sangre contaminada) (pp. 142, 145 y 146). En el mismo sentido, *vid.* la sentencia del Tribunal Supremo de 5 de febrero de 2001 (RJ 2001, 541): «suelen versar sobre casos de infecciones contraídas o reactivadas en el propio medio hospitalario (...) o a consecuencia de transfusiones de sangre (...), de fallos en determinados dispositivos de implante o en el instrumento quirúrgico de una intervención (...), o, en fin, de daños desproporcionados en relación con el escaso riesgo atribuible en principio a una determinada intervención (...)».

65. Sobre este tipo de infecciones contraídas en un hospital, señalan las sentencias del Tribunal Supremo de 1 de julio de 1997 (RJ 1997, 5471) (postoperatorio de intervención quirúrgica en el que se contrae una grave infección, que da lugar a la amputación de una pierna) y 29 de noviembre de 2002 (RJ 2002 , 10404): «los niveles presumidos por ley de pureza, eficacia o seguridad que suponen, además, posibilidades de controles técnicos de calidad, impiden, de suyo (o deben impedir) por regla general las infecciones subsiguientes a una intervención quirúrgica adquirida en el medio hospitalario o su reactivación en el referido medio. Cuando estos controles, de manera no precisa, fallan (...) el legislador impone que los riesgos sean asumidos por el propio servicio sanitario en forma externa de responsabilidad objetiva». Sobre casos de infecciones nosocomiales a los que se aplica el artículo 148 TRLGDCU véase también la sentencia del Tribunal Supremo de 4 de julio de 2007 (RJ 2007, 5124) (muerte de un paciente ingresado en la UVI tras una intervención quirúrgica, debido a un proceso infeccioso generalizado) y la trascendente sentencia del Tribunal Supremo de 18 de julio de 2019 (RJ 2019, 3471) (fallecimiento del paciente por infección nosocomial respiratoria, que fue adquirida tras ser intervenido quirúrgicamente).

66. Sobre transfusión de sangre infectada con hepatitis C véase las sentencias del Tribunal Supremo de 10 de junio de 2004 (RJ 2004, 3605) y 4 de diciembre de 2007 (RJ 2008, 251). Respecto a los supuestos de transfusiones en las que se utiliza sangre contaminada, según Santos Morón, *ADC,* 2017, pp. 146 no solo podrá demandarse al fabricante del producto defectuoso (artículos 135 y ss. TRLGDCU), sino que la víctima también podrá dirigirse contra el centro médico u hospitalario que la haya empleado al amparo del artículo 148 TRLGDCU. Considera, además, que ambos demandados responderán solidariamente.

67. Declara la responsabilidad de un centro sanitario por la deficitaria organización en la prestación del servicio sanitario la sentencia del Tribunal Supremo de 24 de mayo de 2012 (RJ 2012, 6539): una indebida organización en el servicio de guardia como consecuencia de una política de racionalización de recursos, provocó que el hijo de los demandantes sufriera graves secuelas por sufrimiento fetal en el parto (que se presentaba de riesgo, como reveló la ecografía), pues el médico tuvo que ausentarse para atender otra urgencia simultánea.

68. Pertíñez Vílchez, 2011, p. 1940, Gonzalo López, 2015, apartados 2 y 5.4 (recurso digital sin paginación), Arcos Viera, 2016, p. 73, Plaza Penadés, 2016, apartado 4 (recurso digital sin paginación), Santos Morón, *ADC,* 2017, p. 151, Espinosa De Rueda Jover, 2021, p. 413, Evangelio Llorca, 2021, p. 514 y Pérez Conesa, 2022, pp. 744-746 y 760.

Solo en estos casos la víctima/paciente –que, en el ámbito de los servicios médicos, reviste siempre la condición de consumidor[69] y que, en muchas ocasiones, se limita a suscribir un contrato de adhesión[70]– podrá apoyar su demanda en el artículo 148 TRLGDCU para exigir la responsabilidad del centro médico u hospitalario o de la aseguradora de asistencia sanitaria, sin necesidad de probar la concurrencia de culpa o negligencia en el demandado[71].

Sin embargo, la doctrina ha constatado que es excepcional la condena del demandado fundamentada exclusivamente en las normas de protección de los consumidores (artículo 148 TRLGDCU). Lo habitual suele ser que, para sustentar el fallo, nuestros tribunales acudan también a los artículos 1902 y 1903 CC, que, paradójicamente, están basados en la culpa[72].

En el ámbito de la prestación de los abogados, el punto de inflexión lo constituyó la trascendente sentencia del Tribunal de Justicia de la Unión Europea de 15 de enero de 2015 –asunto C-537/13– (TJCE 2015, 5). En la misma, el Tribunal de Luxemburgo concluyó que el contrato entablado entre el abogado y el cliente puede constituir una relación de consumo si el cliente contrata la prestación de servicios con un propósito ajeno a su actividad profesional, esto es, con una finalidad privada, sin la intención de incorporarlo a un proceso productivo. La consecuencia inevitable que deriva de tal declaración es que al cliente-consumidor de servicios jurídicos le resultará aplicable la normativa tuitiva y protectora de los consumidores.

De igual forma, la doctrina jurisprudencial es constante en no aplicar la responsabilidad objetiva derivada de la Ley de Consumidores y Usuarios (LCU de 1984 y vigente TRLGDCU) a los actos médicos: *vid.*, sentencias del Tribunal Supremo de 23 de octubre de 2008 (RJ 2008, 5789), 4 de junio de 2009 (RJ 2009, 3380), 3 de marzo de 2010 (RJ 2010, 3778), 4 de noviembre de 2010 (RJ 2010, 7988), 20 de mayo de 2011 (RJ 2011, 3982) y 3 de julio de 2013 (RJ 2013, 4380).

Sin embargo, algunos autores mantuvieron que el derogado artículo 28 LGCU resultaba aplicable tanto a los centros hospitalarios, como a los actos médicos individualmente considerados (*vid.* Gómez Calle, *ADC,* 1998, p. 1755). Esta solución ya no es compartida en la actualidad por la doctrina.

69. Santos Morón, *ADC,* 2017, p. 122, García Garnica, *RDC,* 2020, p. 34 y Muruaga Herrero, *RDC,* 2023, pp. 205 y ss. Así lo han admitido también nuestros tribunales. Véase, al respecto, la sentencia de la Audiencia Provincial de Barcelona, Sección 13.ª, de 7 de julio de 2022 (JUR 2022, 281296): las pacientes «ostentan la condición de consumidoras frente al centro hospitalario, que presenta la condición de empresario prestador del servicio de salud». En idéntico sentido, la sentencia de la Audiencia Provincial de Barcelona, Sección 13.ª, de 30 de septiembre de 2021 (JUR 2021, 356484).

70. Muruaga Herrero, *RDC,* 2023, p. 210.

71. Coincido con Santos Morón, *ADC,* 2017, pp. 161 en que el artículo 148 TRLGDCU habría de servir de soporte para exigir la responsabilidad civil del médico-empresario (aquel facultativo que ejerce la medicina de manera independiente y no como asalariado). Sin embargo, como constata la autora (p. 152), nuestros tribunales suelen articular su eventual condena en la existencia de culpa, sin que sea tenido en cuenta el mencionado precepto.

72. Santos Morón, *ADC,* 2017, p. 161.

De igual forma, el Tribunal de Justicia determinó que la hoja de encargo puede ser considerada un contrato de adhesión si concurren los requisitos exigidos por la legislación comunitaria por lo que, en consecuencia, no existe obstáculo para que se apliquen a la misma los filtros y controles de la Directiva 1993/13/CEE del Consejo, de 5 de abril, sobre cláusulas abusivas en los contratos celebrados con consumidores.

Como se puede imaginar, tras esta novedosa y destacada sentencia se han multiplicado las resoluciones de nuestros tribunales de instancia en las que se procede a aplicar esta nueva perspectiva que proporciona el derecho de consumo[73].

Sin embargo, de momento, la aplicación de esta innovadora óptica solo ha influido indirectamente en el régimen de responsabilidad civil de los profesionales del Derecho. Ello es debido a que, hasta la fecha, la aplicación de la normativa tuitiva de los consumidores a la prestación de servicios jurídicos se ha traducido, fundamentalmente, en el reforzamiento de los deberes de información del profesional sobre las condiciones económicas del contrato y, sobre todo, la información relativa a los honorarios *ex art*ículo 60 TRLGDCU[74]. Como la información sobre los honorarios o las bases para su determinación ha de reforzarse cuando el cliente reúna la condición de consumidor, se multiplican las posibilidades de incumplimiento contractual del letrado por la inobservancia de este deber, lo que a su vez puede acarrear la correspondiente exigencia de responsabilidad civil del profesional.

> Entre otras muchas, destaca sobre la materia la sentencia del Tribunal Supremo de 24 de febrero de 2020 (RJ 2020, 486), en la que el Alto Tribunal dio respuesta al problema de la omisión por parte del profesional de la preceptiva información sobre el precio del servicio exigida por el artículo 60 TRLGDCU. Asimismo, son muy numerosas las sentencias de instancia que proponen la aplicación del artículo 60 TRLGDCU en el ámbito de la prestación de servicios jurídicos: entre otras, las sentencias de la Audiencia Provincial de Álava, Sección 1.ª, de 7 de febrero de 2011 (JUR 2011, 295952), de la Audiencia Provincial de Alicante, Sección Tribunal de Marca Comunitaria, de 26 de febrero de 2015 (JUR 2015, 129493), de la Audiencia Provincial de Asturias, Sección 7.ª, de 29 de marzo de 2017 (AC 2017, 553) y de la Audiencia Provincial de Madrid, Sección 25.ª, de 25 de julio de 2018 (JUR 2018, 279297).
>
> Recientemente, la sentencia del Tribunal de Justicia de la Unión Europea de 12 de enero de 2023 (asunto C-395/21) (JUR 2023, 13691) declaró el carácter no transparente de una cláusula de honorarios inserta en un contrato de adhesión de servicios jurídicos que tarificaba los servicios prestados en 100 euros la hora, aunque no especificaba el número de horas que resultaría necesario para la adecuada y completa prestación del servicio. Además, lejos de facturar periódica-

73. Constata esta nueva tendencia jurisprudencial Crespo Mora, *RDC,* 2021, pp. 96-97.
74. Para un conocimiento más exhaustivo de la mencionada resolución, véase Crespo Mora, *LA LEY,* 2023 y Alonso Pérez, *Indret*, 2023.

mente, la letrada no presentó la minuta al cliente hasta que concluyó la ejecución del servicio.

Sin embargo, de momento no se ha planteado en nuestros tribunales la posible extrapolación a la inejecución o insatisfactoria prestación de servicios profesionales jurídicos, del controvertido régimen de responsabilidad por servicios defectuosos regulado en el Libro III del Texto Refundido. Aunque no cabe duda de las ventajas que la aplicación de esta reglamentación comportaría para el cliente de servicios jurídicos, que podría beneficiarse del favorecedor mecanismo procesal previsto en el artículo 147 TRLGDCU –esto es, la inversión de la carga de la prueba de la culpa–, la mejor doctrina ha negado tal posibilidad[75]. La jurisprudencia menor, por su parte, ha rechazado tajantemente la inversión de la carga de la prueba de la culpa en este ámbito.

La posición de nuestros tribunales sobre el tema puede verse reflejada en las sentencias de la Audiencia Provincial de A Coruña, Sección 3.ª, de 9 de octubre de 2009 (AC 2010, 806), de 31 de mayo de 2013 (JUR 2013, 218992) y de 1 de abril de 2016 (JUR 2016, 88452), todas ellas referidas a la prestación de servicios jurídicos: «No es de aplicación a este tipo de incumplimientos contractuales la doctrina de la inversión de la carga de la prueba, ni la presunción de culpabilidad, la objetividad de la culpa o la responsabilidad por riesgo, por cuanto el ejercicio de la abogacía no constituye una actividad generadora de un riesgo anómalo».

En cualquier caso, a pesar de las dudas que todavía suscita la aplicación de la normativa tuitiva de los consumidores y usuarios a la prestación de servicios profesionales, la irrupción del Derecho de consumo en el sector de la prestación de servicios profesionales parece ya imparable. Aunque, de momento, se trata de una tendencia incipiente y, pese a que es arriesgado tratar de realizar pronósticos o vaticinios, es muy probable que asistamos en un futuro cercano a un aumento de la litigiosidad por este motivo, culminándose así el irrefrenable proceso de desacralización de los profesionales liberales.

75. Sanz Acosta, *Práctica Derecho de Daños,* 2010, apartado III, Parra Lucán, 2011, pp. 215 y 230, Pertíñez Vílchez, 2011, p. 1909, Fernández Fernández, 2016, p. 2295 y Mate Satué, 2021, p. 413. En contra, Azparren Lucas, 2011, p. 1262, para quien el régimen jurídico del artículo 147 TRLGDCU resulta perfectamente aplicable a los casos de responsabilidad en la prestación de servicios cualquiera que sea el profesional demandado.

II

Naturaleza jurídica de la responsabilidad civil profesional

SUMARIO: A. ¿CONTRACTUAL O EXTRACONTRACTUAL?. *a.1. Planteamiento de la cuestión. a.2. Supuestos especiales de responsabilidad profesional no contractual.* a.2.1. Las consecuencias civiles del delito. a.2.2. Responsabilidad profesional en la prestación de servicios públicos. a.2.3. La responsabilidad civil en el ámbito de las relaciones triangulares. B. OBLIGACIONES DE MEDIOS *VERSUS* OBLIGACIONES DE RESULTADO.

A. ¿CONTRACTUAL O EXTRACONTRACTUAL?

A.1. PLANTEAMIENTO DE LA CUESTIÓN

En la presente materia resulta inevitable tomar en consideración la *summa divisio* entre responsabilidad contractual y extracontractual, apriorística en el tratamiento de cualquier caso de responsabilidad civil profesional. Sin embargo, antes de adentrarnos en el estudio de este asunto, hay que destacar una llamativa paradoja. Así, pese a que, como se demostrará a continuación, en muchos casos la relación que vincula al profesional y al perjudicado es de naturaleza contractual, resulta curioso comprobar que el tema de la responsabilidad civil en las profesiones liberales ha sido tradicionalmente tratado dentro de los volúmenes correspondientes a los estudios de la responsabilidad extracontractual.

A primera vista, parece una tarea fácil dilucidar cuándo la responsabilidad profesional es contractual y cuándo es extracontractual. Sin embargo, no es posible ofrecer una respuesta general y unívoca a la pregunta con la que se titula el presente epígrafe, ya que la solución definitiva a este interrogante depende de múltiples factores y, sobre todo, de las circunstancias concurrentes en el caso que se examine. De lo que no cabe duda es que, tanto si el demandante ejercita una acción de responsabilidad contractual como si esta fuera extracontractual, en ambos casos habrá de probar los mismos elementos que fundamentan la acción indemnizatoria: el daño, la relación de causalidad y la culpa[1].

Si las responsabilidades contractual y aquiliana compartieran régimen jurídico, carecería de interés práctico el análisis de esta cuestión. Ahora bien, pese a la tendencia doctrinal y jurisprudencial proclive a equiparar estas dos responsabilidades, la comparación entre ambas arroja una diferencia de régimen jurídico sustantivo insalvable[2]: el distinto plazo de ejercicio de la acción (como es sabido, el plazo es de un año computado desde que la víctima conoció la existencia del daño en el caso de la responsabilidad extracontractual *ex artículo* 1968.2 del Código civil[3] y de cinco años, para la acción de responsabilidad contractual *ex artículo* 1964 del Código civil). De ahí que resulte importante una correcta selección de la normativa aplicable. Y ello no solo es debido al diverso plazo de prescripción de las acciones, como se ha señalado, sino, también, por los diferentes criterios de imputación subjetiva de responsabilidad.

Así, mientras que en el ámbito extracontractual la culpa constituye el criterio general de imputación de responsabilidad (salvo en las hipótesis de responsabilidad objetiva previstas legalmente)[4], la culpa solo funciona como criterio de imputación subjetiva de responsabilidad en las denominadas obligaciones contractuales de medios, pero no así en las de resultado[5]. En mi opinión, en las obligaciones de resultado la culpa del profesional no ha de ser tenida en cuenta al valorar el incumplimiento, ni en el posterior juicio de responsabilidad civil.

1. Alberruche Díaz-Flores, *Act. Civ.*, 2014, apartado I (recurso digital sin paginación) y Santos Morón, *Indret*, 2018, pp. 4-5 (según pdf). Ahora bien, advierte Del Olmo García, 2023, p. 8456, que no podemos dejarnos engañar por el hecho de que en ambas pretensiones resarcitorias se exijan los mismos presupuestos, pues, basta acercarse a estos elementos, para apreciar grandes diferencias entre ellos.
2. Para analizar con detenimiento las diferencias entre ambas responsabilidades acúdase a estudios clásicos como los de los profesores Cavanillas Múgica/ Tapia Fernández, 1992, pp. 19-57 y Miquel González, *CDJ*, 1993, pp. 61-78.
3. Macía Morillo, *AFDUAM*, 2021, p. 115, advierte lo especialmente perjudicial que puede resultar este perentorio plazo–que ha sido criticado por toda la doctrina (entre otros, Montes Rodríguez, 2021, p. 424)– en ciertos casos especiales, como sucede con las eventuales reclamaciones que puedan interponer los familiares de pacientes fallecidos por Covid-19, como consecuencia de la deficiente atención sanitaria prestada. En tal caso (en el que el plazo ha de contarse desde el hecho de la muerte), las circunstancias concurrentes dificultaron la interposición de acciones extracontractuales en plazo, debido a la continua avalancha de acontecimientos que se produjeron durante esta complicada crisis sanitaria.
   Esta diferencia de plazo entre ambas acciones ha sido considerada por nuestros tribunales como excesiva y poco justificada. Véase, al respecto, los contundentes términos empleados por la sentencia del Tribunal Supremo de 12 de febrero de 2000 (RJ 2000, 820) y la sentencia de la Audiencia Provincial de Pontevedra, Sección 6.ª, de 27 de junio de 2013 (JUR 2013, 252084): «plazos tan dispares que, incomprensiblemente, se mantienen en nuestro Derecho positivo».
4. Díez-Picazo, 2000, p. 37 y Santos Morón, *Indret*, 2018, p. 8.
5. En contra, Solé Resina, 2022, p. 1269. Según la autora, mediante el juego de las presunciones y la flexibilización del nexo causal, las obligaciones de medios vienen a equipararse en la práctica a las obligaciones de resultado.

Como luego indicaré, en las obligaciones de resultado los riesgos asumidos por el deudor a través del contrato son mayores[6], ya que en caso de que no se obtenga el resultado que satisface el interés subjetivo del acreedor concurrirá incumplimiento imputable y, en consecuencia, el deudor tendrá que responder de los daños derivados de aquel (que, claro está, han de reunir las exigencias del artículo 1107 del Código civil), incluso aunque haya tenido voluntad de cumplir o haya desplegado todos sus esfuerzos para tratar de alcanzar el resultado.

Como en las denominadas obligaciones de resultado existe una objetivación de la responsabilidad[7], al deudor no le basta con demostrar su comportamiento diligente (la no vulneración de la *lex artis*) y solo podrá exonerarse si acredita la concurrencia de caso fortuito o fuerza mayor[8] (concebida actualmente como aquel acontecimiento imprevisible fuera del ámbito de control del deudor), cuestión de difícil prueba en la práctica.

Por ejemplo, el médico, en la medicina curativa –prototipo de obligación de medios–, no responde si se producen daños fortuitos, consecuencia de factores aleatorios propios de la enfermedad, a pesar de que en principio formarían parte de su ámbito de control/actividad (siempre, eso sí, que hubiera informado al respecto), sino solo si ha actuado negligentemente, es decir, de forma contraria a la *lex artis*. En cambio, cuando media una obligación de resultado (*v. gr.*, la esterilización del instrumental quirúrgico) el sanitario responderá, aun en el caso de daños fortuitos y aunque no haya vulnerado la *lex artis*, porque solo será exonerado en caso de que las circunstancias fortuitas sean eventos ajenos a su esfera de control.

Dicho lo anterior, la naturaleza jurídica de la responsabilidad civil de los profesionales dependerá, en primer lugar, de quién sea la víctima que sufra el daño derivado de la actuación u omisión negligente del profesional y de si entre esa víctima y el profesional causante del daño existe una vinculación contractual directa. De concurrir tal vínculo –que suele adoptar la forma verbal[9]–, tanto la doctrina como la jurisprudencia afirman que respecto a esta víctima (cliente, paciente, receptor del servicio) surgirá, por regla general (luego enumeraremos las excepciones), una responsabilidad contractual derivada del incumplimiento o defectuoso cumplimiento del contrato[10], que podrá ser exigida en el plazo de cinco años desde la determinación del daño. Además, en el caso –cada vez más

6. De Peralta Carrasco, 2021, p. 1024 coincide en afirmar que las obligaciones de resultado implican un «plus de responsabilidad» para el deudor.

7. Schopf Olea, *Revista UCSC*, 2023, p. 59.

8. Yzquierdo Tolsada, 1989, p. 268.

9. Así lo ponen de relieve, entre otros, Gómez Calle, *ADC*, 1998, p. 1698, Moreo Ariza, *Indret*, 2007, p. 4 (según pdf), Macía Morillo, *RJUAM*, 2015, p. 258 (respecto a los contratos de prestación de servicios sanitarios) y Crespo Mora, *ADC*, 2022, p. 747 (respecto a la prestación de servicios jurídicos).

10. Entre otros muchos, Moreo Ariza, *Indret*, 2007, p. 8 (según pdf), Berrocal Lanzarot, *REML*, 2011, p. 27, Serra Rodríguez, *J&D*, 2019, p. 83 y García Garnica, *RDC*, 2020, p. 58.

frecuente en la práctica– de que la responsabilidad del profesional esté cubierta por un seguro, lo habitual será que el perjudicado demande al profesional junto a su aseguradora[11].

Una excepción la constituye la exigencia de responsabilidad civil al registrador de la propiedad por parte de quien ha contratado sus servicios (prevista en los artículos 296 y ss. de la Ley Hipotecaria). Aunque doctrinalmente se ha debatido la naturaleza contractual (que se predica de las inscripciones voluntarias) o extracontractual (cuando el perjudicado sea un tercero) de la responsabilidad del mencionado profesional, la regulación de la prescripción de la acción prevista en el artículo 311 de la Ley Hipotecaria (que fija para la acción de responsabilidad civil un plazo de prescripción de un año desde que los daños sean conocidos), parece eliminar, a favor del registrador, cualquier polémica acerca de la naturaleza de esta responsabilidad civil. Así lo corrobora la jurisprudencia recaída sobre la materia. Véanse, en tal sentido, las sentencias del Tribunal Supremo de 12 de febrero de 1996 (RJ 1996, 1248), 2 de diciembre de 2009 (RJ 2010, 267), 23 de enero de 2008 (RJ 2008, 216) y 21 de abril de 2008 (RJ 2008, 4606), que señalan expresamente que la exigencia de responsabilidad prevista en los artículos 296 y 311de la Ley de la Hipotecaria debe hacerse a través del artículo 1902 del Código civil.

Por el contrario, fuera del marco del contrato, frente a terceros (en aquellos casos en los que el dañado sea desconocido para el profesional y totalmente ajeno a la relación contractual), al no mediar previamente contrato o relación jurídica alguna, el profesional habrá de responder por el incumplimiento del genérico *alterum non laedere* y, en consecuencia, su responsabilidad habrá de desenvolverse en el plano extracontractual.

Las hipótesis de responsabilidad extracontractual por los daños que ocasiona el profesional a un tercero absolutamente ajeno, al que conoce a través del hecho dañoso, pueden ser frecuentes en relación con ciertos profesionales, como sucede, por ejemplo, con los daños que sufran los terceros –peatones, dueños de fincas vecinas, arrendatarios– por defectos de construcción, por los que podrán exigir responsabilidad al arquitecto o, en su caso, al constructor en virtud del artículo 1909 del Código civil[12]. También son relativamente frecuentes los

11. Reconoce Sánchez Calero, 2001, pp. 1317 y 1351-1352, que es doctrina consolidada que se trata de un litisconsorcio pasivo voluntario, en la medida en que el perjudicado puede demandar al causante-asegurador y al asegurador, pero también puede optar por demandar solo a uno de ellos sin necesidad de demandar al otro.

12. Sin embargo, Aparicio Carrillo, 2021, p. 330, constata que la práctica ofrece pocos ejemplos de daños personales a terceros provocados por defectos de edificación. De ahí que Núñez Iglesias, 2021, p. 793 considere que este precepto está llamado a desaparecer o a refundirse con el artículo 1907 del Código civil.
Gregoraci Fernández, *RdPat,* 2009 propone otros supuestos dentro de este sector (la responsabilidad de los agentes de la edificación) en los que la víctima ha de articular su demanda a través del artículo 1902 del Código civil. En primer lugar, según la autora, la referencia «dentro del tiempo legal» incluida en el artículo 1909 del Código civil, debe entenderse referida a los tres plazos de garantía previstos en el artículo 17 de la Ley de Ordenación de

daños que los registradores y los notarios pueden ocasionar a terceros, como consecuencia de su negligente desarrollo profesional[13].

Por el contrario, los supuestos de responsabilidad extracontractual prototípicos o puros (concebida como aquella que surge entre individuos extraños entre sí[14] y reclamada directamente por la víctima del daño[15]) son muy poco habituales cuando se trata de otros profesionales, como es el caso de los abogados o procuradores o de los médicos[16].

---

de la Edificación (apartado 3.2.2.3 [recurso digital sin paginación]). Transcurrido el tiempo legal (la autora pone el ejemplo de un viandante que sufre un daño corporal causado por un vicio estructural once años después de la recepción de la obra), propone la articulación de la correspondiente acción de responsabilidad a través de la vía que ofrece el artículo 1902 del Código civil. De igual forma, admite (apartado 3.2.1 y 3.2.2.3) que, cuando el daño sufrido por el propietario no vinculado contractualmente con los agentes de la edificación se deba a un defecto de construcción no incluido en la Ley de Ordenación de la Edificación, podrá dirigirse frente a los mismos a través de la acción general de responsabilidad del artículo 1902 del Código civil. La mencionada autora reconoce expresamente (apartado 3.3.2.3): «No creo (...) que la limitación contemplada en el artículo 17 de la Ley de Ordenación de la Edificación deba ser interpretada como una limitación absoluta de responsabilidad. En los ámbitos no cubiertos por la Ley de Ordenación de la Edificación entran en juego las normas de la responsabilidad civil general».

13. Los categóricos términos del artículo 311 Ley Hipotecaria (que limita a un año el plazo para interponer la acción de responsabilidad civil contra el profesional), ha llevado a la jurisprudencia a afirmar que la responsabilidad de los registradores, tanto frente a quien le encarga la gestión como frente a terceros perjudicados es siempre extracontractual.
Por el contrario, en el caso de los notarios, la sentencia del Tribunal Supremo de 15 de noviembre de 2002 (RJ 2002, 9927) especifica que, frente a los otorgantes de los documentos, «su responsabilidad civil (...) por los daños y perjuicios ocasionados con su actuación cuando sean debidos a dolo, culpa o ignorancia inexcusable (artículo 146 Reglamento Notarial) ha de calificarse de contractual». No obstante, las distintas vertientes de la actuación notarial y la posible afectación a terceros como consecuencia de las actuaciones u omisiones negligentes del notario obligan a tener en cuenta la posible responsabilidad extracontractual. Así sucedió en el caso resuelto por las sentencias del Tribunal Supremo de 2 de diciembre de 1998 (RJ 1998, 9156) y 5 de febrero de 2000 (RJ 2000, 251), que estimaron la responsabilidad extracontractual del notario que no agotó la diligencia exigible en la comprobación de la identidad del otorgante de un poder, que resultó suplantado.

14. Como justificaré en las siguientes páginas, a mi juicio no ha de considerarse un supuesto de responsabilidad extracontractual puro, pese a que la doctrina mayoritaria sostiene lo contrario, la hipótesis, bastante frecuente en el ámbito de la responsabilidad médica, en los que el paciente ha celebrado el contrato con una clínica u hospital, pero no directamente con el médico que le atiende y le causa daños con ocasión de la asistencia sanitaria. Para la doctrina mayoritaria, cualquier reclamación del paciente frente a este concreto médico para solicitarle la indemnización de los daños sufridos habría de desenvolverse por la vía del artículo 1902 del Código civil.

15. Reconoce Yzquierdo Tolsada, 2001, p. 80, que, en los supuestos típicos de responsabilidad extracontractual, «las partes se conocen a través del hecho dañoso: es el accidente de tráfico (...), el avión que cae sobre una vivienda». Díez Soto, 2013, p. 12965, admite igualmente la condición de desconocidos de la víctima y del causante del daño en los supuestos de responsabilidad extracontractual.

16. En relación con los abogados, denuncian la escasez de supuestos puros de responsabilidad extracontractual Albanés Membrillo, *Boletín del ICAM,* 1999, pp.84-85, Crespo Mora, 2005,

Por tanto, como se ha dicho, de mediar un contrato entre el profesional y el receptor del servicio la responsabilidad será, en principio, contractual, salvo que la exigencia de responsabilidad parta de sujetos diferentes a la propia víctima (un pariente cercano) y, en consecuencia, ajenos a la relación contractual (hipótesis bastante frecuente en el ámbito de la responsabilidad médica)[17]. En este caso, la reclamación de estos otros sujetos, que puede realizarse simultáneamente con la del receptor del servicio o ser independiente a la de aquel, irá dirigida a obtener la reparación del daño que ha experimentado el propio demandante derivado del que ha sufrido el perjudicado (daño indirecto o de rebote).

Ahora bien, pese a que, como acabo de reconocer, cuando haya mediado una relación contractual entre el receptor del servicio y el profesional encargado de su ejecución la responsabilidad habrá de articularse conforme a las normas de la responsabilidad contractual, esta no fue la solución que adoptó la primera jurisprudencia. Así, las primeras sentencias recaídas sobre la materia aplicaron el régimen jurídico consagrado en el artículo 1902 del Código civil a supuestos en los que los daños derivaban, en realidad, de la defectuosa ejecución de una prestación contractual y en los que, por tanto, debido al carácter absorbente del contrato, la responsabilidad del profesional debería haberse reputado contractual[18]. Ello sucedió, especialmente, con la responsabilidad médico-sanitaria[19], aunque puede apreciarse esta tendencia también respecto de otros profesionales.

---

p. 225, Moreo Ariza, *Indret*, 2007, p. 8 (según pdf) y Blázquez Martín, *Diario La Ley*, 2017, apartado I.1.A.a (recurso *online* sin paginación).

En el ámbito médico, suele señalarse el supuesto claramente anecdótico de los servicios médicos prestados espontáneamente por el profesional en caso de urgencia, sin que exista autorización ni oposición del enfermo por no encontrarse en un estado mental que le permita prestar el consentimiento. Macía Morillo, *RJUAM*, 2015, p. 269 sostiene que, cuando en estos casos el médico cause negligentemente un daño al sujeto necesitado de atención, la posible reclamación de responsabilidad que pueda interponer el enfermo se ha de articular por la vía de la responsabilidad extracontractual. Cierto sector doctrinal (entre otros, Yzquierdo Tolsada, 1989, p. 148 y Gómez Calle, *ADC,* 1998, p. 1697), prefiere encajar este supuesto en la gestión de negocios ajenos sin mandato.

Más discutible me parece la solución propuesta por Berrocal Lanzarot, *REML,* 2011, p. 27, que aboga por trasladar a este caso las reglas propias de la responsabilidad contractual, aunque no medie contrato, justificando su solución en que el facultativo no solo está obligado por el mero deber de no irrogar daños a terceros, sino que además debe observar la *lex artis ad hoc.* Si la naturaleza contractual de la responsabilidad se hace depender de la obligada observancia de la *lex artis ad hoc*, habría de descartarse la concurrencia de la responsabilidad extracontractual en todo caso de responsabilidad civil de profesionales, pues la actuación de los profesionales liberales siempre ha de estar guiada por la observancia de la misma.

17. Macía Morillo, *RJUAM*, 2015, pp. 270-271.

18. Advierte perspicazmente Yzquierdo Tolsada, 1989, p. 137 que, por el contrario, en todos estos casos si los daños derivaran del incumplimiento del cliente, nadie dudaría en acudir a la vía contractual.

19. Santos Morón, *Indret*, 2018, p. 4 (según pdf) asegura que, en la actualidad, la mayoría de los litigios sobre responsabilidad derivada de servicios médicos privados se siguen articulando en torno a las reglas de la responsabilidad extracontractual, pese a que no ofrece dudas la existencia de una relación contractual previa.

Por ejemplo, en el ámbito de la responsabilidad civil de los abogados pueden localizarse sentencias en las que, tras reconocer el tribunal que el supuesto en cuestión resultaba incardinable bajo el ámbito del artículo 1544 del Código civil (los clientes contrataron al abogado para que se encargara del cobro de unas cantidades que se les adeudaba), es admitida la demanda interpuesta al amparo del artículo 1902 del Código civil. Véase, la sentencia del Tribunal Supremo de 13 de octubre de 2003 (RJ 2003, 7031) y la sentencia de la Audiencia Provincial de Ciudad Real, Sección 2.ª, de 1 de septiembre de 1995 (AC 1995, 1701). Otras sentencias no aplican el artículo 1902 del Código civil porque no concurren los requisitos para ello, pero no objetan la alegación del mismo por parte del demandante, pese a mediar una relación contractual entre el abogado y el cliente (*vid.*, en este sentido, las sentencias del Tribunal Supremo de 4 de febrero de 1992 [RJ 1992, 819] y 23 de diciembre de 1992 [RJ 1992, 10715]).

Más concretamente en el ámbito médico sanitario, se ha recurrido a la aplicación del artículo 1902 del Código civil cuando la actuación negligente del profesional no solo provoca el incumplimiento del contrato, sino que implica simultáneamente la lesión grave de un derecho o bien de especial importancia del paciente (*v. gr.*, la integridad física)[20], es decir, la negligencia profesional provoca el incumplimiento de deberes profesionales que no encuentran en el contrato su única fuente, pues emanan igualmente de la ley[21]. Nos estamos refiriendo a obligaciones que, puede decirse, son al mismo tiempo legales y contractuales o negociales. Se afirma entonces que, en tales circunstancias, se produce una transgresión de los deberes de protección u obligaciones de seguridad (los deberes de preservar la seguridad personal de la otra parte contratante)[22], que, aunque impuestos por la buena fe, no han sido específicamente previstos por el contrato. Es en este marco en el que se afirma la existencia de una yuxtaposición de responsabilidades[23], porque el daño puede encuadrarse tanto en el ámbito de la responsabilidad extracontractual, como en la contractual.

Fue en tal contexto donde la jurisprudencia comenzó a aplicar la doctrina del concurso de normas[24], también conocida como la unidad de la culpa civil, de

20. Díez-Picazo, 2000, pp. 250 y 252 y Montes Rodríguez, 2021, p. 425.
21. En este sentido, *vid.* las sentencias del Tribunal Supremo de 22 de diciembre de 2008 (RJ 2009, 162) y de 27 de mayo de 2009 (RJ 2009, 3044).
22. Para un estudio actualizado de los deberes de protección, *vid.* Cabanillas Sánchez, 2022, pp. 113 y ss. Señala el autor que los deberes de protección pueden encontrarse presentes en todas aquellas relaciones contractuales en las que, «de un modo u otro, en la ejecución de una prestación contractual, la vida o la integridad física de la otra parte contratante puede quedar en peligro».
23. Hacen coincidir la zona de superposición de responsabilidades con el ámbito de aplicación de los denominados deberes de protección u obligaciones de seguridad del contrato Cavanillas Múgica/ Tapia Fernández, 1992, p. 8, Cabanillas Sánchez, 2000, p. 470 (también en 2022, p. 114), Díez Soto, 2013, p. 12964 y Del Olmo García, 2023, pp. 8458.
24. Yzquierdo Tolsada, *DS*, 2001, p. 35. Aplican la teoría del concurso de normas, entre otras muchas, las sentencias del Tribunal Supremo de 18 de febrero de 1997 (RJ 1997, 1240), 6

acuerdo con la cual, tanto la responsabilidad contractual como la extracontractual responden a un mismo principio común y a una misma finalidad.

En relación con la doctrina de la unidad de la culpa civil, la sentencia del Tribunal Supremo de 27 de mayo de 2009 (RJ 2009, 3044) declaró: «Este principio, llamado a veces doctrinal y jurisprudencialmente de unidad de la culpa civil, solo es aplicable en supuestos de existencia de zonas mixtas, especialmente cuando el incumplimiento resulta de la reglamentación del contrato, pero se refiere a bienes de especial importancia, como la vida o integridad física, que pueden considerarse objeto de un deber general de protección». Recientemente, reiteran el párrafo anterior las sentencias de las Audiencias Provinciales de La Rioja, Sección 1, de 17 de febrero de 2023 (JUR 2023, 202820), de la Audiencia Provincial de Almería, Sección 1.ª, de 7 de febrero de 2023 (JUR 2023, 166984) y de la Audiencia Provincial Lleida, Sección 2.ª, de 2 de junio de 2023 (JUR 2023, 316551).

En realidad, se trata de una técnica procesal que persigue favorecer o proteger a las víctimas que sufren daños situados en estas zonas de incertidumbre o confusión, en las que no resulta sencilla la calificación jurídica. Así las cosas, en estos supuestos de confusión o yuxtaposición de responsabilidades (cuando unos mismos hechos constituyan el supuesto de hecho normativo de ambas responsabilidades)[25], se permite al demandante optar por ejercitar una u otra acción, ejercitar ambas de forma conjunta o alternativa o incluso podrá limitarse a proporcionar los hechos al juzgador, para que este aplique las normas en concurso. Según esta doctrina, la causa de pedir se encuentra integrada únicamente por los hechos de la demanda y no por la fundamentación jurídica, por lo que el tribunal no quedará vinculado por la calificación de la relación jurídica efectuada por el demandante, ni por las normas aplicables. En consecuencia, el juez aplicará los fundamentos de Derecho que considere oportunos (incluso aunque no hayan sido invocados por el demandante), sin que ello suponga vicio de incongruencia.

Hay que reconocer que la formulación amplia del artículo 1902 del Código civil propicia la concurrencia de responsabilidades, puesto que, en principio, cualquier infracción contractual, al dañar a la otra parte, supone implícitamente la violación del deber general de no dañar a los demás previsto en el mencionado precepto. Sin embargo, la aplicación jurisprudencial de la doctrina de la unidad de culpa civil o concurso de normas no ha sido tan indiscriminada como pudiera parecer a primera vista, porque diversas sentencias han rechazado la alegación de la yuxtaposición de responsabilidades o concurso de normas en supuestos claramente

de mayo de 1998 (RJ 1998, 2934), 8 de abril de 1999 (RJ 1999, 2660), 7 de noviembre de 2000 (RJ 2000, 8678), 8 de mayo de 2003 (RJ 2003, 3890), 23 de diciembre de 2004 (RJ 2005, 82) y 25 de enero de 2006 (RJ 2006, 262).

25. Advierte Yzquierdo Tolsada, *DS*, 2001, p. 37, que los supuestos pretendidamente borrosos no son tan numerosos «como quiere hacernos creer tanto demandante mal asesorado, despistado o listillo». Añade el autor que «los jueces no parecen tener mucho inconveniente en reemplazar con un abuso manifiesto del principio *iura novit curia*, ora la incompetencia de los letrados, ora las disfunciones del sistema legal».

extracontractuales, en los que el perjudicado recurrió a esta estrategia porque se le había pasado el plazo de un año para interponer la acción[26] (en tal sentido, véase, entre otras, las sentencias del Tribunal Supremo de 27 de mayo de 2009 [RJ 2009, 3044] y 12 de diciembre de 2017 [RJ 2017, 5410])[27].

> En concreto, el Alto Tribunal reconoció en la sentencia de 27 de mayo de 2009 (RJ 2009, 3044): «la distinción que mantiene la jurisprudencia más reciente entre la responsabilidad contractual y la extracontractual y el ámbito específico a que se reduce la aplicación de la teoría de la unidad de la culpa civil no permite su invocación con el fin de aplicar el régimen contractual a una responsabilidad nacida fuera del ámbito subjetivo del contrato, como ocurre en el caso examinado».

Aunque, como se ha señalado con anterioridad, sea habitual que entre el profesional y el receptor del servicio concurra un vínculo contractual, lo que puede llevar a que afirmemos que, en este ámbito, la responsabilidad contractual constituye la norma general, esta regla encuentra diversas excepciones más allá de los casos patológicos del contrato (la nulidad o anulación provoca la inexistencia de un vínculo contractual y, con ello, la calificación de los daños como extracontractuales). A continuación, se van a examinar brevemente estas excepciones a la regla general, por la relevancia que sigue teniendo, como ya se indicó, someter la reclamación de responsabilidad a uno u otro régimen jurídico.

A.2. SUPUESTOS ESPECIALES DE RESPONSABILIDAD PROFESIONAL NO CONTRACTUAL

a.2.1. Las consecuencias civiles del delito[28]

Un supuesto en el que, pese a mediar un contrato entre el prestador del servicio y el receptor del mismo, la doctrina mayoritaria descarta que la reparación de los daños pueda ser exigida por la vía de la responsabilidad contractual, concurre cuando la actuación dañosa del profesional sea merecedora de repro-

26. Efectivamente, según Montes Rodríguez, 2021, pp. 424-425, la limitación del plazo de prescripción en la responsabilidad extracontractual, junto a la interpretación restrictiva de la prescripción, ha provocado que, en muchos casos, se fuerce la tesis de la contractualidad ante los tribunales.
27. Muy crítico con el llamado principio de la unidad de culpa civil se muestra Díez-Picazo, 2000, p. 264, para quien este principio es una falacia. Según el autor, si, después de firmar un contrato con la especial distribución de riesgos que este conlleva, una de las partes «acude, para fundar su demanda, a las reglas de la responsabilidad extracontractual, está haciendo algún tipo de trampas en el juego, que deben determinar la inadecuación de dicha demanda». De igual forma, Del Olmo García, 2023, pp. 8457-8458 rechaza tajantemente el recurso al concurso de normas y la existencia de una unidad de culpa civil, afirmando la existencia de dos acciones diferentes en este contexto. Al igual que Díez-Picazo, advierte de que «se corre el riesgo de que se emplee la responsabilidad civil extracontractual para desvirtuar la reglamentación contractual».
28. Aunque tradicionalmente la doctrina ha utilizado la expresión «responsabilidad derivada de delito» para referirse a estos supuestos, tal calificación es criticada por todos. Si la acción

che penal, por haber incurrido en un delito tipificado por el Código penal. Esto sucederá, por ejemplo, cuando el abogado, por acción u omisión, perjudique de forma manifiesta los intereses que le fueron encomendados –artículo 467.2 del Código Penal– o cuando el profesional sanitario contratado para el seguimiento del embarazo o asistencia al parto incurra en un delito de lesiones al feto – artículos 157 y 158 del Código Penal–. Ambos delitos, como excepción a la regla general de comisión dolosa consagrada por el artículo 12 del Código Penal, pueden cometerse en su modalidad imprudente, aunque ha de tratarse de imprudencia grave.

Nos encontraremos entonces ante la mal llamada responsabilidad civil derivada de delito, que, en principio, ha de exigirse conforme a los artículos 109 y ss. del Código Penal (cuerpo normativo que regula esta materia de naturaleza civil, debido, como es sabido, a razones históricas[29]), salvo que la víctima se hubiera reservado el ejercicio de la acción de responsabilidad civil, en cuyo caso el tribunal civil solo estará vinculado por los hechos probados en vía penal y habrán de aplicarse las normas sustantivas propias del orden civil[30].

Pese a la denominación con la que tradicional y habitualmente se conoce esta clase de responsabilidad (derivada de delito), su fundamento no es el delito, sino el daño[31]; el delito no desencadenará responsabilidad civil si la infracción penal no va acompañada de un daño o perjuicio. El delito, pues, constituye un requisito necesario para el nacimiento de esta responsabilidad, pero no es un presupuesto suficiente.

Aunque estos preceptos penales parecen diseñar una modalidad específica de responsabilidad, tras analizarse y comparar la responsabilidad consagrada en los mismos y la prevista en el artículo 1902 del Código civil, la mayoría de la doctrina concluye que ambas responsabilidades comparten naturaleza, funda-

u omisión tipificada como delito no causa daños, no habrá responsabilidad civil. De ahí que sea preferida la expresión «responsabilidad civil *ex danno*». Incluso, como justificaré en el texto, considero más apropiado hablar de consecuencias civiles en lugar de limitarlo a la responsabilidad civil, como propuso Silva Melero, *RDP,* 1966, p. 1067.

29. Alastuey Dobón, 2023, p. 964.

30. Berrocal Lanzarot, *REML,* 2011, p. 28. Puntualiza Alastuey Dobón, 2023, p. 967 que, si la sentencia penal fuera condenatoria, el juez civil estará vinculado a ella en lo referido a la existencia o no del hecho, a su antijuridicidad y a la culpabilidad del demandado, por lo que lo único que tendría que resolver sería lo relativo a la existencia del daño y su cuantía. Si la sentencia fuera absolutoria, seguirá quedando abierta la vía civil, a no ser que la sentencia declare que el hecho de que pudieran derivarse los eventuales daños y perjuicios no existió (artículo 116 Ley de Enjuiciamiento Criminal). Añade Pantaleón Díaz, 2022, pp. 428-429, que en caso de sentencia absolutoria o de auto de sobreseimiento libre, tanto si es el juez penal el que conoce de la responsabilidad civil, como si esta se ventila en un procedimiento civil ulterior, queda excluida la posibilidad de afirmar la responsabilidad por culpa, quedando abierta tan solo la posibilidad de declarar la responsabilidad en virtud de otro título de imputación.

31. Yzquierdo Tolsada, 1989, p. 9, Montes Rodríguez, 2021, p. 432, Gracia Martín/ Boldova Pasamar, 2023, p. 44 y Alastuey Dobón, 2023, pp. 963, 966 y 971.

mento y finalidad[32]. Por esta razón, algunos autores afirman categóricamente que la responsabilidad extracontractual y la responsabilidad civil derivada de delito «son exactamente lo mismo»[33].

Sin embargo, aunque no haya motivo para ello (pues ambas son sustancialmente iguales), la regulación de ciertos aspectos es muy diferente en una y en otra, hasta el punto de que con la aplicación de una u otra normativa se pueden alcanzar soluciones opuestas (*v. gr.*, la responsabilidad del empresario por el hecho de los dependientes es directa en el artículo 1903 del Código civil y subsidiaria en el artículo 120.4 del Código Penal[34]). De ahí que la doctrina civilista desde hace décadas haya propuesto, aunque sin éxito, la supresión de este conjunto de disposiciones que conforman la responsabilidad civil derivada de delito.

De admitirse tal equiparación entre la llamada responsabilidad civil derivada de delito y la responsabilidad extracontractual –como sostiene la doctrina mayoritaria–, en aquellos supuestos en los que la víctima no se haya reservado expresamente el ejercicio de la acción civil para ejercitarla después de terminado el juicio criminal (*ex artículo* 132 de la Ley de Enjuiciamiento Criminal), la solicitud de reparación de los daños ocasionados como consecuencia de delitos cuyo sujeto activo sea un profesional, cometidos durante la ejecución del servicio, consecuentemente revestirá carácter extracontractual, aunque sea el cliente quien la reclame y aunque ello implique el simultáneo incumplimiento por parte del profesional de la prestación principal o de los deberes de prestación accesorios del contrato.

Así las cosas, un sector doctrinal ha denunciado la incongruencia dogmática que implica conceptuar como extracontractual la responsabilidad que trata de indemnizar los daños ocasionados al cliente, paciente o receptor del servicio que tienen su origen en el incumplimiento de una obligación contractual preexistente, por el mero hecho de que la actuación u omisión dolosa o imprudente del profesional se encuentre tipificada como delito, cuando se produzca la acumu-

32. *Vid.* Rodríguez Devesa, 1984, p. 521, Montés Penadés, 1996, p. 574, Sáinz-Cantero Caparrós, 1997, p. 157 y Díez-Picazo, 2000, p. 278.

33. Véase Pantaleón Prieto, *CCJC,* 1984, p. 1964, Yzquierdo Tolsada, 1990, p. 2110 y Díez Soto, 2013, p. 12967.
En el mismo sentido, la sentencia del Tribunal Supremo de 10 de octubre de 2006 (JUR 2006, 7705) (Sala Segunda) reconoció taxativamente: «La llamada responsabilidad civil *ex delicto* no es diferente de la responsabilidad civil extracontractual ordinaria de los artículos 1902 y ss.». Reproducen esta afirmación la sentencia de la Audiencia Provincial de Islas Baleares, Sección 1.ª, de 27 de septiembre de 2011 (JUR 2011, 362051) y la sentencia de la Audiencia Provincial de A Coruña, Sección 1.ª, de 29 de abril de 2021 (ARP 2021, 1203).

34. Plaza Penadés, 2016, apartado 2 (recurso digital sin paginación) y Montes Rodríguez, 2021, p. 438. Es indudable que la responsabilidad directa y solidaria resulta más beneficiosa para la víctima que la responsabilidad subsidiaria, ya que la reclamación contra el declarado responsable civil subsidiario (que, como se sabe, goza del llamado beneficio de excusión) requerirá la insolvencia del autor del delito que origina la responsabilidad civil. En este sentido, Crespo Mora, 2013, p. 559.

lación de la acción civil junto a la penal en el mismo proceso; esto es, cuando sea el juez de lo penal el encargado de resolver la cuestión relativa a la indemnización de los daños causados, ante la falta de reserva de la acción civil por parte de la víctima. Adviértase que, si este supuesto fuera conocido por la jurisdicción civil y se aplicaran las normas civiles, la responsabilidad habría de reputarse de naturaleza contractual.

A la vista del contrasentido que ello implica, estos autores proponen que el juez penal pueda acudir a las normas civiles, pues, según los mismos, el Código penal no recoge toda la responsabilidad civil derivada de delito[35] (consideran que, junto al daño extracontractual previsto en los artículos 109 y ss. del Código Penal, los delitos provocan otras consecuencias que no reglamenta el mencionado cuerpo legal).

Como el Código penal solo regula un aspecto de la responsabilidad civil que puede generar el delito (la responsabilidad civil extracontractual), proponen que el órgano judicial penal acuda al Código civil para completar el resto de las consecuencias que el delito puede llegar a desencadenar (entre otras, la responsabilidad civil contractual)[36]. Recordemos que la aplicación de las reglas que disciplinan la responsabilidad contractual a esos supuestos puede conducir a soluciones diferentes (*v. gr., como* se ha dicho, el título de imputación subjetiva en la responsabilidad extracontractual es la culpa por regla general, mientras que si el profesional hubiera asumido expresa o tácitamente una obligación de resultado, la culpa no habrá de ser tenida en cuenta ni al valorar el incumplimiento, ni en el juicio de responsabilidad civil).

Si bien es cierto que, en virtud del artículo 1092 del Código civil, resulta de preferente aplicación en este ámbito la normativa del Código penal (ley especial), los partidarios de esta solución esgrimen varios argumentos que justifican la aplicación a estos supuestos de las normas civiles sobre responsabilidad contractual. Así, el Código civil podrá aplicarse en lo no previsto por la regulación penal debido a su carácter supletorio (*ex art*ículos 4. 3.º y 1090 del Código civil) y, además, el propio artículo 109.1 del Código Penal reconoce que la reparación de los daños y perjuicios causados por el delito o falta se realizará «en los términos previstos en las leyes» (con la utilización del plural parece admitirse implícitamente la aplicación de otras normas además de las penales). Por añadidura, la remisión del artículo 1092 del Código civil al Código Penal no se limita a la responsabilidad extracontractual, sino que el precepto utiliza un concepto más amplio: «Las obligaciones civiles que nazcan de los delitos o faltas».

35. Aunque esta idea ha sido apuntada por varios autores, López Beltrán De Heredia, 1997, p. 42 fue quien definitivamente la consagró y desarrolló.

36. Recientemente, Alastuey Dobón, 2023, pp. 967-968, admite expresamente: «el carácter civil de la responsabilidad que tratamos se pone de manifiesto en la necesidad de acudir constantemente al Código civil para colmar las lagunas que la regulación del Código penal presenta en esta materia».

Por las razones expuestas, para este sector doctrinal sería aconsejable sustituir la expresión «responsabilidad civil derivada de delito», por la más adecuada de «consecuencias civiles del delito». En definitiva, pues, estamos «ante una única pretensión indemnizatoria que puede ser basada tanto en las normas civiles, como en las penales (concurso de normas que basan una pretensión única)» [37].

Sin embargo, esta alternativa doctrinal no ha contado hasta el momento con un respaldo rotundo de nuestros tribunales del orden jurisdiccional penal.

a.2.2. Responsabilidad profesional en la prestación de servicios públicos

Además del anterior, otro supuesto en el que la responsabilidad del profesional no puede ser conceptuada como contractual, aunque los daños hayan sido ocasionados directamente por el profesional y el perjudicado sea el receptor del servicio, es el ejercicio profesional que implica la prestación de un servicio público, como sucede en el caso arquetípico de los médicos o de cualquier otro personal sanitario que prestan sus servicios en el INSALUD o el servicio público de asistencia sanitaria de una Comunidad Autónoma. En tales circunstancias, ciertamente, el profesional y el receptor del servicio que sufrió el daño no se encuentran vinculados por un contrato[38]. En puridad, estos casos han de ser conceptuados desde una perspectiva técnico-jurídica estricta como supuestos de responsabilidad patrimonial de la Administración regulada por los artículos 32 y ss. de la Ley 40/2015, de 1 de octubre, de Régimen Jurídico del Sector Público[39].

37. Del Olmo García, 2023, pp. 8459.
38. Aunque se trate de una cuestión resuelta desde hace tiempo por la normativa administrativa, hasta la entrada en vigor del sistema de responsabilidad patrimonial de la Administración consagrado por la ya derogada Ley 30/1992, de 26 de noviembre, de Régimen Jurídico de las Administraciones Públicas y del Procedimiento Administrativo Común (artículos 139 y ss.), cierto sector doctrinal y jurisprudencial sostuvo la naturaleza contractual de la relación subyacente entre la Seguridad Social y sus beneficiarios, derivada del abono de la cuota que han de satisfacer estos últimos para recibir los servicios. De hecho, para las sentencias del Tribunal Supremo de 18 de febrero de 1997 (RJ 1997, 1240), 30 de septiembre de 1999 (RJ 1999, 9496) y 10 de junio de 2004 (RJ 2004, 3605) concurre un contrato de adhesión entre el afiliado al régimen general de la Seguridad Social y la entidad gestora de la prestación de asistencia sanitaria. La jurisprudencia del momento tampoco sostuvo un criterio unívoco; así, pueden encontrarse tanto sentencias que se decantaban por el carácter extracontractual de la acción que se debía ejercitar frente al órgano gestor de la asistencia sanitaria de la Seguridad Social (sentencias del Tribunal Supremo de 20 de febrero de 1981 [RJ 1981, 564], 21 de septiembre de 1988 [RJ 1988, 6847) y 4 de noviembre de 1992 [RJ 1992, 9199]), como otras que optaban por el carácter contractual de esta relación (sentencias del Tribunal Supremo de 29 de octubre de 1992 [RJ 1992, 8178], 31 de diciembre de 1997 [RJ 1997, 9493] y 18 de junio de 1998 [RJ 1998, 5290]).
39. Ahora bien, como reconoce Pantaleón Prieto, *CDJ*, 1996, p. 42, no existe razón alguna para que la Ley hable de «responsabilidad patrimonial» de la Administración en lugar de «responsabilidad civil extracontractual».

Como es sabido, esta reglamentación diseña *a priori* un sistema de responsabilidad directa y objetiva, cuando las lesiones producidas al particular provengan «de daños que este no tenga el deber jurídico de soportar de acuerdo con la ley». Y no serán «indemnizables los daños que se deriven de hechos o circunstancias que no se hubiesen podido prever o evitar según el estado de los conocimientos de la ciencia o de la técnica existentes en el momento de producción de aquellos».

La responsabilidad patrimonial surgirá, en primer lugar, cuando los daños hayan sido debidos a fallos organizativos, sin que pueda identificarse una culpa individual (cuando nos encontremos ante un supuesto de culpa anónima). Esto es, cuando el daño no resulte imputable personalmente a nadie, sino que derive de la organización del propio sistema o servicio que impone la Administración, que ha funcionado por debajo de ciertos niveles o estándares de calidad exigibles (*v. gr.*, ambulancia que tarda demasiado en llegar al domicilio tras la llamada de la víctima –que requería atención médica urgente[40]–, infección nosocomial adquirida durante la intervención quirúrgica[41], el extravío de la historia clínica del paciente[42] –porque se traspapela, o, de ser electrónica, porque se borra accidentalmente– o de otros documentos de valor clínico decisivo –las ecografías realizadas durante el embarazo[43] o el documento que recoge el consentimiento informado–).

Cuando, en segundo lugar, el daño sea provocado por una persona física concreta (médico, enfermera, celador), para que se pueda transferir la responsabilidad del autor del daño a la Administración con la finalidad de asignarle a esta el deber de repararlo, habrá de constatarse que el dañante está integrado en la organización administrativa de que se trate. Esta integración no plantea problemas cuando el daño haya sido ocasionado por un funcionario en el ejercicio

40. Caso de la sentencia del Tribunal Superior de Justicia de Castilla-La Mancha, Sección 1.ª, de 13 de febrero de 2018 (JUR 2018, 27254) (Sala de lo Contencioso Administrativo): un hombre de 39 años sufre un infarto; pese a que la ambulancia es requerida por un familiar que le acompañaba, se produjo un retraso injustificado en su llegada.

41. Entre otras, las sentencias del Tribunal Supremo de 13 de marzo de 2003 (RJ 2003, 3292) (Sala Tercera) y 14 de junio de 2011 (RJ 2011, 5294) (Sala Tercera) declaran la responsabilidad patrimonial de la Administración por los daños derivados de una infección adquirida durante una intervención quirúrgica, debido a una inadecuada esterilización de los quirófanos.

42. En el caso resuelto por la sentencia del Tribunal Superior de Justicia de Murcia, Sección 1.ª, de 13 de marzo de 2009 (JUR 2009, 332749) (Sala de lo Contencioso Administrativo), es estimada la responsabilidad de la Administración por la deficiente conservación y custodia del historial clínico del paciente, que padecía una enfermedad crónica (hepatitis C). Ello supuso, además, la pérdida de toda la documentación referente a un grave accidente con traumatismo cráneo encefálico que sufrió y del que todavía se resentía, cuyos datos de tratamiento constaban en el historial médico extraviado.

43. En la sentencia del Tribunal Superior de Justicia de la Comunidad Valenciana, Sección 2.ª, de 9 de diciembre de 2014 (JUR 2015, 46350) (Sala de lo Contencioso Administrativo) se declaró la responsabilidad patrimonial de la Administración por el extravío de pruebas diagnósticas ecográficas, en un supuesto en el que el niño nació con microcefalia severa.

de su cargo o, partiendo de un criterio más amplio, cuando el daño que el particular no tiene el deber jurídico de soportar haya sido ocasionado por el personal laboral contratado.

Por otra parte, en reclamaciones planteadas frente a la Administración con base en la conducta de un profesional, el Tribunal Supremo ha introducido ciertas matizaciones o modulaciones en el concreto ámbito de la responsabilidad sanitaria, en lo que respecta al carácter objetivo de esta responsabilidad[44]. Efectivamente, un sistema de responsabilidad patrimonial tan generoso (que indemnizaba incluso los daños derivados del funcionamiento normal o correcto de los servicios públicos), implica, en palabras de Yzquierdo Tolsada, reparar «daños que muchas veces no encontrarían reparación si su autor fuera un empresario privado y que se aproxima más a las normas de asistencia social que a las que deben regular la responsabilidad civil de manera sensata»[45].

Para evitar estos efectos tan perniciosos que conducirían irremediablemente a la hipertrofia del sistema, de acuerdo con la jurisprudencia más reciente[46], cuando el daño haya sido causado por una persona integrada en la organización administrativa, el surgimiento de la responsabilidad patrimonial de la Administración exigirá comprobar, en primer lugar, si el comportamiento del profesional respetó o no el parámetro de la *lex artis ad hoc.*

Esta comprobación servirá para dilucidar si el paciente tiene o no el deber jurídico de soportar el daño: si el actuar profesional no ha respetado la *lex artis,* el daño será antijurídico y, en consecuencia, el paciente no tendrá el deber jurídico de soportarlo, por lo que deberá ser indemnizado. Si, por el contrario, se ha respetado la *lex artis*, el daño no será antijurídico, pues no pudo ser evitado con las técnicas sanitarias conocidas por el estado de la ciencia y razonablemente disponibles en dicho momento.

En definitiva, pues, independientemente del resultado producido en la salud o vida del enfermo –por muy triste que aquel sea–, solo cabrá considerarse anti-

44. Esta modulación surge frente a la primigenia tendencia que, amparada en la referencia legal al funcionamiento normal o anormal del servicio público, hacía responsable a la Administración por la mera titularidad del servicio, respecto de cualquier consecuencia lesiva relacionada con el mismo que se pudiera producir. Esta realidad jurisprudencial ha sido constatada, entre otros, por Atienza Navarro, *RDP,* 2000, p. 321 y Berrocal Lanzarot, *REML,* 2011, p. 33.

45. Yzquierdo Tolsada, *DS,* 2001, p.46. La responsabilidad objetiva de la Administración concebida en tales términos fue criticada por la mejor doctrina, pues convertía a las Administraciones Públicas en aseguradoras universales de todos los riesgos con independencia del actuar administrativo, con el consiguiente riesgo de hipertrofiar el sistema. En la doctrina civilista, las críticas más contundentes provinieron de Pantaleón Prieto. Véase, del citado autor, *DA,* 1994, p. 248. Critica también el exceso de generosidad de este sistema Gallardo Castillo, *AA,* 2009, apartado I (recurso digital sin paginación).

46. Respecto a este giro jurisprudencial, reconoce Arcos Viera, 2016, p. 146, que nuestros tribunales «han asumido la labor de aportar racionalidad al sistema».

jurídica la lesión que derive de la infracción de la *lex artis*, que, por tanto, también en este ámbito ha pasado a utilizarse como criterio para medir y valorar la actuación del profesional[47].

> Son constantes las declaraciones de la Sala Tercera del Tribunal Supremo que ligan la estimación de la responsabilidad patrimonial de la Administración a la concurrencia de una infracción de la *lex artis ad hoc* por parte de los profesionales sanitarios. En concreto, admite recientemente la sentencia del Tribunal Supremo de 23 de febrero de 2022 (RJ 2022, 1107) (Sala Tercera) (siguiendo en este punto, entre otras, a las sentencias del Tribunal Supremo de 30 de octubre de 2007 [RJ 2007, 7334][Sala Tercera], 9 de diciembre de 2008 [RJ 2009, 67][Sala Tercera] y 29 de junio de 2010 [RJ 2010, 5952][Sala Tercera]): «Más en concreto, en reclamaciones derivadas de prestaciones sanitarias, la jurisprudencia viene declarando que no resulta suficiente la existencia de una lesión (que llevaría a la responsabilidad objetiva más allá de los límites de lo razonable), sino que es preciso acudir al criterio de la *lex artis* como modo de determinar cuál es la actuación médica correcta, independientemente del resultado producido en la salud o en la vida del enfermo, ya que no le es posible ni a la ciencia ni a la Administración garantizar, en todo caso, la sanidad o la salud del paciente».

La consecuencia necesaria derivada de esta nueva perspectiva es que, cuando el daño sea ocasionado por una persona física concreta integrada en el sistema público sanitario, atendiendo a los postulados de esta reciente jurisprudencia, solo el funcionamiento anómalo o irregular del servicio sanitario (actuación del profesional sanitario que no respeta la *lex artis*) derivará en la responsabilidad patrimonial de la Administración sanitaria, pues solo en tales circunstancias concurrirá un daño antijurídico que el paciente no tiene el deber jurídico de soportar. Ello implicará, en la práctica, una «subjetivación» de la responsabilidad objetiva, pues, en aras de evitar una expansión incontrolada de la responsabilidad patrimonial y, pese al tenor literal del artículo 32 LRJSP, el funcionamiento normal no desencadenará responsabilidad patrimonial del ente público en estos supuestos[48].

> Admiten las sentencias del Tribunal Supremo de 9 de octubre de 2012 (RJ 2012, 10198) (Sala Tercera) y 23 de febrero de 2022 (RJ 2022, 1107) (Sala Tercera): «la nota de objetividad de la responsabilidad de las Administraciones Públicas no significa que esté basada siempre en la producción del daño, pues además este debe ser antijurídico, en el sentido de que no deban tener obligación de soportarlo los perjudicados por no haber podido ser evitado con la aplicación de las técnicas sanitarias conocidas por el estado de la ciencia y razonablemente disponibles en dicho momento, por lo que únicamente cabe considerar antijurídica la lesión que traiga causa en una auténtica infracción de la *lex artis*».

47. Arcos Viera, 2016, pp. 76-77, Espinosa De Rueda Jover, 2021, p. 409, Evangelio Llorca, 2021, p. 522, Pérez Conesa, 2022, p. 763 y Romero Rey, 2022, p. 928.
48. Pérez Conesa, 2022, pp. 763-764.

Pero podemos llegar al mismo resultado a través de un razonamiento que no ponga el acento en el cómodo argumento de la inexistencia de antijuridicidad, sino que centre la atención en la relación de causalidad. Si se produce un daño en el marco de un servicio público sanitario pese a la comprobación de que el profesional actuó conforme a la *lex artis ad hoc*, es porque, o bien el daño deriva de la organización del propio sistema, que ha funcionado por debajo de los estándares de calidad exigibles[49] (falta de instalaciones y servicios adecuados, indebida esterilización de quirófanos y demás instalaciones sanitarias o deficiencias en la organización asistencial) o bien porque la causa productora de la lesión, esto es, la fuente de producción del perjuicio no es en realidad el funcionamiento de la Administración, sino un evento ajeno al servicio.

Es decir, cuando el daño no pudo ser evitado aplicando diligentemente los conocimientos existentes de acuerdo con el estado de la ciencia en el momento de la ejecución del acto médico, ni siguiendo escrupulosamente los correspondientes protocolos clínicos de diagnóstico, tratamiento e intervención de las dolencias (se trataría, pues, de un daño inevitable por implicar la materialización de un riesgo inherente al tratamiento o al desarrollo de la enfermedad, de naturaleza aleatoria), podría afirmarse la concurrencia de fuerza mayor. Al no tratarse de un mero caso fortuito, no se le puede responsabilizar por ello al profesional sanitario, debiendo recaer sobre la víctima la carga del daño. Ello justifica que la Administración no responda en estos casos, pues la fuerza mayor es una causa de exoneración expresamente contemplada en el ámbito de la responsabilidad patrimonial del Estado por el artículo 34.1 LRJSP[50].

Si, por el contrario, se constata que el médico ha sido negligente, no cabe ya la exoneración alegando que concurrió causa o fuerza mayor. Si hay culpa o negligencia, no puede haber al mismo tiempo caso fortuito o fuerza mayor porque estos excluyen aquella.

El inconveniente que plantea esta argumentación es que, de acuerdo con la concepción actual de la fuerza mayor (acontecimiento imprevisible *fuera del ámbito de control del deudor* –la cursiva es mía–), resulta discutible la catalogación como tal de aquellos daños que son consecuencia de factores aleatorios propios de la enfermedad, por no encontrarse en realidad fuera del ámbito de control del deudor. El razonamiento anterior parte, pues, de una noción de fuerza mayor como acontecimiento imprevisible o inevitable (equivalente a ausencia de culpa) doctrinalmente superado.

49. La adecuación de la prestación del servicio a los estándares de calidad constituye una cuestión que ha de ser acreditada por la Administración demandada. En este sentido, véase la sentencia del Tribunal Supremo de 14 de junio de 2011 (RJ 2011, 5294).

50. Puede deducirse esta idea del planteamiento del que parten Yzquierdo Tolsada, *DS*, 2001, p.48 y Macía Morillo, *RdPat*, 2021, apartado IV (versión digital) (también en *AFDUAM*, 2021, p. 122).

Otra forma de justificar jurídicamente que el daño no sea objetivamente atribuible o imputable a la prestación pública del servicio sanitario es que, al no poder evitarse empleando la *lex artis ad hoc* y los conocimientos médicos existentes de acuerdo con el estado de la ciencia, su indemnización a cargo de la Administración habría de quedar excluida conforme al criterio de imputación objetiva del riesgo general de la vida; se trataría, pues, de un riesgo inherente a la medicina (que no es infalible) implícitamente asumido por todo el que se somete a un tratamiento o intervención médicos (siempre, eso sí, que el paciente haya sido adecuadamente informado sobre la posible materialización de ese riesgo).

a.2.3 La responsabilidad civil en el ámbito de las relaciones triangulares

Recapitulemos. Hasta ahora hemos examinado supuestos específicos en los que, pese a que quien sufre el daño es el receptor del servicio ejecutado por el profesional, son calificados por la doctrina y la jurisprudencia como hipótesis de responsabilidad extracontractual. Ello sucederá cuando el actuar negligente o doloso del profesional del que deriva el daño se encuentre tipificado como delito por el Código penal. Igual calificación (no contractual) merece aquella responsabilidad que derive de daños ocasionados por un profesional integrado en la organización administrativa.

Fuera de estos casos, la doctrina y la jurisprudencia han calificado tradicionalmente de responsabilidad extracontractual otras hipótesis en las que, al igual que las anteriores, los daños son ocasionados al usuario del servicio por parte del profesional que lo ejecuta. Ello sucede en las denominadas «relaciones tripolares o triangulares», en las que se aprecia una disociación entre el deudor contractual de la prestación de servicios y el ejecutor material de la misma. Este tipo de relaciones triangulares se repiten con cierta frecuencia en el ámbito de ejercicio de los profesionales: es el caso, por ejemplo, del médico contratado por una clínica privada u hospital, del profesional integrado en el cuadro médico de una aseguradora de asistencia sanitaria, del abogado que presta sus servicios en un bufete, del abogado de un gabinete jurídico sindical, etc.

La afirmación de la responsabilidad aquiliana del profesional en los casos anteriores se fundamenta en el dato evidente de la ausencia de una relación contractual directa entre el profesional y quien ha disfrutado de los servicios[51], ya que este último, en realidad, los ha contratado respectivamente con la clínica, hospital o bufete, o está afiliado a un sindicato o está asegurado por una compañía que oferta en su cuadro médico los servicios de ese concreto profesional.

51. En el ámbito de la abogacía, Ortega Reinoso, 2006, p. 37, denomina a este profesional «abogado sin cliente», por prestar sus servicios a personas con las que no está vinculado jurídicamente y que, por tanto, no son sus clientes en sentido estricto.

En estos casos, cuando el usuario del servicio sufra daños como consecuencia del defectuoso comportamiento o de la omisión del profesional, se le podrá exigir la correspondiente responsabilidad a la clínica, hospital, bufete, sindicato o compañía aseguradora[52]. Otra cuestión de compleja solución será el tipo de responsabilidad que se le puede requerir.

Un sector doctrinal suele encuadrar estos casos bajo los márgenes del artículo 1903.V del Código civil[53], pero, a mi juicio, la responsabilidad de la entidad será, en realidad, contractual, derivada de los daños ocasionados al receptor del servicio por el auxiliar a quien la entidad encomendó la ejecución de la prestación contractualmente comprometida[54]. En mi opinión, no resulta adecuado hablar en estos casos de una responsabilidad extracontractual por hecho ajeno de la clínica, el hospital, el bufete, el sindicato o la compañía aseguradora, ya que, en supuestos como estos, se produce el incumplimiento de su propia obligación contractual.

Como admite Miquel González, «es indiscutible que el deudor responde por el incumplimiento de su obligación cuando ha encargado a otro su cumpli-

52. Hay que hacer una precisión. En el caso de que lo contratado por el tomador sea un seguro de enfermedad (esto es, cuando, de acuerdo con el artículo 105 de la Ley de Contrato de Seguro, el asegurador se obligue «dentro de los límites de la póliza, en caso de siniestro, al pago de ciertas sumas y de los gastos de asistencia médica y farmacéutica») o un seguro de defensa jurídica (en este caso, de acuerdo con el artículo 76. D) de la Ley de Contrato de Seguro, cuando la compañía aseguradora haya asumido el deber de satisfacer los gastos jurídicos y, por tanto, el abogado haya sido elegido y designado libremente por el asegurado), es decir, cuando se trate de un seguro de dinero (seguro de asistencia sanitaria modalidad reembolso) y no de prestación de servicios, en el que el tomador ha elegido directamente al profesional, la reclamación de la reparación de los daños y perjuicios contractuales sufridos por el asegurado solo podrá dirigirse contra el profesional; en cuanto a la compañía aseguradora, una vez satisfecha la suma comprometida, habrá ejecutado su prestación y, en consecuencia, no se le podrá exigir ninguna responsabilidad si la defectuosa ejecución de la prestación profesional causara daños al paciente-cliente. Ello es debido a que el deudor no es quien ha introducido a estos profesionales en la relación. Así lo admiten Torralba Soriano, *ADC*, 1971, p. 1156, Ataz López, 1985, p. 288, Olmos Pildaín, 1997, p. 419, Tapia Hermida, 2001, pp. 1424 y 1458, Macía Morillo, *RJUAM*, 2015, p. 267 y García Garnica, *RDC*, 2020, p. 58.

53. Bustos Pueche, *DL*, 1993, p. 69, Pérez Pérez, *AL*, 1994, p. 655, Sánchez Calero, 2001, p. 1279, Gonzalo López, 2015, apartados 4 y 6 (recurso digital sin paginación), Macía Morillo, *RJUAM*, 2015, pp. 274 y ss. y Mate Satué, 2021, pp. 413-414.
Respecto a nuestros tribunales, se decantan por aplicar a estos supuestos el artículo 1903 del Código civil las siguientes resoluciones: sentencias del Tribunal Supremo de 8 de abril de 1996 (RJ 1996, 2988), 9 de julio de 2004 (RJ 2004, 5121), 4 de diciembre de 2007 (RJ 2008, 251) y 19 de julio de 2013 (RJ 2013, 5003) y las sentencias de la Audiencia Provincial de Almería, Sección 2.ª, de 11 de julio de 2003 (AC2003, 1378), de la Audiencia Provincial de Las Palmas, Sección 3.ª, de 4 de junio de 2004 (AC 2004, 1753) y de la Audiencia Provincial de Madrid, Sección 12.ª, de 16 de mayo de 2005 (AC 2005, 1089).

54. Coinciden en esta calificación jurídica Torralba Soriano, *ADC*, 1971, p. 1156, Gómez Calle, *ADC*, 1998, p. 1701, De La Puebla Pinilla, 2000, p. 428, Plaza Penadés, 2002, pp. 21-22, Romero Coloma, 2002, p. 202, Santos Morón, *Indret*, 2018, p. 4 (según pdf), Serra Rodríguez, *J&D*, 2019, p. 85 y Pérez Conesa, 2021, pp. 1047 y 1066.

miento»[55]. En tanto que la intervención del profesional se produce por la iniciativa de las precitadas entidades, estas serán responsables contractualmente, ya que responderán por el hecho objetivo de haberse servido de la actividad de otras personas para el cumplimiento del contrato[56]. La clínica, el hospital o el bufete no dejan de ser negocios que proporcionan un lucro a su titular, cuyos potenciales riesgos pueden internalizar como costes empresariales. Esta es, además, la solución acogida por el artículo 1088.4 de la Propuesta de Modernización del Código civil en materia de obligaciones y contratos.

En realidad, desde el punto de vista de la imputación subjetiva de la responsabilidad, el decantarse por una u otra solución apenas tiene consecuencias jurídicas. Recordemos que la responsabilidad del empresario prevista en el artículo 1903 del Código civil funciona *de facto como* objetiva, al no admitirse en la práctica por nuestros tribunales la prueba de la diligencia que le exoneraría de responsabilidad.

Sin embargo, la ventaja que presenta la interpretación que se defiende es que el círculo de personas por las que estas entidades han de responder contractualmente es mucho más amplio que el cubierto por el artículo 1903.V del Código civil, que restringe la responsabilidad que regula a los daños derivados de la actuación de los dependientes[57] (aunque la noción de «dependencia» ha sido ampliada notablemente por nuestros tribunales[58]). Por el contrario, en el ámbito contractual resulta indiferente que concurra una relación de dependencia entre el deudor y el auxiliar[59], ya que el deudor contractual ha de responder por todos sus auxiliares, sean o no sus dependientes, por ser el obligado a realizar la prestación. En nuestro caso, el que el surgimiento de la responsabilidad civil no quede subordinado al cumplimiento del requisito de la dependencia resulta fundamental, ya que, como se recordará, los profesionales objeto del presente estudio se caracterizan por ser independientes o autónomos técnicamente.

Respecto al concreto profesional que ejecutó defectuosamente la prestación profesional, al no existir un vínculo contractual previo con el dañado, la responsabilidad derivada de su negligente actuación u omisión parece que debería ser

55. Miquel González, *CDJ*, 1993, p. 75.
56. Califican de objetiva la responsabilidad del deudor en estos casos, entre otros, Torralba Soriano, *ADC*, 1971, pp. 1144-1145, Carrasco Perera, 1989, p. 440, Pantaleón Prieto, 1995, p. 5958 y Cabanillas Sánchez, 1995, p. 2123.
57. Macía Morillo, *RJUAM*, 2015, p. 257 y Montes Rodríguez, 2021, p. 444. De hecho, asegura Pérez Conesa, 2021, p. 1054, que las entidades aseguradoras de asistencia sanitaria, así como la clínica, sanatorio u hospital incluidos en el cuadro médico de la aseguradora «frecuentemente alegan, para eludir su responsabilidad, la falta de relación de dependencia o subordinación con el médico responsable ni con el personal sanitario del centro hospitalario», tratando de evitar la aplicación del artículo 1903.V del Código civil.
58. Santos Morón, *ADC*, 2017, p. 125.
59. Torralba Soriano, *ADC*, 1971, p. 1158, Miquel González, *ADC*, 1983, pp. 1503-1504, Carrasco Perera, 1989, p. 442, Pantaleón Prieto, 1995, p. 5958, Ortega Reinoso, 2006, p. 52 y Macía Morillo, *RJUAM*, 2015, p. 257.

exigida por este, en principio, por el cauce de la responsabilidad extracontractual. Esta es la solución defendida por la mayoría de la doctrina[60] y de la jurisprudencia para este tipo de supuestos. Así las cosas, el carácter extracontractual de la acción constituiría una mera consecuencia del principio de relatividad de los contratos consagrado en el artículo 1257 del Código civil[61].

> Abogan por el carácter extracontractual de la responsabilidad del profesional en estos casos, entre otras muchas, las sentencias del Tribunal Supremo de 19 de diciembre de 2008 (RJ 2009, 536) (responsabilidad de profesional sanitario que presta su servicio para una seguradora) y 14 de septiembre de 2015 (RJ 2015, 3719) (cirujano que presta sus servicios en un hospital) y las sentencias de la Audiencia Provincial de Málaga, Sección 7.ª (Melilla), de 4 de diciembre de 2012 (JUR 2013, 87088) (abogado de un sindicato) y de la Audiencia Provincial de Granada, Sección 3.ª, de 30 de marzo de 2012 (AC 2012, 1675) (abogado contratado por la aseguradora de responsabilidad civil, en un seguro que incluía la defensa jurídica).

Sin embargo, a mi juicio, esta solución resulta claramente insatisfactoria por varias razones. Son numerosos los argumentos utilizados doctrinalmente para superar la regla de relatividad de los contratos y tratar de justificar así la aplicación de la normativa reguladora de la responsabilidad contractual en estos casos[62].

De todos ellos, considero el más acertado aquél que postula que, aunque en sentido estricto el profesional y el receptor del servicio no se encuentren vinculados por un contrato (el contrato existente asigna los riesgos del incumplimiento a la entidad y no al profesional), resulta evidente que, a diferencia de los supuestos típicos encuadrables bajo el artículo 1902 del Código civil, el profesional y el perjudicado no son dos extraños que se conozcan a través del hecho

60. Entre otros, Torralba Soriano, *ADC*, 1971, pp. 1162-1163, Ataz López, 1985, p. 228, Cristóbal Montes, *ADC*, 1989, p. 8, Yzquierdo Tolsada, 1989, p. 148, Jordano Fraga, 1994, pp. 251-252, Cabanillas Sánchez, 1995, p. 2123, Olmos Pildaín, 1997, p. 417, Gómez Calle, *ADC*, 1998, p. 1709, Jiménez-Asenjo Sotomayor, *Indret*, 2007, pp. 12-13 (según pdf), Berrocal Lanzarot, *REML*, 2011, pp. 26 y 30, Pérez Vallejo, *Práctica Derecho de daños*, 2012, apartado I.3 (recurso digital sin paginación), Gonzalo López, 2015, apartado 4 (recurso digital sin paginación), Macía Morillo, *RJUAM*, 2015, p. 273, Santos Morón, *Indret*, 2018, p. 4 (según pdf) y Pérez Conesa, 2021, pp. 1056.

61. Macía Morillo, *RJUAM*, 2015, pp. 271-272.

62. Para un repaso crítico de estos argumentos, véase, Crespo Mora, 2013, pp. 564-568. Fundamentalmente, los argumentos que se han esgrimido en apoyo a esta solución son, en primer lugar, la existencia de un segundo contrato con los profesionales que ejecutan la prestación asumida por el deudor; otros han querido ver el esquema del contrato a favor de tercero (entre el profesional y el deudor contractual, con el objeto de prestar el servicio al tercero beneficiado–cliente, paciente, receptor del servicio–); por último, se ha acudido al argumento de la sustitución en el mandato. Como reconoce Macía Morillo, *RJUAM*, 2015, p. 272, estas teorías de contractualización hoy son rechazadas por una gran parte de la doctrina.

dañoso[63]. Por otra parte, tampoco se debe olvidar cierta doctrina reiterada del Tribunal Supremo que rebaja las exigencias para la aplicación de las normas sobre responsabilidad contractual, pues lejos de requerir la concurrencia de contrato, considera suficiente la previa existencia de cualquier relación obligatoria entre la víctima y el agente dañante[64].

Entre otras, las sentencias del Tribunal Supremo de 18 de junio de 1998 (RJ 1998, 5290) y 26 de marzo de 2009 (RJ 2009, 2803) confirman que la responsabilidad contractual «supondrá una relación jurídica preexistente que ordinariamente será un contrato (...) y que la relación jurídica precedente puede no ser un contrato *stricto sensu*, bastando que sea análoga al mismo, incluso presunta (...)».

A pesar de la ausencia de vínculo contractual entre el cliente y el profesional, no puede ignorarse la existencia entre ambos de cierta relación obligatoria, que algunos denominan «contacto social»[65] y que, en el caso que se analiza, comparte evidentes similitudes con una auténtica relación contractual. Por ello, considero que la responsabilidad del profesional por los daños ocasionados al receptor del servicio derivados de su negligente actuación u omisión se encuentra más cerca de la responsabilidad contractual –aunque no medie contrato con el cliente–, que de la genérica infracción del *neminem laedere* del artículo 1902 del Código civil[66].

Ello justifica la aplicación analógica de las normas sobre responsabilidad contractual a estas relaciones cuasi contractuales, que se multiplican en el ámbito de las profesiones liberales[67], ya que considero que, en estos casos, el

63. De hecho, como admite Campins Vargas, 2000, p. 330, ocurre todo lo contrario: el profesional y el cliente están en contacto durante toda la vida de la relación.
64. Según el Tribunal Supremo, la responsabilidad contractual puede ir precedida de una relación jurídica diferente al contrato: una relación de derecho público similar a un contrato de derecho privado, una comunidad de bienes o una situación de propiedad horizontal. En este sentido, véase, entre otras, las sentencias del Tribunal Supremo de 26 de enero de 1984 (RJ 1984, 386) y 1 de marzo de 1984 (RJ 1984, 1191).
65. Pantaleón Prieto, *CCJC,* 1984, p. 1876. Para De Peralta Carrasco, 2021, p. 1038 se establece un «contrato tácito». En palabras de Yzquierdo Tolsada, *Práctica Derecho de Daños,* 2009, p. 34: «no sé si lo que hay será un contacto social o una relación precedente análoga, pero algo hay».
66. Estaríamos en tal caso ante lo que Pantaleón Prieto, 1996, p. 40 denomina responsabilidad contractual «en un sentido amplio», para referirse a la que deriva de una obligación previamente existente, diferente al contrato (junto a la misma, se encontraría, según el mencionado autor, la responsabilidad contractual derivada del incumplimiento de obligaciones nacidas de contrato). A favor de esta perspectiva amplia de la responsabilidad contractual, Plaza Penadés, 2016, apartado 3 (recurso digital sin paginación).
67. Sostienen esta solución Paz-Ares, 1993, p. 1407, García Pérez, 1997, pp. 241-243, Campins Vargas, 2000, p. 331, Crespo Mora, 2005, pp. 230-231 y Ortega Reinoso, 2006, p. 51. Efectivamente, como admite Pantaleón Prieto, *CCJC,* 1984, p. 1876, en nuestro Código civil las normas de responsabilidad contractual se encuentran en el Capítulo II del Título Primero del Libro Cuarto («De las obligaciones y contratos») y por ello, deben aplicarse al incumplimiento de cualquier tipo de obligación, derive o no del contrato.

esquema de la responsabilidad contractual es el que mejor responde a la situación entre perjudicado y profesional dañante[68]. Por tanto, la solución aquí defendida conlleva contemplar la responsabilidad no ya como contractual, sino, más propiamente, como «obligacional» o por incumplimiento de obligaciones.

Pueden localizarse diversas resoluciones que declaran la responsabilidad contractual del profesional en estos casos: véase, *v. gr.*, la sentencia de la Audiencia Provincial de Madrid, Sección 21.ª, de 17 de mayo de 2011 (JUR 2011, 268928) (respecto del abogado de un sindicato) y la sentencia de la Audiencia Provincial de Madrid, Sección 8.ª, de 28 de marzo de 2018 (JUR 2018, 224634) (abogado que presta sus servicios en un bufete).

Además, esta responsabilidad del profesional (a mi juicio, de carácter contractual, aunque para muchos es de naturaleza extracontractual) es compatible e independiente de la responsabilidad contractual de la entidad (en tal caso ambos responden por el mismo criterio de imputación: responsabilidad por hecho propio), lo que podría hacer surgir a favor de la víctima un concurso de acciones de responsabilidad civil (la prevista en el artículo 1902 del Código civil contra el concreto profesional, según la mayoría de la doctrina, y la consagrada en el artículo 1101 del Código civil contra la entidad).

Ante el vacío legal y a la vista de aquellas normas que regulan situaciones parecidas (*v. gr.*, el artículo 11 de la Ley de Sociedades Profesionales, el artículo 26 de la Ley 22/2015, de 20 de julio, de Auditoría de Cuentas), estimo que el criterio de organización de los deudores plurales en estos casos habría de ser la solidaridad, para lograr una sola vez el resarcimiento del daño sufrido[69]. Esta solución es la más protectora para la víctima, pues le evita una duplicidad de procedimientos judiciales en aquellos casos en los que pretenda demandar tanto

---

Diferente parece ser la opinión de Díez-Picazo, 2000, p. 264. El autor se muestra crítico con la idea sostenida en el texto de que, siempre que haya un ligamen o vínculo jurídico, cualquiera que sea su fuente, se excluirá la responsabilidad extracontractual. Pero ha de tenerse en cuenta que, en el caso analizado, el ligamen entre las partes constituye una verdadera relación obligatoria, de la que dimanan concretas reglas de conducta para ambas partes.

68. Critica esta solución Macía Morillo, *RJUAM*, 2015, p. 273, pues considera que la asignación y reparto de riesgos que implica el contrato impide aplicar ciertas previsiones normativas (1102, 1103 y 1107 del Código civil) en el ámbito de la responsabilidad extracontractual. Ahora bien, a la opinión de la autora puede objetarse que la analogía no implica la aplicación directa e indiscriminada de todas las normas que integran el régimen jurídico de la responsabilidad contractual, sino solo de aquellas normas respecto de las que pueda apreciarse la identidad razón.

69. Apoyan esta solución Macía Morillo, *RJUAM*, 2015, p. 261, Arcos Viera, 2016, p. 147, Blázquez Martín, *Diario La Ley*, 2017, apartado I.1.A.c (recurso *online* sin paginación) y Pérez Conesa, 2021, pp. 1057 y 1066. De igual forma, la solidaridad es la solución por la que optan la mayor parte de los textos del moderno Derecho de obligaciones y contratos en el ámbito de la responsabilidad. El Tribunal Supremo, por su parte, también ha admitido que la responsabilidad contractual de la aseguradora no impide la responsabilidad del facultativo frente al asegurado, víctima del daño, de manera solidaria con la compañía de seguros. En este sentido, véase la sentencia del Tribunal Supremo de 4 de noviembre de 2010 (RJ 2010, 7988).

a la entidad como al profesional. Puestos a elegir, es probable que el perjudicado prefiera demandar a la entidad, con un patrimonio presumiblemente más solvente para hacer frente a la pretensión de indemnización por los daños sufridos.

Ahora bien, tal solución no ha de hacerse extensiva al trabajo que no pueda ser calificado como «liberal» (los profesionales a los que precisamente se dedica este estudio), porque, a diferencia de los profesionales liberales, estos otros profesionales no gozan de independencia, autonomía y discrecionalidad técnica. Como reconoce Campins Vargas, la clínica, hospital o bufete determinan «el qué de la actividad de sus profesionales asociados, pero no el cómo de la prestación concreta» [70]. La independencia técnica de estos profesionales es lo que justifica que puedan llegar a responder contractualmente, mientras que, en el resto de los servicios que se ofertan en el mercado, se considera suficiente con la imposición de responsabilidad contractual a la entidad [71].

Si observamos la relación que se entabla en estos casos entre el receptor del servicio y el profesional puede constatarse que, pese a la inexistencia de vinculación contractual, el profesional es quien controla directamente la ejecución de la prestación y quien ha de respetar y cumplir los deberes de información que derivan del contrato de prestación de servicios entre la clínica o el bufete y el receptor de aquellos. Es el médico que integra el cuadro médico de la aseguradora de asistencia sanitaria y no esta quien ha de informar directa y personalmente al paciente de los riesgos de la operación o tratamiento médico [72]. Es el abogado del bufete y no este, quien ha de comunicar al cliente, tras su estudio, el porcentaje de prosperabilidad de la pretensión que se pretende entablar ante los tribunales.

Podría afirmarse, pues, que, aunque no exista contrato, la emisión de la información de los riesgos inherentes a la intervención por parte del médico o del porcentaje de prosperabilidad de la acción por parte del letrado pueden ser calificadas como prestaciones debidas. Por ello, en caso de que la ausencia o defecto de la información ocasione daños, la responsabilidad de estos profesionales no derivará de la mera infracción del genérico *neminem laedere*, sino del incumplimiento de estas prestaciones. En otras palabras, aunque no exista un contrato, la relación personal y de confianza que se crea entre el profesional y

70. Campins Vargas, 2000, p. 81. En el mismo sentido, Paz-Ares, *RDCI,* 1999, pp. 1263-1264.

71. Yzquierdo Tolsada, 1989, p. 66, aunque, para este autor, la responsabilidad del profesional reviste carácter extracontractual. Sitúan igualmente en la independencia técnica del profesional el fundamento de su responsabilidad contractual, entre otros, Albiez Dorhmann/García Pérez, 2005, p. 169 y Ortega Reinoso, 2006, pp. 51 y 158.

72. Santos Morón, *Indret*, 2018, p. 37 (según pdf). Así lo exige el artículo 43 de la Ley 41/2002 y reiterada jurisprudencia que reconoce: «la información por su propia naturaleza integra un procedimiento gradual y básicamente verbal que es exigible y se presta por el médico responsable del paciente» (sentencias del Tribunal Supremo de 13 de octubre de 2009 [RJ 2009, 5564], 27 de septiembre de 2010 [RJ 2010, 5155], 1 de junio de 2011 [RJ 2011, 42600] y 23 de octubre de 2015 [RJ 2015, 4901]).

el receptor del servicio en estos supuestos genera una serie de deberes (deberes accesorios de información, secreto, etc.) que los profesionales han de cumplir[73] y que, a mi juicio, constituyen una prueba clara de que entre ambos llega a surgir una relación obligatoria[74].

El inconveniente que presenta esta solución que, en mi opinión, resulta más correcta desde una perspectiva dogmática, es que, más allá del beneficio que le supone al cliente la aplicación del régimen contractual en relación con el plazo de prescripción de la acción de responsabilidad, en la práctica podría ser menos favorable para el perjudicado, pues en el ámbito contractual los daños indemnizables están limitados (*ex artículo* 1107 del Código civil), mientras que en el extracontractual rige el principio de reparación integral[75]. En otras palabras, a través de la interposición de una acción de responsabilidad extracontractual contra el profesional que ejecuta el servicio, el perjudicado puede llegar a conseguir una mayor cobertura indemnizatoria que en el ámbito de la responsabilidad contractual, en el que solo resultan indemnizables, si no concurre dolo, los daños previsibles, debido a que el contrato limita, reparte o distribuye entre ambas partes los riesgos derivados del incumplimiento[76].

En cualquier caso, esta diferencia respecto a la cobertura del daño indemnizable entre ambos tipos de responsabilidades está siendo paulatinamente diluida en la práctica jurisprudencial, que tiende a restringir cada vez más el

73. Yzquierdo Tolsada, 1989, p.151 confirma igualmente que «las obligaciones de los profesionales serán siempre las mismas, al margen de que exista o no contrato con el cliente».

74. Por las razones expuestas en el texto, a mi juicio, no resulta adecuado equiparar la relación obligatoria que surge entre el profesional y el receptor del servicio en estos casos, con un simple conocimiento fáctico entre víctima o dañante previo al daño o la preexistencia entre ambos de una relación de amistad, vecindad o parentesco. El anterior argumento ha sido esgrimido por Macía Morillo, *RJUAM*, 2015, p. 273, para, junto a otras razones, rechazar la aplicación en estos casos del régimen de la responsabilidad contractual pues, según la autora, ello implicaría una aplicación excesiva de las normas de la responsabilidad contractual, en todos los casos en que hubiera un previo conocimiento fáctico (de amistad, familiar) entre profesional y perjudicado. No es esta la solución que propongo. Lo que, en mi opinión, activa la aplicación analógica de las normas de la responsabilidad contractual es la concurrencia de una relación obligatoria entre ejecutor y receptor del servicio (de la que derivan derechos y obligaciones para ambos, aunque entre ellos no medie relación contractual), no un mero conocimiento fáctico o relación familiar o de amistad.

75. Coincido con Macía Morillo, *RJUAM*, 2015, p. 258, Serra Rodríguez, *J&D*, 2019, p. 82 y Arcos Vieira, 2021, p. 372, en que otro aspecto (junto a los ya señalados en el texto del plazo de prescripción de la acción y los diferentes criterios de imputación subjetiva de responsabilidad) que depende del carácter contractual o extracontractual de la responsabilidad es la diferente extensión del resarcimiento en caso de conducta no dolosa. Díez Soto, 2013, p. 12965, junto a los anteriores, añade otras diferencias: el régimen jurídico aplicable a la responsabilidad por hecho de los dependientes, la posibilidad o no de introducir pactos de modificación o exoneración de responsabilidad y los privilegios que revisten al crédito nacido de una u otra fuente de las obligaciones.

76. Macía Morillo, *RJUAM*, 2015, p. 274, parece referirse a este mismo problema cuando advierte de «lo excesivo de algunas de las consecuencias de aplicar aquí el régimen de la responsabilidad contractual».

principio de reparación integral que tradicionalmente ha inspirado la responsabilidad aquiliana[77]. Para demostrarlo, sirva el siguiente ejemplo. Como sabemos, en el ámbito de los daños derivados del uso y circulación de vehículos de motor, la ley prevé desde hace tiempo unos baremos, es decir, unas tablas que recogen un conjunto de criterios para medir o evaluar algunos daños que se ocasionan en este ámbito. Pese a las dudas que se originaron sobre su posible inconstitucionalidad[78], se trata esta de una discusión agotada y que ha de entenderse resuelta en sentido negativo.

Pues bien, ante la dificultad de calcular la indemnización de ciertos daños a bienes o derechos de especial importancia (daños a la integridad física, a la vida, perjuicios morales) y la inexistencia de un baremo específico fuera del ámbito del uso y circulación de vehículos de motor, los tribunales han extrapolado el baremo de los accidentes de tráfico a otros sectores, como son los accidentes laborales y, lo que más nos importa a los efectos de este estudio, al campo de las negligencias médicas. La consecuencia inmediata de la descontextualización del baremo del ámbito originario para el que fue previsto es el progresivo debilitamiento del principio de reparación integral, que, por tanto, ya no siempre resulta predicable de la responsabilidad extracontractual.

Además, como propone hábilmente Santos Morón, si, de acuerdo con las circunstancias concurrentes, la prestación contratada fuera de resultado (como luego se verá, bien porque fue prometida expresamente la obtención del resultado al cliente, paciente o receptor del servicio, bien porque tal resultado derive del contenido integrativo de la publicidad o, por último, porque el inadecuado cumplimiento de los deberes de información por parte del profesional crearon en el cliente la falsa expectativa de que se alcanzaría el resultado) y este finalmente no se alcanza (o se obtiene de manera distinta a la pactada), para el perjudicado resultará preferible articular la demanda contra el concreto profesional sobre la base de un incumplimiento contractual (si la prestación contratada se hubiera configurado como una obligación de resultado, lo lógico y razonable es que el «auxiliar» que presta el servicio en lugar del deudor asuma igualmente

77. En su estudio clásico sobre *Derecho de daños,* el profesor Díez-Picazo ya señalaba la tendencia jurisprudencial de introducir paliativos o mitigaciones a la regla de la reparación integral, inspirados, según el autor, por un «salomonismo jurídico» (p. 237).

78. Díez-Picazo, 2000, p. 191 y pp. 223 y ss. planteó la posible inconstitucionalidad del sistema antes de que la cuestión de inconstitucionalidad fuera resuelta por el Tribunal Constitucional. Por su parte, Pantaleón Prieto, *AJA,* 1996, acusó abiertamente al sistema de baremos previsto por la Ley 30/1995, de 8 de noviembre, de vulnerar los derechos fundamentales consagrados por los artículos 14 y 15 de la Constitución Española. Sobre este sistema de tasación de daños y perjuicios, la sala Primera del Tribunal Supremo llegó a expresar su juicio negativo de constitucionalidad (sentencia del Tribunal Supremo de 26 de marzo de 1997 [RJ 1997, 1864]). Como es sabido, la trascedente STC 181/2000, de 29 de junio (RTC 2000, 181), rechazó la inconstitucionalidad del sistema de baremos en su conjunto, con la excepción de la Tabla V-B del anexo, cuando se aplica a los daños derivados de la circulación causados con culpa relevante y exclusiva del conductor.

esta configuración de la prestación), que acudir a las reglas de la responsabilidad aquiliana, que exigen la prueba de la diligencia profesional[79].

B. OBLIGACIONES DE MEDIOS *VERSUS* OBLIGACIONES DE RESULTADO[80]

La clásica distinción entre las obligaciones de medios y de resultado solo se plantea en las obligaciones de hacer (las de dar y no hacer son siempre de resultado[81]), lo que explica que tradicionalmente haya estado estrechamente vinculada a la prestación contractual comprometida por los profesionales liberales[82].

Fuera de este ámbito había sido prácticamente abandonada por la doctrina[83]. Esta situación es el resultado de una tendencia doctrinal proclive a minimizar los efectos y consecuencias jurídicas de esta dicotomía, que, pese a contar con partidarios más o menos entusiastas, también ha sido denostada por muchos[84]. Sin embargo, en los últimos tiempos se ha producido un resurgimiento de este tradicional binomio, debido a que los textos de referencia europeos lo consagran expresamente, lo que ha vuelto a reavivar el debate doctrinal en torno a esta distinción[85].

79. Santos Morón, *Indret*, 2018, pp. 9.
80. Ante la disparidad terminológica y pese a las críticas que ha recibido la denominación «obligaciones de medios/obligaciones de resultado» acuñada por *Demogue*, en el presente estudio se ha optado por la misma, por ser probablemente la más consolidada en la doctrina.
81. Cabanillas Sánchez, 1993, p. 47 y De Verda y Beamonte, *RdPat,* 2015, p. 4 (según pdf).
82. Yzquierdo Tolsada, 1989, p. 267. De ahí que resulte criticable la aplicación jurisprudencial de esta distinción en claros supuestos de responsabilidad extracontractual. Así, de manera reiterada, el Tribunal Supremo ha trasladado la categoría de las obligaciones de resultado al plano extracontractual, para tratar de eludir con ello las dificultades de la víctima en la prueba de la culpa médica. En este sentido, véase Santos Morón, *Indret*, 2018, pp. 7-8 (según pdf), para quien «la jurisprudencia debería evitar la utilización interesada» de dicha clasificación. De igual forma, Pérez Vallejo, *Práctica Derecho de daños*, 2012, apartado II.1 (recurso digital sin paginación) reconoce que en el ámbito de la responsabilidad extracontractual «huelga la distinción entre la obligación de medios o de resultado».
83. Crespo Mora, *Indret,* 2013, p. 4 (según pdf).
84. Entre otros muchos, Padilla, 2013, apartado 6.6.6 (recurso digital sin paginación), considera que se trata de una artificiosa construcción jurídica carente de utilidad, que debe ser superada. De Barrón Arniches, 2012, p.1173, se muestra igualmente muy crítica con esta «perturbadora distinción» (calificativo utilizado por la autora). Yzquierdo Tolsada, *DS,* 2001, p. 37, por su parte, habla de «el fetichismo de la distinción obligaciones de medios/obligaciones de resultado».
85. En concreto, la referencia a esta distinción aparece consagrada en los artículos IV.C.–2:105 y IV.C.–2:106 del Marco Común de Referencia. Como admite Crespo Mora, *Indret,* 2013, p. 6 (según pdf), «esta iniciativa académica ha dotado a la distinción de una *nouvelle jeunesse*». Con posterioridad, el artículo 148 de la Propuesta CESL, bajo el título *Obligation to achieve result and obligation of care and skill,* recoge el binomio medio/resultado de forma más clara y tajante que el artículo IV.C.–2:106 MCR. Para un estudio detallado de la cuestión, véase Crespo Mora, *Indret,* 2013, pp. 1-45 y Crespo Mora, *RJUAM,* 2015, pp. 91-104.

No puede negarse que los postulados de esta dicotomía, muy claros en la teoría, se enrevesan en la práctica, cuando deja de ser aplicada a los casos arquetípicos[86]. Además, el cumplimiento de numerosos contratos exige la ejecución tanto de obligaciones de medios como de resultado[87] (para el cirujano, la asepsia del material quirúrgico o la realización de análisis clínicos o, para el abogado, la presentación en plazo de la demanda o la asistencia a una vista), lo que demuestra que las relaciones obligatorias no siempre pueden ser reconducidas a una de estas alternativas de manera rígida y que las obligaciones de medios y de resultado no constituyen categorías contrapuestas.

Ahora bien, pese a que la determinación del régimen jurídico de ambos tipos de obligaciones ha generado numerosas discrepancias, existen ciertas consecuencias jurídicas ligadas a la distinción que todos los autores admiten. La principal diferencia entre las obligaciones de medios y las de resultado estriba en el distinto compromiso contractual asumido por el deudor en unas y en otras (el alcance del deber de conducta contraído y comprometido por el deudor, que puede ser correlativamente exigido por el acreedor)[88], de lo que se derivan consecuencias o efectos jurídicos diferentes en lo que se refiere a la distribución del riesgo y el concepto de incumplimiento[89].

En las denominadas obligaciones de actividad o medios el comportamiento exigible al deudor consiste en el despliegue de una actividad diligente dirigida a satisfacer el resultado esperado por el acreedor. Por el contrario, en las obligaciones de resultado, como el deudor garantiza y compromete su consecución, este debe obtener el resultado esperado por el acreedor, siendo irrelevantes los esfuerzos realizados para conseguirlo.

En las obligaciones de resultado, pues, la diligencia queda fuera de lugar. De ahí que la constatación del incumplimiento en estas obligaciones sea tarea fácil[90]: existirá incumplimiento cuando tal resultado no haya sido alcanzado o sea defectuoso (pues no se corresponde exactamente con el resultado que se había prometido), correspondiéndole al profesional la carga de la prueba de que la inejecución es debida a una causa extraña que no le resulta imputable[91]. Por tanto, aquel solo se exonerará mediante la prueba del caso fortuito/fuerza mayor (conceptos que, de acuerdo con la concepción doctrinal dominante, son equivalentes y han de ser entendidos como eventos imprevisibles y externos –ajenos a la esfera de control del deudor–), no bastándole con probar la ausencia de culpa

86. Jordano Fraga, *ADC,* 1991, p. 9 y De Verda y Beamonte, *RdPat,* 2015, p. 4 (según pdf).
87. Yzquierdo Tolsada, 1989, p. 268 (también en *DS,* 2001, p. 38), Moreo Ariza, *Indret*, 2007, p. 10 (según pdf), Serra Rodríguez, *J&D,* 2019, p. 87 y Galán Cortes, 2022, pp. 191-192.
88. Jordano Fraga, *ADC,* 1991, p. 6 y Schopf Olea, *Revista UCSC,* 2023, p. 57.
89. Pérez Vallejo, *Práctica Derecho de daños*, 2012, apartado I.2 (recurso digital sin paginación). Al igual que otros autores, Schopf Olea, *Revista UCSC,* 2023, p. 58, señala que esta distinción también resulta útil en relación con la distribución de la carga de la prueba de la culpa.
90. Serra Rodríguez, *J&D,* 2019, p. 88 y Solé Resina, 2022, pp. 1264 y 1266.
91. Serra Rodríguez, *J&D,* 2019, p. 88 y Elizari Urtasun, 2021, p. 293.

(es decir, que actuó con la diligencia debida y que, pese a ello, no logró satisfacer el resultado contractual comprometido).

Por el contrario, la determinación del incumplimiento en las obligaciones de medios es mucho más compleja, al tener que realizarse un análisis de la conducta del deudor[92], pues, cuando la obligación es de actividad, la diligencia opera como parámetro para valorar la exactitud del cumplimiento.

No es que la carga de la prueba que recae sobre el deudor (artículo 217 de la Ley de Enjuiciamiento Civil) se distribuya de manera diferente en unas y en otras, sino que, como la acreditación del incumplimiento contractual es más sencilla en las obligaciones de resultado, esto se traslada al ámbito procesal, en el que el acreedor de una obligación de resultado goza de una posición más ventajosa que el de la obligación de medios, ya que este último ha de probar la falta de diligencia del profesional para lograr demostrar el incumplimiento.

En otras palabras, ambas funcionan con arreglo a principios generales idénticos; la diferente carga probatoria derivada de la inejecución de cada una de ellas es, en realidad, una consecuencia inevitable de la diversa configuración del contenido de la prestación en unas y en otras[93]. Como al acreedor le corresponde probar el hecho constitutivo de su pretensión *ex art*ículo 217 de la Ley de Enjuiciamiento Civil (la materialidad del incumplimiento del que deriva el resarcimiento), la dificultad o facilidad de la prueba dependerá, en última instancia, de la pretensión de que se trate.

Lo mismo sucede en sede de responsabilidad civil, ya que de la calificación de la obligación como de medios o de resultado depende tanto la elección de la parte (deudor o acreedor) que asume el riesgo de la satisfacción de este interés subjetivo (parte contractual que, en consecuencia, deberá soportar los daños ocasionados por la frustración del mismo), como las excusas que puede alegar el deudor para exonerarse de responsabilidad[94].

Así, tratándose de una obligación de resultado la satisfacción del interés subjetivo del acreedor cae bajo la esfera de riesgos asumida por el deudor, mientras que, cuando nos encontramos ante una obligación de medios, los daños que se siguen de tal frustración deben ser soportados por el propio acreedor (cliente, paciente, receptor del servicio).

De igual forma, de producirse un daño derivado del incumplimiento, tratándose de una obligación de medios, el perjudicado deberá acreditar la culpa del

92. Jordano Fraga, *ADC,* 1991, pp. 24-26, Lobato Gómez, *ADC,* 1992, pp. 715-71, Santos Morón, *Indret*, 2018, pp. 5 y 18 (según pdf), Elizari Urtasun, 2021, p. 294, De Peralta Carrasco, 2021, p. 1037 y Solé Resina, 2022, p. 1266.

93. Jordano Fraga, *ADC,* 1991, p. 84, Cabanillas Sánchez, 1993, p. 154, Díaz Vales, *AC,* 2002, p. 1218 y Elizari Urtasun, 2021, p. 296.

94. Schopf Olea, *Revista UCSC,* 2023, p. 59.

profesional (además de la existencia y alcance del daño y la relación de causalidad[95]), mientras que, en las obligaciones de resultado, la prueba se restringirá a este último extremo: la acreditación de que el daño producido (la no consecución del resultado) resulta imputable causalmente al profesional (esto es, ha de probarse el nexo causal entre el daño producido y la actuación u omisión del profesional), facilitándosele de esta forma la actividad probatoria.

Y eso tanto si se sostiene la objetivación de la responsabilidad derivada de la obligación de resultado (como proponemos algunos[96]), como si se considera que de la no obtención del resultado se deriva la presunción de la concurrencia de culpa en el profesional (opción preferida por otros; véase, al respecto, la nota al pie número 4 del presente trabajo). Por tanto, las consecuencias prácticas de seguir uno u otro planteamiento doctrinal respecto a las obligaciones de resultado son prácticamente equivalentes, pues para los seguidores de ambas construcciones doctrinales el caso fortuito o la fuerza mayor (entendidos en los términos ya explicados) constituye una causa de exoneración del deudor en caso de frustración del resultado comprometido. Sin embargo, los que asumen que el incumplimiento de una obligación de resultado da lugar a una presunción de culpa, aceptan igualmente la prueba de la ausencia de culpa (o empleo de la diligencia debida) como una causa de exoneración de responsabilidad del deudor en estos casos.

Por tanto, las soluciones concretas a las que se llega con una u otra concepción de las obligaciones de resultado no difieren tanto, pues ya se sostenga que con las obligaciones de resultado se produce una objetivación de la responsabilidad, como si se defiende que el alcance de aquellas se limita a la inversión de la carga de la prueba de la culpa, el acreedor siempre habrá de demostrar el nexo causal y, en ambos escenarios, el profesional se podrá exonerar probando la concurrencia de caso fortuito.

Así las cosas, lo difícil no es saber desde un punto de vista dogmático o teórico general cuál es el compromiso asumido por el deudor en cada una de estas obligaciones, sino que lo más complejo es determinar qué ha de entenderse por resultado[97] y dilucidar e interpretar[98] en cada caso concreto si el profesional comprometió explícita o implícitamente su obtención, ya que de ello

95. Alberruche Díaz-Flores, *Act. Civ.*, 2014, apartado III (recurso digital sin paginación).
96. Entre otros, Schopf Olea, *Revista UCSC*, 2023, p. 64 se muestra partidario de una objetivación de la responsabilidad cuando concurra una obligación de resultado.
97. Schopf Olea, *Revista UCSC*, 2023, pp. 56 y ss., identifica lo que en este trabajo calificamos como «resultado», con el propósito práctico o finalidad económica del contrato, esto es, el específico beneficio o utilidad que las partes esperan obtener de la ejecución y cumplimiento del contrato.
98. Al igual que Schopf Olea, *Revista UCSC*, 2023, p. 61, considero que la determinación de cuál es la distribución y reparto natural de los riesgos por frustración del interés subjetivo del acreedor presupone un problema de interpretación del contrato.

depende la decisión de cuál de las dos partes ha de soportar las consecuencias perjudiciales que se siguen de esa insatisfacción.

Pues bien, a mi juicio, por resultado hay que entender la satisfacción del interés primario o subjetivo del acreedor[99]. Así, mientras que en las denominadas obligaciones de resultado la satisfacción de este interés subjetivo se encuentra jurídicamente protegido por la relación obligatoria (de ahí que sea mayor el nivel del riesgo que asume el deudor respecto a la efectiva satisfacción del interés del acreedor), no sucede lo mismo en las obligaciones de medios o actividad, en las que la satisfacción subjetiva del deudor no pertenece al ámbito de protección del contrato, debido al limitado control del deudor respecto a los riesgos que pueden llevar al fracaso o no obtención de ese interés subjetivo perseguido por el acreedor.

Partiendo de esta perspectiva, no todos los resultados que satisfacen el interés subjetivo del acreedor (cliente, paciente, receptor del servicio) pueden ser exigidos contractualmente al profesional, ya que las prestaciones profesionales constituyen, como regla, un ejemplo claro de obligaciones de medios[100]. «Resulta sabido que el abogado no contrae el deber de obtener una sentencia favorable en juicio, que el auditor no contrae el deber de descubrir en todo evento un fraude o que el médico no contrae el deber de necesariamente sanar al enfermo»[101]. Por ello, la satisfacción del cliente solo resultará exigible cuando el profesional se haya comprometido expresa o tácitamente a alcanzar el resultado, o cuando tal compromiso pueda deducirse de las circunstancias concurrentes.

Así, por ejemplo, aunque se produzca una insatisfacción del interés subjetivo del paciente cuando no se cura o el del cliente del abogado cuando no vence en juicio, tal insatisfacción subjetiva no provocará inmediatamente el incumplimiento, salvo que se pruebe que el deudor no observó el nivel de diligencia impuesto por la *lex artis ad hoc*, criterio valorativo de corrección del acto profesional en las obligaciones de medios. Solo en este caso la insatisfacción subjetiva desencadenará una insatisfacción jurídica. Es cierto que «nadie recurre a los servicios de un abogado para que le lleven un caso sino para que se lo ganen»[102]; pero la victoria en el juicio es un resultado que, por regla general, no puede ser exigido al profesional, debido principalmente a su carácter aleatorio.

Llegados a este punto, las dificultades surgirán, como ya se anticipó, al tratar de averiguar en cada caso concreto cuándo el profesional debe solamente su propia conducta (la regla general) o cuándo, excepcionalmente, queda amparada

99. Utilizan el concepto de resultado defendido en el texto Lobato Gómez, *ADC*, 1992, p. 653 y Cabanillas Sánchez, 1993, pp. 9 y 10.
100. Schopf Olea, *Revista UCSC*, 2023, p. 64.
101. Schopf Olea, *Revista UCSC*, 2023, p. 64.
102. Yzquierdo Tolsada, 1998, p. 57.

y protegida por el contrato la consecución de ese interés subjetivo del acreedor (cliente, paciente, receptor del servicio)[103].

Como puntualiza Schopf Olea[104], lo que decide la calificación de una obligación como de medios o de resultado no es tanto el control que tenga el deudor de los riesgos que podrían frustrar la obtención del interés subjetivo perseguido por el acreedor, sino quién los termina asumiendo en el contrato.

Así, puede suceder, que, en aplicación del principio de la autonomía de la voluntad, las partes hayan estipulado expresamente que el deudor ha de obtener el resultado[105]. Ello sucederá, por ejemplo, cuando un letrado se comprometa a obtener la indemnización derivada de un accidente de tráfico sufrido por el cliente, asumiendo a su vez el riesgo de la remuneración, pues solo cobrará un tanto por ciento de la cantidad indemnizatoria que le consiga[106]. De pactarse una obligación de resultado como la descrita, aunque el profesional haya sido diligente (por ejecutar la prestación conforme a la *lex artis ad hoc*), si no alcanza el resultado que satisface el interés primario del cliente no tendrá derecho a la contraprestación[107].

También sería el caso del médico que garantiza al paciente-cliente un resultado concreto para la intervención, posibilidad admitida jurisprudencialmente, lo que con toda probabilidad se traduzca en un aumento de la remuneración del profesional[108].

---

103. Coinciden en señalar que el verdadero problema que suscita este binomio es la averiguación, en cada caso concreto, de si la obligación comprometida es de medios o de resultado De Verda y Beamonte, *RdPat,* 2015, p. 24 (según pdf) y Santos Morón, *Indret*, 2018, p. 15 (según pdf).

104. Schopf Olea, *Revista UCSC,* 2023, p. 62.

105. Yzquierdo Tolsada, *DS,* 2001, p. 38 y De Verda y Beamonte, *RdPat,* 2015, pp. 6 y 23 (según pdf).

106. De Verda y Beamonte, *RdPat,* 2015, p. 23 (según pdf).

107. Y ello sucederá con independencia de que el incumplimiento se deba a su culpa o negligencia o a un acontecimiento fortuito ajeno a su círculo de control (caso fortuito/fuerza mayor). En este sentido, Cabanillas Sánchez, 1993, pp. 135-140, Yzquierdo Tolsada, *DS,* 2001, p. 38, Moreo Ariza, *Indret*, 2007, p. 10 (según pdf) y Santos Morón, *Indret*, 2018, p. 20 (según pdf). Ejemplifica Yzquierdo Tolsada: «Si el abogado no tiene hecha a tiempo la declaración de hacienda que se le encargó, no cobrará sus honorarios y ello, ya sea porque le han incendiado el despacho, porque le han robado los papeles la noche anterior a su entrega o, sencillamente, porque se ha descuidado en la consecución del encargo».

108. Para Arbesú González, *RDUNED,* 2015 y Elizari Urtasun, 2021, p. 307, en el sector sanitario semejante aseguramiento es imposible, dada la inexactitud de la ciencia médica y las imprevisibles formas de reacción de cada organismo, que escapan al control del profesional. En contra, Llamas Pombo, 2014, pp. 31-32, según el cual, la promesa de curación o el compromiso asumido contractualmente por el médico de obtener un resultado satisfactorio resultan lícitos *ex art*ículo 1255 del Código civil. Junto al autor anterior, se muestran partidarios de la posibilidad de pactar o garantizar el resultado en este ámbito Díaz Martínez, *DOCTRINAL ARANZADI,* 2011, p. 2 (según pdf), De Verda y Beamonte, *RdPat,* 2015, pp. 23 y 24 (según pdf), Santos Morón, *Indret*, 2018, pp. 10 y 15 (según pdf) y Espinosa De Rueda Jover, 2021, p. 413.

Admiten sistemáticamente que, pese al componente aleatorio propio de la medicina, es posible que el resultado se pacte o se garantice, las sentencias del Tribunal Supremo de 20 de noviembre de 2009 (RJ 2010, 138), 27 de septiembre de 2010 (RJ 2010, 5155), 28 de junio de 2013 (RJ 2013, 4986) y 30 de noviembre de 2021 (RJ 2021, 5665). Por ejemplo, en el caso resuelto por la sentencia de la Audiencia Provincial de Sevilla, Sección 5.ª, de 29 de abril de 2002 (JUR 2002, 206917) el cirujano estético se comprometió a «lograr una talla 100» de senos.

O incluso aquel que, sin asegurarlo expresamente, se compromete contractualmente a la devolución del precio en el caso de no alcanzarse el resultado deseado (por ejemplo, la desaparición del vello por la aplicación de un tratamiento médico-estético)[109].

Esto es lo que sucedió en el caso resuelto por la sentencia de la Audiencia Provincial de Álava, de 29 de julio de 2005 (Tol 737.255), en un supuesto en el que se había contratado un tratamiento de láser para la eliminación del vello. Señaló la sentencia que, en el contrato constaba «una garantía de reembolso al 100% en el caso de que el vello crezca de nuevo durante un período de cinco años». Como el tratamiento no dio el resultado buscado al persistir el crecimiento del vello, los demandantes solicitaron la resolución por incumplimiento del contrato y la restitución de las cantidades entregadas. Así las cosas, afirmó el tribunal: «Conforme al artículo 1281 del Código civil, la literalidad del contrato no da lugar a dudas sobre la evidente y clara obligación de resultado asumida bajo la estipulación del reembolso al 100% en el caso de que el vello crezca de nuevo durante un período de cinco años. Hecho que enmarca la relación en el ámbito del arrendamiento de obra».

Pero también puede ocurrir que la obligación de obtener el resultado, en principio no recogida por el contrato, termine imponiéndose por el carácter integrativo que el artículo 61 TRLGDCU otorga a la publicidad[110] (en el caso de que la prestación de servicios pueda ser conceptuada como una relación de consumo).

De hecho, en el ámbito de la prestación de servicios profesionales suelen ser habituales ciertas manifestaciones publicitarias en las que, con el propósito de captar un mayor número de clientes, el profesional asume una obligación de resultado[111] (por ejemplo, el cirujano plástico que anuncia sus servicios asegurando un 100% de tasa de éxito, o aquel bufete que publicita sus servicios y se compromete a la recuperación de todos los gastos hipotecarios de los clientes), que no coincide con el reparto de riesgos recogido posteriormente en el contrato, en el que se especifica que el médico o el bufete asumen, en realidad, una obligación de medios. Así las cosas, en virtud del precitado artículo 61 TRLGDCU, las garantías y resultados ofrecidos y difundidos a través de la

109. Díaz Martínez, *DOCTRINAL ARANZADI*, 2011, p. 5 (según pdf).

110. Galán Cortés, *AJA*, 2006, apartado 1 (recurso digital sin paginación), Díaz Martínez, *DOCTRINAL ARANZADI*, 2011, p. 7 (según pdf), De Verda y Beamonte, *RdPat*, 2015, p. 24 (según pdf), Santos Morón, *ADC*, 2017, p. 134 y De Peralta Carrasco, 2021, p. 1028.

111. Santos Morón, *Indret*, 2018, p. 23 (según pdf).

publicidad serán exigibles por los clientes/consumidores, aun cuando no figuren expresamente en el contrato celebrado.

Así sucedió en el conocido caso resuelto por la sentencia del Tribunal Supremo de 4 de octubre de 2006 (RJ 2006, 6428). En este supuesto la clínica demandada había difundido una campaña publicitaria en cuanto a implantes capilares «capaz de inducir a error al consumidor o usuario (...) en la que el escaso rigor lleva fácilmente a la conclusión de que el tratamiento es sencillo y sin resultado negativo posible, aludiendo a la existencia de especialistas en cabello cuando ciertamente los médicos que asistían en el centro no tenían la consideración de tales». En el presente caso, al demandante, que se sometió a un implante capilar, le quedaron secuelas consistentes en lesiones dermatológicas crónicas y daños sicológicos, razón por la que la clínica fue demandada sobre la base del artículo 8 LCU 1984 (en la actualidad, artículo 61 TRLGDCU).

Un debate parecido se suscitó en el caso resuelto por la sentencia de la Audiencia Provincial de Barcelona, Sección 13.ª, de 21 de abril de 2020 (AC 2020, 1028), en el que el mensaje publicitario dejaba entrever que solo se cobrarían los honorarios si se ganaba el pleito, pero no en el supuesto de que la sentencia fuera desestimatoria. La sentencia constató la existencia de diversos mensajes publicitarios en tal sentido: «si se pierde, nosotros decidimos no cobrar y correr con los gastos».

Fuera de los supuestos anteriores, como lo habitual es que las partes no atribuyan expresamente al deudor la consecución del resultado, es decir, que no medie ninguna cláusula contractual que lo garantice[112], la doctrina ha propuesto ciertos indicios para determinar cuál es el verdadero compromiso contractual asumido tácitamente en cada caso por el profesional[113]. De entre todos ellos, destaca el carácter aleatorio del resultado como síntoma de la concurrencia de una obligación de medios, por tratarse de un criterio utilizado reiteradamente por nuestro Tribunal Supremo[114].

Es decir, cuando la obtención del resultado que satisface el interés primario del acreedor escapa del control del profesional, porque la consecución de aquel depende de ciertos factores ajenos al desarrollo de la actividad profesional, ni la

112. Díaz Martínez, *DOCTRINAL ARANZADI,* 2011, p. 4 (según pdf).

113. Además del carácter aleatorio del resultado, la doctrina ha propuesto diversos criterios para que sean utilizados por los tribunales al analizar el caso concreto: el papel activo del acreedor (como indicio de la existencia de una obligación de medios, en las que aquel juega un papel decisivo), el criterio de imputación del riesgo de la remuneración (en las obligaciones de resultado el deudor soporta el riesgo de la remuneración si no se obtiene el resultado, lo que no resulta predicable de las obligaciones de medios), la precisión de la prestación comprometida, la falta de certeza en la obtención del resultado práctico esperado e incluso consideraciones de equidad. Para conocer los criterios doctrinales de distinción de estas obligaciones, véase Jordano Fraga, *ADC,* 1991, pp. 10 y ss., Lobato Gómez, *ADC,* 1992, pp. 698-706 y Cabanillas Sánchez, 1993, pp. 38-46.

114. Acuden a este criterio para justificar la concurrencia de una obligación de medios las sentencias del Tribunal Supremo de 26 de mayo de 1986 (RJ 1986, 2824), 20 de noviembre de 2009 (RJ 2010, 138), 3 de marzo de 2010 (RJ 2010, 3778), 27 de septiembre de 2010 (RJ 2010, 5155) y 28 de junio de 2013 (RJ 2013, 4986).

jurisprudencia ni la doctrina[115] dudan en atribuir a la obligación el carácter de medios o actividad.

Ello explica que, como regla general, se conceptúe como de medios la prestación del abogado consistente en la defensa de los intereses del cliente en la vía jurisdiccional, porque la obtención de la sentencia estimatoria que satisface el interés primario del acreedor depende de factores que escapan al control del profesional. Y lo mismo sucede cuando el paciente que sufre una enfermedad acude a un médico para que le cure, pues la curación, es decir, el resultado que realmente satisface el interés subjetivo del paciente depende de factores externos a la actividad del profesional, como el concreto avance de la enfermedad –de evolución y comportamiento imprevisibles– cuando es diagnosticada, las condiciones biológicas del paciente (o, dicho de otra forma, las distintas respuestas de cada paciente a un tratamiento), la existencia de previas patologías o los límites de la ciencia médica.

Por ejemplo, en el caso resuelto por la sentencia del Tribunal Supremo de 21 de octubre de 2005 (RJ 2005, 8547), la aparición de cicatrices que lo ideas en una intervención de cirugía estética (tratamiento dermoabrasador por láser) se produjo debido a la predisposición genética del paciente, sin que resultara imputable a la actuación del cirujano.

Y esta misma solución es defendida por el Tribunal Supremo en el ámbito de la medicina voluntaria o satisfactiva –cuyos límites con la medicina necesaria no siempre resultan claros, *v. gr.,* corrección de una grave asimetría mamaria congénita, reconstrucción de mama tras un tumor, etc.–, en la que el interesado no pretende la curación de una determinada dolencia (es más, en estos casos el personal sanitario suele actuar sobre un cuerpo sano), sino que generalmente se acude al médico para mejorar el aspecto físico o estético o para anular la capacidad reproductora.

Durante mucho tiempo, la medicina satisfactiva (especialmente la cirugía estética y odontología) fue considerada una excepción a la regla general de exigencia de una obligación de medios en el ámbito médico sanitario, pues se consideraba que, en estos casos, existía un resultado querido por el paciente y ofrecido, asumido e implícitamente garantizado por el médico[116].

115. Jordano Fraga, *ADC,* 1991, p. 10, Lobato Gómez, *ADC,* 1992, pp. 698-706, Cabanillas Sánchez, 1993, pp. 41-43, Jiménez Horwitz, *ADC*, 2012, pp. 573-574 y De Verda y Beamonte, *RdPat,* 2015, p. 6 (según pdf).

116. Constatan esta situación jurisprudencial Santos Morón, *Indret,* 2018, p.6 y Gil Membrado, 2021, pp. 1064-1065. Por ejemplo, la sentencia del Tribunal Supremo de 28 de junio de 1999 (RJ 1999, 4894), tras reconocer que, por regla general, la obligación del médico es de medios o actividad, añade que «hay casos en que se trata de obligación de resultado en que el médico se obliga a producir un resultado: son los casos, entre otros, de cirugía estética, vasectomía y odontología». En el mismo sentido se pronunciaron las sentencias del Tribunal Supremo

Ahora bien, el estudio minucioso de las resoluciones que recogen estas afirmaciones arroja la conclusión de que, en la mayoría de los casos en los que se declaró la concurrencia de una obligación de resultado, el personal médico fue condenado como consecuencia de su culpa probada, es decir, por haber incurrido en un comportamiento negligente en atención a la *lex artis ad hoc* exigible (véase, en tal sentido, las sentencias del Tribunal Supremo de 21 de marzo de 1950 [RJ 1950, 394], 2 de diciembre de 1997 [RJ 1997, 8964] y 11 de diciembre de 2001 [RJ 2002, 2711])[117].

Sin embargo, la jurisprudencia actual no perpetúa la distinción anterior entre la medicina necesaria y la voluntaria, negando que puedan enumerarse *a priori* un elenco de especialidades médicas cuyo desarrollo implique la asunción de una obligación de resultado[118]. La principal razón esgrimida para defender la concurrencia en el ámbito de la medicina voluntaria de las obligaciones de medios es que aquí concurren también infinidad de variables (condicionantes endógenos y exógenos) que escapan al ámbito de control del profesional sanitario y que inciden e incluso pueden llegar a truncar el resultado perseguido, pues no todos los individuos reaccionan igual ante los diversos tratamientos médicos y estéticos.

> De hecho, se multiplican las resoluciones que reconocen tajantemente que «la cirugía estética no conlleva la garantía del resultado». En este sentido, *vid.* las sentencias del Tribunal Supremo de 22 de noviembre de 2007 (RJ 2007, 8651), 13 de abril de 2016 (RJ 2016, 1495) y 30 de noviembre de 2021 (RJ 2021, 5665) y las sentencias de la Audiencia Provincial de Valencia, Sección 8.ª, de 15 de marzo de 2018 (AC 2018, 473), de la Audiencia Provincial de Navarra, Sección 3.ª, de 27 de mayo de 2022 (JUR 2022, 264246) y de la Audiencia Provincial de Cáceres, Sección 1.ª, de 28 de septiembre de 2022 (JUR 2022, 355041).

---

de 22 de julio de 2003 (RJ 2003, 5391) y 29 de octubre de 2004 (RJ 2004, 7218), al reconocer que «también en la actuación médica se da el contrato de obra, con obligación de resultado, en casos de cirugía estética».

117. De Verda y Beamonte, *RdPat,* 2015, p. 14 (según pdf). Este autor enumera en las notas al pie número 46 y 51 otras muchas sentencias de tribunales de instancia en las que, pese a reconocer que la obligación del cirujano estético se aproxima a la de resultados, terminan fundamentando la condena de responsabilidad civil en la mala *praxis* del cirujano o en la inexistencia de consentimiento informado.

118. Santos Morón, *Indret,* 2018, p. 7 (según pdf), tras reconocer que la finalidad de la intervención puede influir en las expectativas del paciente, se muestra crítica con las clasificaciones apriorísticas. Es decir, la autora cuestiona que la calificación de la obligación del médico como de resultado se haga depender automáticamente de que la intervención no tenga finalidad curativa. De la misma opinión es De Verda y Beamonte, *RdPat,* 2015, p. 24 (según pdf): «no existen obligaciones de medios o de resultado por naturaleza».
De ahí que resulte llamativa la opinión de De Peralta Carrasco, 2021, pp. 1023 y 1037, que perpetúa la diferencia entre la cirugía asistencial y la cirugía satisfactiva e incluye apriorísticamente la actividad médica en el concreto caso de los injertos capilares dentro de las obligaciones de resultado. Asimismo, Alberruche Díaz-Flores, *Act. Civ.,* 2014, apartado I. 2 (recurso digital sin paginación), parece seguir vinculando la medicina estética a las obligaciones de resultado.

Para nuestros tribunales, la única diferencia entre ambas clases de medicina se encuentra en la información que el médico ha de suministrar al deudor, pues en actividades médicas no estrictamente curativas la información ha de ser más amplia y rigurosa que la proporcionada en el ámbito de la medicina curativa[119]. En concreto, en la medicina voluntaria la información ha de extenderse a todos los riesgos conocidos por la ciencia médica con independencia de su probabilidad, por lo que se ha de informar incluso de riesgos remotos, dado el mayor margen de libertad en estos casos para rechazar la intervención. Solo quedan excluidos los riesgos desconocidos por la ciencia médica en el momento de la intervención[120].

En definitiva, el que la obtención del resultado se encuentre fuera del control del deudor constituye un indicio relevante de que el profesional asumió tácitamente una obligación de medios, en supuestos en los que la obligación de alcanzar un resultado no haya sido consagrada expresamente en el pacto, o de que tal resultado tampoco sea exigible como consecuencia de la integración a través del mensaje publicitario.

Pero todavía es posible atribuir al profesional el deber de alcanzar el resultado fuera de los casos anteriores. Es decir, una genérica obligación de medios puede llegar a transformarse en un caso concreto en una de resultado, aun cuando el profesional no se haya comprometido expresa o tácitamente a la consecución del resultado y este compromiso tampoco derive del mensaje publicitario.

Ello sucederá cuando el profesional no cumpla escrupulosamente los deberes de información que le incumben respecto a los riesgos concurrentes que pueden impedir la consecución del resultado[121], pues, como ya se advirtió, los deberes de información desempeñan un papel trascendental en las prestaciones de servicios. Si el profesional crea falsas expectativas sobre la consecución del resultado en el destinatario, ya sea porque proporciona una información sesgada o incorrecta sobre su posible consecución o porque, tras emitir una información

119. Galán Cortés, *AJA*, 2006, apartado 1 y 2 (recurso digital sin paginación), Díaz Martínez, *DOCTRINAL ARANZADI*, 2011, p. 2 (según pdf), Pérez Vallejo, *Práctica Derecho de daños*, 2012, apartado I.3 (recurso digital sin paginación), De Verda y Beamonte, *RdPat*, 2015, p. 25 (según pdf), Santos Morón, *Indret*, 2018, pp. 5-6 y 31 (según pdf), Navarro Simón, *ADIBE*, 2018, p. 317, Elizari Urtasun, 2021, pp. 284 y 308, Gil Membrado, 2021, pp. 1065 y 1068 y De Peralta Carrasco, 2021, p. 1025.

120. Ponen de relieve el mayor rigor informativo exigible en los actos de medicina voluntaria las sentencias del Tribunal Supremo de 21 de octubre de 2005 (RJ 2005, 8547), 4 de octubre de 2006 (RJ 2006, 6428), 23 de mayo de 2007 (RJ 2007, 4667), 22 de noviembre de 2007 (RJ 2007, 8651), 23 de octubre de 2008 (RJ 2008, 5789), 20 de enero de 2011 (RJ 2011, 299) y 13 de abril de 2016 (RJ 2016, 1495). Sin embargo, constata Elizari Urtasun, 2021, p. 312, que esta exigencia de una información más exhaustiva en los actos de medicina voluntaria no ha llegado a calar en la jurisprudencia de la Sala Tercera del Tribunal Supremo.

121. Galán Cortés, *AJA*, 2006, apartado 1 (recurso digital sin paginación), De Verda y Beamonte, *RdPat*, 2015, pp. 24 y 25 (según pdf) y Santos Morón, *ADC*, 2017, pp. 134.

clara y adecuada, constata que el cliente prevé un resultado cuya consecución escapa de su ámbito de control y no le saca de su error (probablemente para evitar que desista del contrato de servicios), a mi juicio, habrá de entenderse, siguiendo así la interpretación que un sector doctrinal realiza del artículo IV.C.–2:106 *Draft Common Frame of Reference* (MCR, en adelante)[122], que estamos ante un resultado previsto razonablemente por el receptor del servicio de acuerdo con las circunstancias del caso en cuestión y que, por tanto, pertenece al ámbito de protección del contrato[123].

Así pues, de no preverse expresa o tácitamente la consecución del resultado, el que el cliente pueda razonablemente esperar su obtención dependerá en gran medida de las informaciones y advertencias emitidas por el profesional. Es decir, el suministro de una información incorrecta sobre los riesgos y probabilidades de alcanzar el resultado anhelado por el cliente puede alterar la asignación de los riesgos distribuidos originariamente por el contrato y provocar que la satisfacción del interés primario o final del cliente, *a priori* no exigible al profesional, llegue a pertenecer al ámbito de protección del contrato.

Por tanto, el incumplimiento o defectuoso cumplimiento de los deberes accesorios de información puede llevar a que se transfiera al profesional el riesgo de no consecución del resultado que, por regla general, no recae sobre él, pues lo asume el cliente[124]. En tales circunstancias, si el resultado no se obtiene, aunque tal consecuencia sea inevitable conforme a la *lex artis* y el estado de la ciencia, el demandante podrá alegar la existencia de incumplimiento contractual sin necesidad de probar la negligencia del profesional al ejecutar la prestación[125].

Imaginemos que un cliente acude a la consulta de un cirujano plástico con el fin de obtener un determinado objetivo o resultado que pone de manifiesto ante el profesional (*v. gr.*, corrección de cicatrices, aumento o disminución de mamas, subsanación de alopecia) y aquel no le advierte de que la consecución del mismo no solo depende del éxito de la operación, sino también de otros factores exógenos, o no le explica los riesgos inherentes a estas intervenciones o tratamientos estéticos. En este contexto, si finalmente se produjera un resultado insatisfactorio (por ejemplo, un empeoramiento estético debido al fracaso

---

122. Crespo Mora, *Indret*, 2013, pp. 23 y ss. y Santos Morón, *Indret*, 2018, pp. 24 y ss. (según pdf).

123. De Verda y Beamonte, *RdPat*, 2015, p. 6 (según pdf) alcanza la misma conclusión, aunque a través de un argumento diferente. De acuerdo con el autor, en este supuesto estaríamos ante una obligación de resultado, porque los propósitos prácticos comunes a ambos contratantes o de uno de ellos (el acreedor) conocidos o debidos conocer por el otro (el deudor) en el momento de la celebración del contrato fueron incorporados tácitamente a la causa.

124. Apoya esta idea Santos Morón, *Indret*, 2018, pp. 15 y ss. (también en *ADC*, 2017, pp. 133 y ss.).

125. Santos Morón, *Indret*, 2018, p. 39 (según pdf).

de la intervención[126]), la responsabilidad del profesional derivará del incumplimiento de una obligación de medios que se transformó en una de resultado, porque la falta de advertencia generó en el cliente la creencia fundada de que se le estaba garantizando el resultado (es decir, aquella falta de advertencia fue interpretada por el cliente como una garantía implícita de éxito)[127]. Ello es debido a que el incumplimiento de los deberes de información por parte del profesional lleva a la creación de expectativas equivocadas en el cliente o, en palabras del Marco Común de Referencia, a transformar un resultado *a priori* aleatorio en otro razonablemente previsible para aquel[128].

En definitiva, lo que late aquí es la idea de asunción del riesgo. El deudor responde porque ha terminado asumiendo el riesgo del contrato. Es cierto, por ejemplo, que la evolución de un paciente que se somete a una operación estética

126. Esto fue lo que sucedió en el caso resuelto por la sentencia del Tribunal Supremo de 3 de febrero de 2015 (RJ 2015, 641), sobre una operación mamaria que no eliminó la asimetría mamaria ni la caída previamente existente. Debido a ello, la paciente fue sometida a una segunda intervención, pero los implantes que se utilizaron en esta segunda intervención eran defectuosos, por lo que hubo de someterse a una tercera para extraerlos. El Tribunal Supremo, tras reconocer que el médico asume una obligación de medios, terminó condenándolo porque «lo cierto es que también imputa al facultativo falta de información», aunque la resolución no especifica qué información omitió. De ahí que, al analizar esta resolución, Santos Morón, *Indret*, 2018, p. 14 deduzca que, como el deber de información recae como regla sobre los riesgos propios de la intervención y en este caso el riesgo era que no se llegara a eliminar la asimetría (esto es, que la intervención fracasara, que no se alcanzara el resultado perseguido), la actora «podía legítimamente entender que se le estaba garantizando el éxito de la misma».

127. Galán Cortés, *AJA*, 2006, apartado 1 (recurso digital sin paginación), Santos Morón, *Indret*, 2018, pp. 27 y 31-32 (según pdf) y Elizari Urtasun, 2021, p. 307. Según esta última autora, que se refiere al ámbito médico, lo que sucede en muchos casos es que el médico «provoca en el paciente la representación errónea de que el resultado de la intervención es seguro, cierto» y en esa creencia acepta el paciente someterse a la intervención.
Más contundente resulta Díaz Martínez, *DOCTRINAL ARANZADI*, 2011, p. 6 (según pdf). Señala la autora, en relación con las expectativas del cliente que pudieran no ser razonables: «si en lugar de limitarlas o reducirlas a su justo término, se incentivaron sus esperanzas en un resultado del tratamiento que no podría alcanzarse, bien con afirmaciones en esa dirección, bien incluso con silencios significativos, podría llegar a entenderse que formaba parte del contenido del contrato la consecución de aquel y, por tanto, de no obtenerse finalmente se habría producido incumplimiento generador de responsabilidad contractual».

128. Por ejemplo, la sentencia del Tribunal Supremo de 26 de abril de 2007 (RJ 2007, 3176) resuelve un caso en el que el perjudicado se sometió a una operación para corregir una curvación congénita del pene, que no se subsanó a través de la operación quirúrgica practicada. En el presente supuesto, pese a reconocerse el componente aleatorio de toda intervención médica, el tribunal dedujo la existencia de una obligación de resultado de «las expectativas y seguridades de éxito que el cirujano hubo de ofrecer al cliente (más propio que paciente), como es usual y lógico que tenga lugar en este tipo de intervenciones dentro del campo de la medicina voluntaria». Añade además que el facultativo no advirtió al paciente «de la posibilidad de que no se obtuviera el resultado perseguido, es decir, la desaparición de la incurvación». Como concluye Santos Morón, *Indret*, 2018, p. 38 (según pdf), en este caso, «el aseguramiento del resultado por parte del demandado fue consecuencia de la ausencia de información sobre la posibilidad de la no obtención del objetivo pretendido por el paciente».

depende de circunstancias ajenas al deudor (es decir, se trata de circunstancias no incardinarles en su ámbito de control). Pero, pese a ello, la falta de suministro de una información adecuada[129] implicará la asunción del riesgo de no consecución del resultado pues, de acuerdo con las circunstancias concurrentes, pasó a ser un resultado previsible para el acreedor.

La consecuencia lógica en tal situación es que, en caso de resultado insatisfactorio derivado de una defectuosa información, este médico que ha incumplido el contrato no cobre (o, en su caso, devuelva la remuneración ya abonada)[130] y, además, haya de enfrentarse a una demanda de responsabilidad civil por los daños ocasionados al cliente, paciente o receptor del servicio, a menos que demuestre que la falta de obtención del resultado esperado se debió a un hecho imprevisible e inevitable, ajeno a su ámbito de control[131]. Llegados a este punto, lo complejo será determinar qué daños han de ser resarcidos en tales circunstancias, aunque el análisis de esta cuestión específica (a la que aludiremos en otro lugar del presente trabajo) excede con mucho la perspectiva panorámica del presente estudio.

Por el contrario, cuando se trate de un resultado aleatorio que no se comprometió expresa ni tácitamente, una vez correctamente cumplidos los deberes de advertencia y de información, el cliente ya no podrá prever razonablemente su cumplimiento y su no consecución no desencadenará la responsabilidad del profesional (salvo, claro está, que su actuación no sea conforme a la *lex artis ad hoc*)[132]. Si el cliente es informado adecuadamente de los posibles riesgos y acepta la intervención, deberá entenderse que los asume y, por consiguiente, nada podrá reclamar al profesional que le haya asistido si tales riesgos llegaran a materializarse.

129. Así las cosas, las dificultades surgen a la hora de decidir los requisitos que ha de reunir la información del profesional, para que pueda ser calificada como adecuada.

130. Santos Morón, *Indret*, 2018, pp. 44 y ss. (según pdf). Argumenta la autora que, en estos casos, la insatisfacción del acreedor será total, no obteniendo ningún provecho de la prestación ejecutada (*v. gr.*, prestaciones médicas que no logran el resultado esperado). Por ello, la resolución carecerá de efectos restitutorios recíprocos y tendrá plenos efectos liberatorios para el acreedor.

131. Para conocer las acciones que el cliente insatisfecho podrá articular sobre la base del incumplimiento del contrato de servicios véase Santos Morón, *Indret*, 2018, pp.42 y ss. (según pdf).

132. Santos Morón, *ADC*, 2017, p. 132.

III

Problemas especiales en sede de relación de causalidad

SUMARIO: A. INTRODUCCIÓN. B. PROBLEMAS CAUSALES EN LOS SUPUESTOS DE ERROR EN EL DIAGNÓSTICO. C. LA SOLIDARIDAD IMPROPIA EN EL ÁMBITO DE LA RESPONSABILIDAD PROFESIONAL. D. EL PRINCIPIO DE CONFIANZA APLICADO AL TRABAJO EN EQUIPO.

A. INTRODUCCIÓN

Para que exista responsabilidad civil (contractual o extracontractual, subjetiva u objetiva), se requiere la concurrencia de la relación de causalidad entre la acción u omisión (el incumplimiento contractual o cumplimiento defectuoso, en el caso de la responsabilidad contractual) y el daño. Como ha señalado la doctrina, la presencia de este requisito debe analizarse antes de aplicar los títulos de imputación de la culpa o el riesgo[1]. Las reglas de la relación de causalidad funcionan a modo de barrera de contención de la responsabilidad, pues permiten delimitar la extensión de los daños resarcibles dentro del encadenamiento infinito de causas[2].

El punto de partida para hablar de causalidad tanto en la responsabilidad contractual como en la extracontractual es el mismo: en ambas hay que diferenciar dos planos, el de la causalidad fáctica y el de la causalidad jurídica o imputación objetiva[3]. Para que podamos afirmar que un daño ha sido causado por un evento es necesario verificar primero la preexistencia de una relación fáctica (aplicando la regla de la *conditio sine qua non*[4]) entre aquel y el daño. Comprobado lo anterior, el siguiente paso consistirá en seleccionar, entre todos los perjuicios probados y enlazados causalmente con la acción negligente o la

1. Así lo indican Díez-Picazo, 2000, p. 25, Pérez Conesa, 2022, p. 756 y Álvarez Olalla, 2022, p. 128.
2. Peña López, 2021, apartado 2.3 (recurso digital sin paginación).
3. Díez-Picazo Giménez y Arana de la Fuente, 2009, p. 31.
4. Díez-Picazo Giménez y Arana de la Fuente, 2009, p. 31.

omisión, aquellos finalmente indemnizables, lo que nos obliga a introducirnos en el farragoso terreno de la denominada imputación objetiva[5], teoría elaborada para limitar los excesos a los que conduce la causalidad natural o empírica.

Los criterios de imputación objetiva (cuestión jurídica susceptible de ser revisada en casación) entran en juego cuando ya se ha establecido la causalidad fáctica. Su aplicación parte de la presuposición de que el criterio de la causalidad natural es demasiado amplio para atribuir responsabilidad civil, ya que con frecuencia concurren diversos eventos respecto de los que se puede pronosticar que, de no haber acontecido, el daño no se habría producido. Pero no todos ellos son relevantes para el Derecho: de ahí que resulte ineludible discriminar o seleccionar entre esas múltiples causas, a fin de determinar si se puede imputar objetiva o causalmente el daño o si, por el contrario, existe alguna circunstancia que libere de responsabilidad al demandado (pese a ser su conducta una de las que intervinieron materialmente en la causación del daño)[6]. De esta forma, solo resultarán indemnizables aquellos perjuicios en los que se cumplan las exigencias jurídicas de imputación objetiva al agente dañante y se excluirán todas aquellas conductas que, jurídicamente, no puedan considerarse causa del daño.

Los criterios más importantes de imputación objetiva importados del Derecho penal y que fueron diseñados originariamente para la responsabilidad extracontractual (que en su mayoría funcionan como criterios de exclusión de la imputación objetiva) han sido trasladados por la doctrina, con las debidas adaptaciones, al ámbito de la responsabilidad contractual[7], como sucede, por ejemplo, con el denominado criterio de fin de protección del contrato[8], que no es más que una adaptación en el campo contractual del fin de protección de la norma violada propio de la responsabilidad aquiliana.

---

5. Martín-Casals, 2020, p. 220 atribuye al profesor Pantaleón Prieto el mérito de trasplantar a nuestro Derecho la tradición anglo-germánica del análisis de la causalidad en las dos fases mencionadas.
Sin embargo, en los últimos tiempos ha surgido una corriente doctrinal que cuestiona la operatividad de los criterios de imputación objetiva y rechaza su utilidad, por considerar que la mayor parte de estos criterios son versiones procedentes del concepto clásico de culpa. Para estos autores, pues, la aplicación en estos casos de los criterios de imputación objetiva provoca una duplicidad de juicios normativos. En este sentido, Medina Alcoz, 2007, pp. 39-44 y 254-259, Díez Soto, 2013, pp. 12963 y 12984, Álvarez Olalla, 2021, p. 72 (también en 2022, pp. 163 y ss.) y Pérez Conesa, 2022, p. 765.
Basozábal Arrúe, *ADC*, 2012, pp. 1361-1366 no comparte la tesis anterior. De igual forma, a Gregoraci Fernández, *ADC*, 2020, p. 809, le sorprende «el empeño en criticar esta teoría» (se refiere a la teoría de la imputación objetiva).
6. Como destaca Gregoraci Fernández, *ADC*, 2020, p. 809, «la teoría de la imputación objetiva busca limitar la virtualidad expansiva de la causalidad fáctica».
7. Aplican los criterios de imputación objetiva (apuntados, en un principio, en el campo de la responsabilidad extracontractual) a la responsabilidad contractual, entre otros, Pantaleón prieto, *ADC,* 1991, pp. 1036-1037 y De Ángel Yágüez, 1993, p. 58.
8. Expresión acuñada en nuestra doctrina por Morales Moreno. Sobre el funcionamiento del contrato como criterio decisivo de imputación de los daños, véase Morales Moreno, 2010.

B. PROBLEMAS CAUSALES EN LOS SUPUESTOS DE ERROR EN EL DIAGNÓSTICO

Tras la brevísima introducción anterior, a continuación, al igual que en el resto del trabajo, trataremos de identificar aquellos problemas relativos a ambos planos de la relación de causalidad que se plantean con mayor frecuencia en el campo de actuación de los profesionales liberales.

Por una parte, hay que reconocer que la actuación u omisión dañosa de ciertos profesionales no plantea problemas específicos en esta sede, más allá de las habituales dificultades probatorias a las que se ha de enfrentar el perjudicado para acreditar el nexo causal (presupuesto de la responsabilidad civil de difícil prueba[9]). Ello sucede, por ejemplo, con los abogados y procuradores, supuestos que no suscitan problemas particulares en relación con el nexo causal[10], salvo que, como lo hace cierto sector doctrinal, contemplemos la pérdida de la oportunidad no como un daño específico y autónomo, sino como una técnica que soluciona un problema de incertidumbre causal[11] (perspectiva «etiológica» o «enfoque anglosajón», por provenir de los sistemas que pertenecen al *Common Law*[12]).

9. Serra Rodríguez, 2001, p. 180, Crespo Mora, 2005, pp. 43 y 44 y Solé Feliú, *RDC*, 2018, p. 56.
10. Como ya he señalado con anterioridad (Crespo Mora, 2005, pp. 379-380), en los supuestos de responsabilidad civil de los abogados la relación de causalidad no plantea problemas diferentes a los de cualquier otro supuesto de responsabilidad civil, pues, al igual que un amplio sector doctrinal, soy partidaria de una concepción ontológica de la pérdida de la oportunidad procesal (para conocer los autores que defienden una concepción ontológica de la pérdida de la oportunidad véase, en este trabajo, la nota al pie número 331). Ello explica que este elemento de la responsabilidad no haya sido objeto de especial atención por parte de la doctrina especializada, como constata Mate Satué, 2021, pp. 415-416.
11. Contemplan la pérdida de la oportunidad desde esta perspectiva Medina Alcoz, 2007, p. 88, Berrocal Lanzarot, *REML*, 2011, pp. 31 y 36, Díez Soto, 2013, p. 129998, Arcos Viera, 2016, p. 50, González Carrasco, *CJJC*, 2018, apartados 1 y 2 (recurso digital sin paginación), Navarro Simón, *ADIBE*, 2018, p. 318, Solé Feliú, *RDC*, 2018, p. 60, Díaz Martínez, 2021, p. 88, Egusquiza Balmaseda, 2021, p. 260, Gil Membrado, 2021, pp. 1062 y 1078 y ss., Mate Satué, 2021, pp. 230 y 417, Pérez Vallejo, 2021, p. 1137 y Álvarez Olalla, 2022, p. 161.
A favor de esta concepción en el ámbito de la responsabilidad médico-sanitaria véase las sentencias del Tribunal Supremo de 16 de enero de 2012 (RJ 2012, 1784) y de 19 de febrero de 2019 (RJ 2019, 613): «esta teoría se ubica en el ámbito de la causalidad material o física».
Por el contrario, no consideran la pérdida de la oportunidad como una cuestión de causalidad probabilística sino como un problema de daño, entre otras, las sentencias del Tribunal Supremo de 26 de junio de 2008 (RJ 2008, 6525) (Sala Tercera) y 7 de julio de 2008 (RJ 2008, 6872) (Sala Tercera).
En los supuestos de responsabilidad civil de abogados (pérdida de oportunidad procesal), la perspectiva etiológica hasta el momento solo ha sido acogida por la sentencia del Tribunal Supremo de 22 de enero de 2020 (RJ 2020, 61) y por diversas sentencias emanadas de Audiencias Provinciales que la citan.
12. Oyarzún Vargas, *RJUAM*, 2021, p. 124.

Sin embargo, hasta la fecha, la mayoría de autores que hemos analizado la naturaleza jurídica de la pérdida de la oportunidad en el ámbito de actuación de los letrados (el ejemplo prototípico de pérdida de oportunidad) así como la jurisprudencia mayoritaria (la excepción la constituye la sentencia del Tribunal Supremo de 22 de enero de 2020 [RJ 2020, 61], que será analizada con detalle en el próximo capítulo) defendemos lo que el profesor Luis Medina ha bautizado como la «teoría ontológica» [13], es decir, que la pérdida de oportunidad procesal es un daño autónomo e indemnizable en sí mismo (o mejor dicho, que puede constituir un daño indemnizable si reúne ciertos requisitos que garanticen su certeza) y no una ficción jurídica que ayude a resolver las dificultades que, según este sector doctrinal, suscita la constatación del nexo de causalidad.

Por ello, en coherencia con el planteamiento que defiendo, analizaré la pérdida de la oportunidad procesal en el siguiente apartado, dedicado al daño, aunque admitiendo que tal vez el problema de la pérdida de oportunidad se plantee en términos distintos en el campo de la responsabilidad médica [14] (el otro sector de actuación profesional en el que se ha llegado a admitir jurisprudencialmente la indemnizabilidad de la *chance*).

Aunque siempre se han expuesto los dos enfoques en torno a la pérdida de la oportunidad en términos de exclusión y predominio de uno sobre otro [15], cierto sector doctrinal, huyendo de planteamientos dogmáticos unívocos, está comenzando a considerar viable la coexistencia de ambos, haciendo depender del caso concreto (pérdida de oportunidad procesal, pérdida de oportunidad de curación

13. *Vid.* Medina Alcoz, 2007, p. 349.

14. Martín-Casals, 2020, p. 253, aunque parece admitir que los supuestos de pérdida de oportunidad procesal han de enforcarse como un problema de daño, reconoce, no obstante, que la pérdida de la oportunidad en el ámbito médico es un problema de relación de causalidad. En el mismo sentido, sostiene Oyarzún Vargas, *RJUAM*, 2021, p 143 que la perspectiva desde la que se analice la cuestión de la perdida de la oportunidad ha de ser diferente en el caso de los médicos y los abogados, debido a las innegables diferencias existentes entre la relación médico-paciente en comparación a la del abogado-cliente. Ello justifica, en palabras del autor, «un tratamiento diverso en cuanto a las oportunidades perdidas se refiere». Recientemente, Santos Morón, 2024, *Indret*, apartado 1.2. reitera la diferente consideración que ha de recibir la pérdida de oportunidad procesal (se muestra favorable a su consideración como daño autónomo) y la pérdida de oportunidad de curación o supervivencia (en este caso, según la autora, la teoría de la pérdida de la oportunidad permite solucionar la situación de incertidumbre causal).

15. No faltan tampoco los autores que combinan y mezclan ambas perspectivas respecto al mismo caso (responsabilidad médico-sanitaria). En este sentido, véase Pérez Vallejo, 2021, pp. 1137, 1139 y 1161 (también en *Práctica Derecho de daños*, 2012, apartado II.2.c), que considera la pérdida de oportunidad de curación o supervivencia tanto un «nuevo tipo de daño, distinto del daño final acaecido», como un mecanismo para resolver la incertidumbre en la relación de casualidad.
Esta parece ser también la perspectiva de la que parte Luna Yerga, 2005, *Indret*, pp. 3 y ss. (según pdf), pues, pese a reconocer que la pérdida de la oportunidad ha de entenderse como una técnica causal, afirma también que el médico priva al cliente de determinadas expectativas de supervivencia o curación y no del daño final.

o supervivencia) la prevalencia de uno o de otro[16]. En mi opinión, esta es la respuesta más adecuada habida cuenta la gran heterogeneidad de supuestos, situaciones y problemas que suscita la práctica, lo que quizás haga aconsejable que la solución no sea la misma para todos los casos.

En efecto, considero que la diversa configuración del potencial resultado que ha sido definitivamente frustrado debido a la negligencia profesional (alcanzar un beneficio o evitar un perjuicio) ha de influir en el tratamiento jurídico que ha de aplicarse a las oportunidades perdidas. Así las cosas, probablemente no haya de ser tratada de igual forma la frustración de la posibilidad de obtener un resultado favorable (una sentencia estimatoria de las pretensiones del cliente, como sucede en los supuestos de responsabilidad civil de abogados[17]), que la privación de la posibilidad de evitar un resultado desfavorable (el fallecimiento del paciente o que se agrave su estado de salud, como ocurre en los casos de error de diagnóstico)[18]. En el primer caso la incertidumbre procede del carácter hipotético o incierto de la ventaja frustrada, mientras que en el segundo concurre un daño final cierto y lo que suscita dudas es la determinación de si tal daño se debe a la negligencia médica o al curso natural de la enfermedad padecida por el paciente.

En el supuesto concreto de error de diagnóstico –el diagnóstico incorrecto de la enfermedad que padece el paciente o el diagnóstico de una enfermedad inexistente en el paciente– o de diagnóstico tardío –el diagnóstico omitido de la enfermedad que presenta el paciente– (supuestos a los que la mejor doctrina

En mi opinión, si la pérdida de la oportunidad es considerada como daño autónomo e independiente del daño final, desaparecen los problemas de verificación del nexo causal. Es decir, a mi juicio, no es posible compatibilizar ambas perspectivas respecto a un mismo tipo de supuesto; si sostenemos que la pérdida de oportunidad procesal constituye un daño específico y autónomo en sí mismo considerado, no podemos decir, a la vez, que la referida técnica sirve para solucionar en este concreto caso un problema de incertidumbre causal, porque cuando la pérdida de la oportunidad pasa a ser considerada un daño autónomo los problemas relativos al nexo causal se desvanecen.

16. Oyarzún Vargas, *RJUAM*, 2021, pp. 138 y ss.

17. Martín-Casals, 2020, p. 252 enumera otros ejemplos en los que, de igual forma, la negligencia interrumpe un proceso dirigido potencialmente a la obtención de un resultado favorable hipotético: la destrucción de un billete de lotería o impedir a alguien participar en un concurso, sea para aspirar a un trabajo o para optar a un premio. Viene a admitir, además, que, en los supuestos clásicos de pérdida de oportunidad reconocidos por la mayoría de los ordenamientos jurídicos, como la destrucción del famoso billete de lotería o la pérdida de la oportunidad procesal, la pérdida de la oportunidad constituye un daño (pp. 255 y 257).

18. Coberos Mendazona, *RVAP*, 2013, p. 74 ha apuntado igualmente la diferencia señalada en el texto, añadiendo que, en el primer caso (la frustración de obtener una ventaja) el daño es la pura pérdida de la oportunidad, mientras que en el segundo (cuando se haya perdido la oportunidad de evitar un daño) constituye fundamentalmente una construcción destinada a facilitar la prueba del nexo causal. En idéntico sentido véase Santos Morón, 2024, *Indret*, apartado 1.2.

restringe la posible aplicación de esta teoría en el campo de la medicina[19]), cuando el diagnóstico negligentemente incorrecto o tardío prive al paciente del tratamiento adecuado a su dolencia (por la aplicación de una terapia incorrecta o la estimación de que no se necesita terapia alguna) y este fallezca, no podemos negar que se ha producido un daño cierto[20] que incide directamente sobre sus opciones vitales: el paciente estaba vivo y ya no lo está (o sigue vivo pero con secuelas que podían haberse evitado)[21].

Hay que advertir que el mero error de diagnóstico no siempre merecerá una respuesta indemnizatoria[22], dado que es posible que varias enfermedades compartan una misma sintomatología. Para que desencadene responsabilidad civil el diagnóstico que no acierta en la detección de la enfermedad que realmente padece el paciente o que se emite con mucho retraso será necesario que tal error o retraso resulte imputable subjetivamente al profesional, esto es, que obedezcan a una omisión de la diligencia exigible como consecuencia de la no realización de las pruebas necesarias para llevarlo a cabo correctamente.

Así lo admitió la sentencia del Tribunal Supremo de 23 de septiembre de 2004 (RJ 2004, 5890): «realizadas todas las comprobaciones necesarias, solo el diagnóstico que presente un error de notoria gravedad o unas conclusiones absolutamente erróneas puede servir de base para declarar su responsabilidad, al igual que en el supuesto de que no se hubieran practicado todas las comprobaciones o exámenes exigidos o exigibles». Véase, en el mismo sentido, las sentencias del Tribunal Supremo de 19 de febrero de 2007 (RJ 2007, 7309) y 18 de febrero de 2015 (RJ 2015, 340). La sentencia del Tribunal Supremo de 22 de mayo de 2007 (RJ 2007, 4620), por su parte, habla de «errores inexcusables y vencibles de diagnóstico y en consecuencia un tratamiento inadecuado».

Ello sucedió, por ejemplo, con el supuesto resuelto por la sentencia del Tribunal Supremo de 2 de enero de 2012 (RJ 2012, 2) (Sala Tercera). En este caso, el Tribunal declaró la responsabilidad patrimonial de la Administración por la emisión de un diagnóstico erróneo (diagnóstico renal), que no fue contrastado pese a no mejorar la salud del paciente, que finalmente falleció como consecuencia de un carcinoma epidorme. De igual forma, en el caso resuelto por la sentencia del

19. Entre otros, Luna Yerga, 2005, *Indret*, p. 2 (según pdf), Cobreros Mendazona, *RVAP*, 2013, p. 90, Macía Morillo, 2020, p. 572, Egusquiza Balmaseda, 2021, pp. 261 y 271, Asua González, 2021, p.449, Mate Satué, 2021, p. 378, Oyarzún Vargas, *RJUAM*, 2021, pp. 132 y ss. y p. 142 y Gil Membrado, 2021, pp. 1070 y ss.

20. Santos Morón, 2024, *Indret*, apartado 1.2 coincide en afirmar que el daño producido en estos supuestos es cierto y que lo incierto es en qué medida la negligencia médica ha contribuido a causarlo.

21. Para los defensores de una perspectiva ontológica de la pérdida de la oportunidad, en este supuesto el daño ocasionado al paciente es la pérdida de la oportunidad de curación o terapéutica. Como admite Macía Morillo, 2020, pp. 572, 587 y 593, en estos casos, el beneficio esperado, aunque incierto (la curación en el ámbito médico nunca está garantizada), no depende de una decisión del paciente (como sucede en los casos de falta de consentimiento informado), sino de los procesos biológicos que se desencadenan a raíz de la terapia que el médico omite o la que aplica incorrectamente.

22. Santos Morón, 2024, *Indret*, apartados 2.1 y 2.2.

Tribunal Supremo de 3 de diciembre de 2012 (RJ 2013, 582) (Sala Tercera) la paciente fue diagnosticada de tromboembolismo pulmonar, tras descartarse un proceso tumoral torácico o abdominal. Con posterioridad al alta, fue atendida varias veces en el hospital, hasta que, finalmente, falleció después de sufrir una parada cardiorrespiratoria. Tras practicarle una prueba específica urgente se evidenció la presencia de una carcinomatosis peritoneal.

Ahora bien, debido a la condición enferma del paciente, que precede al diagnóstico, resulta imposible asegurar desde un punto de vista fáctico que la emisión negligente de ese diagnóstico erróneo haya sido la *conditio sine qua non* de ese daño final o desenlace fatal (el fallecimiento o empeoramiento de la salud). Es decir, no se puede asegurar que, suprimiendo mentalmente el error o retraso en el diagnóstico, se habría evitado la muerte del paciente, pues no hemos de olvidar que aquel ya estaba enfermo cuando acudió al facultativo. En tales circunstancias, el problema de relación de causalidad ha de subsumirse bajo el concepto de los «cursos causales no verificables», lo que permitiría al médico alegar que no es seguro que con otro diagnóstico se hubiera evitado el daño final.

Diferente sería la solución si se hubiera emitido un diagnóstico erróneo respecto a un paciente sano, pues en tal caso el paciente podría haber recibido un tratamiento innecesario en perjuicio de su estado de salud (*v. gr.*, se diagnostica erróneamente un cáncer a quien no lo padece, a este sujeto se le aplica quimioterapia que desencadena la consecuente bajada de defensas y el paciente sano originariamente termina falleciendo por un resfriado común). En tales circunstancias, considero que el diagnóstico erróneo sí constituye la *condictio sine qua non* del fatídico final. Algo parecido sucedió precisamente en el caso resuelto por la sentencia de la Audiencia Provincial de Barcelona, Sección 14.ª, de 3 de julio de 2014 (AC 2014, 1552), que valoró la pérdida de una trompa de Falopio como consecuencia de una intervención innecesaria, derivada de un falso embarazo ectópico (mal diagnosticado como tal). Sin embargo, en el presente caso no se llegó a indemnizar el daño final (pérdida de fertilidad), porque se tomó en consideración que la víctima ya se venía sometiendo a un tratamiento de reproducción asistida para ser madre, tras seis años de esterilidad secundaria. Tomando como referencia el baremo, se indemnizó por analogía el daño como pérdida de un ovario, por falta de previsión legal sobre la trompa.

En este contexto de incertidumbre, conforme al criterio del «todo o nada»[23] (según el cual, si se supera el estándar probatorio del nexo causal se obtendrá la reparación integral del daño, pero, de no alcanzarse, no se logrará la más mínima indemnización) defendido por nuestros tribunales a la hora de

23. Utilizan esta expresión al abordar la acreditación de la relación de causalidad Luna Yerga, 2005, *Indret*, p. 2 (según pdf), Medina Alcoz, 2007, p. 322, Díez Soto, 2013, p. 12984, Navarro Simón, *ADIBE*, 2018, p. 318 y Peña López, 2021, apartado 2.3 (recurso digital sin paginación). Como señala Medina Alcoz, en la denominada teoría del todo o nada, «se parte de que, en la realidad objetiva, la causalidad es o no es, por lo que, en el Derecho, solo cabe afirmarla o negarla enteramente» (p. 325). La principal consecuencia de esta teoría es que, como señala Luna Yerga, 2005, *Indret*, p. 2 (según pdf), bien no existe relación de causalidad «o, si concurre, la responsabilidad iguala los totales perjuicios sufridos por la víctima».

valorar la concurrencia del nexo causal –que, además, ubican el umbral de la certeza probatoria por encima del 80% para entender acreditada sin ningún género de duda la causalidad física[24]–, en este tipo de supuestos al ser el nexo causal probable pero no indubitado, no existirá relación de causalidad y, consecuentemente, habrá de rechazarse el resarcimiento[25], pese a demostrarse plenamente tanto el daño (el fallecimiento o empeoramiento de la salud), como la actuación profesional contraria a la *lex artis*.

Por tanto, el criterio del todo o nada hace recaer por entero sobre la víctima el peso de la incertidumbre que suscitan este tipo de casos. Ello es debido a que las reglas generales sobre la carga de la prueba imponen al demandante la prueba del nexo causal (causalidad física), «de modo que es este quien soporta las dificultades de prueba derivadas de cursos causales inciertos»[26].

Pero la imposibilidad en determinadas circunstancias de acreditar la relación causal «no elimina la sospecha de que estuvo presente en el mundo real» y «a veces hiere la sensibilidad justicial que la víctima quede sin reparación por la incapacidad de averiguar lo que habría sucedido realmente, de no haber mediado el hecho ilícito»[27]. De ahí que en estos casos se recurra a esta técnica, por ser más equitativa, ya que, en última instancia, permite distribuir el peso de la incertidumbre entre las dos partes implicadas.

A la vista del claro perjuicio que implica para la víctima la solución derivada del criterio del todo o nada, los partidarios de la tesis etiológica (que rechazan que la pérdida de la oportunidad constituya un daño en sí mismo, por considerar que esta técnica solo ha de utilizarse en el plano de la relación de causalidad), acuden a su auxilio para superar los rígidos y exigentes estándares probatorios del nexo causal imperantes en nuestro sistema[28].

---

24. Medina Alcoz, 2007, p. 329, Díez Soto, 2013, p. 12983, Solé Feliú, *RDC*, 2018, p. 59 (que incluye nuestro sistema entre los modelos «de elevada convicción judicial») y Santos Morón, 2024, *Indret*, apartado 2.1. El umbral de la certeza podría situarse incluso por encima de ese porcentaje; así lo reconoció la sentencia del Tribunal Supremo de 19 de febrero de 2019 (RJ 2019, 613), al afirmar que la certeza del daño real queda reservada «para la certeza absoluta de la causa». En relación con esta cuestión, Martín-Casals, 2020, p. 235 recuerda que la exigencia de este estándar más alto es propia de los sistemas continentales, en donde el juez debe estar convencido más allá de toda duda razonable.
25. En tales circunstancias, Cobreros Mendazona, *RVAP*, 2013, p. 89 afirma: «La respuesta "clásica" habría tenido que ser, en estos casos, la de la denegación de la indemnización por insuficiencia probatoria del nexo causal».
26. Solé Feliú, *RDC*, 2018, p. 90.
27. Medina Alcoz, 2007, pp. 82 y 241. Cobreros Mendazona, *RVAP*, 2013, p. 75 señala igualmente que esta solución derivada de la exigencia de una prueba estricta del nexo causal genera «una extendida y constatable sensación de cierre en falso o de injusticia y de impunidad».
28. Como admite Medina Alcoz, 2007, pp. 79-80, la pérdida de la oportunidad constituye una técnica que persigue evitar que la dificultad de probar la causalidad en determinados sectores «conduzca a la completa exoneración de quien, con su actuación, pudo provocar el daño».

Ello explica que en aquellos sistemas jurídicos en los que el umbral de la certeza del nexo causal no sea tan exigente (*v. gr.*, los que utilizan la regla del *more likely than not*), esta técnica no desempeñe un papel tan destacado como en nuestro ordenamiento[29], en el que, en opinión de González Carrasco, «sin llegar a las cotas de certeza exigidas por el proceso penal, el juicio de causalidad requiere una suficiencia cualificada que dejaría sin indemnización supuestos de duda que no alcanzasen el nivel de certidumbre exigido»[30].

Así las cosas, según los defensores de este enfoque, cuando a través de diversos métodos (el método más fiable en el campo de la medicina probablemente sea el cálculo estadístico sobre el pronóstico y las probabilidades de evolución conocidas de la enfermedad en cuestión reflejado en el correspondiente informe médico-forense[31]) se logre probar la seriedad y certeza de la oportunidad perdida (en mi opinión, cuando pueda acreditarse que, de haberse seguido un tratamiento adecuado, era «*more probable that non*» que el paciente hubiera sobrevivido[32], es decir, cuando la oportunidad supere un grado de probabilidad de acaecimiento del 50%), podrá verificarse el nexo de causalidad entre el daño final (la muerte del paciente) y el diagnóstico erróneo o tardío del facultativo.

29. De hecho, apuntan Oliva Blázquez, 2022, p. 308 y Santos Morón, 2024, *Indret*, apartado 1.2, que en el derecho inglés no se aplica esta doctrina a los supuestos de error en el diagnóstico dentro del ámbito de la negligencia médica.

30. González Carrasco, *CJJC*, 2018, apartado 2.1 (recurso digital sin paginación).

31. Moreo Ariza, *Indret*, 2007, p. 19 (según pdf), Cobreros Mendazona, *RVAP*, 2013, p. 90 y Santos Morón, 2024, *Indret*, apartado 2.1. Por el contrario, Oyarzún Vargas, *RJUAM*, 2021, p. 137, considera que, en este ámbito, no se debe otorgar un valor absoluto a la estadística, pues han de tenerse en cuenta otros parámetros (estado de salud de la víctima, edad, antecedentes familiares, etc.).
Pese a que algún autor ha propuesto la utilización del método estadístico para cuantificar oportunidades procesales (*vid.* Serra Rodríguez, 2001, pp. 242 y ss.; también en *J&D*, 2019, p. 95), en este ámbito el recurso al método estadístico es excepcional, sin que nos conste que haya sido aplicado por ninguna sentencia del Tribunal Supremo.
Por el contrario, se decanta por este método para calcular el porcentaje de probabilidad la «jurisprudencia menor»: *v. gr.*, las sentencias de la Audiencia Provincial de Castellón, Sección 1.ª, de 2 de septiembre de 1998 (AC 1998, 6511), de la Audiencia Provincial de Valencia, Sección 6.ª, de 12 de diciembre de 2001 (JUR 2002, 70087) y de la Audiencia Provincial de Castellón, Sección 3.ª, de 12 de febrero de 2008 (JUR 2008, 192231). Según estas resoluciones, para concretar el *quantum* de la oportunidad procesal perdida, el tribunal puede comprobar «la suerte que hayan corrido similares peticiones que, no fallando los profesionales jurídicos, hayan llegado a término». A mi juicio, las posibilidades del método estadístico en este campo son muy limitadas, debido a la dificultad que implica encontrar supuestos de hecho idénticos y cualquier variación de los hechos entre dos casos, por mínima que sea, puede dar lugar a consecuencias jurídicas distintas. De igual forma, Moreo Ariza, *Indret*, 2007, pp. 16 y 19 (según pdf) considera que el método estadístico resulta menos adecuado que el juicio dentro del juicio.
Sin embargo, como apunta Mate Satué, 2021, p. 192, es probable que en un futuro cercano este método llegue a alcanzar una mayor virtualidad gracias a las herramientas de inteligencia artificial de análisis predictivos.

32. Serra Rodríguez, 2001, p. 246 y Medina Alcoz, 2020, pp. 982 y 984.

Así pues, en el marco del error en el diagnóstico, la teoría de la que tratamos permite el reconocimiento de una indemnización cuando se pruebe que la negligencia profesional ha impedido una posibilidad sería de haber evitado el daño (este sí que ha de ser debidamente probado). Por el contrario, si no se prueba la existencia de una oportunidad sería y real de sobrevivir (cuando, lejos de contrastarse la oportunidad de acuerdo con las reglas de la experiencia, el porcentaje de acaecimiento se base en meras elucubraciones hipotéticas), se considerará que la muerte del paciente la provocó la enfermedad[33], por lo que el profesional resultará exonerado de la obligación de indemnizar.

En última instancia, la utilización de la pérdida de la oportunidad para solucionar los problemas de incertidumbre causal que plantean estos supuestos implica, indirecta pero necesariamente, rebajar el rígido listón que nuestro Tribunal Supremo exige para entender acreditado el nexo causal. Debido al evidente peligro aparejado a la extensión de esta solución, se impone una utilización excepcional y rigurosa de esta técnica.

Si la pérdida de la oportunidad, según este enfoque, sirve para solucionar el problema de incertidumbre causal entre el error de diagnóstico y el daño final (muerte del paciente) –cuando concurra una oportunidad perdida cierta y sería, por superar un determinado umbral o porcentaje de acaecimiento–, la consecuencia lógica y coherente debería ser que habrían de indemnizarse en su totalidad los daños morales y patrimoniales conectados con la negligencia del profesional, esto es, aquel daño final que, gracias a la referida técnica, se ha logrado conectar causalmente con el error en el diagnóstico. Esta es la solución a la que se llega en aquellos sistemas como el anglosajón, en el que los tribunales rebajan el listón para entender acreditada la relación de causalidad.

Sin embargo, los que contemplan la pérdida de la oportunidad desde la perspectiva de la causalidad, rechazan que haya de indemnizarse el fallecimiento o las secuelas en su totalidad (daño final que, según los mismos, se produce en estos supuestos) y adoptan la regla de la responsabilidad proporcional (propuesta por la doctrina en sistemas como el alemán o austríaco, donde el propio sistema impide que la pérdida de la oportunidad pueda ser considerada como daño) para moderar o rebajar la cuantía indemnizatoria, mediante la aplicación del concreto porcentaje estadístico de supervivencia calculado en el caso en cuestión al daño total (que suele calcularse conforme al baremo)[34]. Los seguidores de esta perspectiva, pues, otorgan como indemnización a la víctima una fracción del daño final correspondiente a la probabilidad de verificación de la oportunidad perdida.

33. Oyarzún Vargas, *RJUAM*, 2021, p. 132.

34. A favor de indemnizaciones solo parciales ante causalidades solo posibles Luna Yerga, 2005, *Indret*, pp. 8 y ss. (según pdf), Díaz Martínez, 2021, pp. 88 y 124, Egusquiza Balmaseda, 2021, pp. 273 y ss., Gil Membrado, 2021, p. 1086, Mate Satué, 2021, p. 418, Pérez Vallejo, 2021, pp. 1139 y 1162 y Álvarez Olalla, 2022, p. 161.

Entre otras, la sentencia del Tribunal Supremo de 20 de marzo de 2018 (RJ 2018, 1376) (Sala Tercera) (en un supuesto de retraso en el diagnóstico de una patología cerebral), rechazó que, cuando se aplique la pérdida de la oportunidad, resulte posible que se atienda al principio de reparación integral del daño, «por descansar esta doctrina precisamente sobre la base de la incertidumbre del nexo causal». Por ello, la sentencia hizo depender la fijación del *quantum* indemnizatorio del grado de probabilidad de la obtención de las expectativas o ventajas de mejora o curación que frustró el retraso.

La sentencia del Tribunal Supremo de 14 de mayo de 2020 (RJ 2020, 1110) (Sala Tercera) (en un caso de fallecimiento como consecuencia del retraso en la intervención quirúrgica), por su parte, aplicó a la cantidad de partida (que, de acuerdo con las circunstancias del caso y con el baremo, se identificó con el fallecimiento del paciente, de 52 años) el porcentaje del 85%, «por ser el porcentaje de expectativas de supervivencia del que se vio privado el paciente». Otras resoluciones que tienen en cuenta el porcentaje de probabilidad de curación para cuantificar y modular la indemnización son, entre otras, las sentencias del Tribunal Supremo de 19 de junio de 2012 (RJ 2012, 8064) (Sala Tercera) y 27 de noviembre de 2012 (RJ 2013, 435) (Sala Tercera).

Pues bien, a mi juicio, la explicación dogmática de esta solución (la afirmación de indemnizaciones parciales para estos casos) exige tener en cuenta otros argumentos jurídicos que van más allá de la pérdida de la oportunidad. Si se utiliza la pérdida de la oportunidad para superar las dificultades probatorias de concurrencia del nexo causal entre la conducta u omisión del responsable y la situación final[35] y, conforme a la misma, se concluye que, por haberse perdido una oportunidad sería y cierta, puede afirmarse la relación causal con el daño final consistente en la muerte o las secuelas sufridas por el paciente, lo congruente sería que la indemnización cubriera este daño total y que no fuera moderada.

La tesis etiológica mezcla, pues, soluciones de diferentes sistemas para tratar de fundamentar dogmáticamente los postulados que defiende: rebaja el listón de acreditación del nexo causal, como sucede en el Derecho inglés, para conseguir acreditar el nexo causal y, una vez que este se acredita porque la oportunidad perdida es seria y fundada, acuden a la regla de la responsabilidad proporcional elaborada por la dogmática alemana, para defender la existencia de indemnizaciones parciales en estos supuestos.

Pues bien, coincido con este sector doctrinal en que en las hipótesis de error en el diagnóstico la indemnización ha de ser parcial, pero disiento en que la explicación jurídica a esta solución (las indemnizaciones parciales) haya de bus-

35. En este sentido, reconoce Arcos Vieira, *IBERC*, 2020, p. 112: «la pérdida de oportunidad resuelve inicialmente un problema de prueba de nexo causal entre dos fenómenos: concretamente, el problema que resulta de la imposibilidad de acreditar tal nexo entre la conducta del supuesto responsable y la situación final que el demandante considera un daño reclamable».

carse únicamente en la aplicación de la pérdida de la oportunidad. A mi juicio, en los supuestos de error en el diagnóstico, si finalmente la indemnización se modera no es como consecuencia de la pérdida de la oportunidad, ya que, en casos como el presente, la automática aplicación de sus postulados no debería conducir a una indemnización parcial, sino todo lo contrario, pues gracias a ella se ha logrado acreditar la concurrencia de un nexo causal con el daño final que resultaba dudoso *ab initio*.

En mi opinión, la explicación de la indemnización parcial exige recurrir a otros argumentos jurídicos, ya que la pérdida de la oportunidad no resuelve todos los problemas de incertidumbre causal concurrentes en los casos de error de diagnóstico. Y ello es debido a que, junto a la causa que resulta acreditada a través de la pérdida de la oportunidad (la negligencia profesional), concurre otra causa, la enfermedad del paciente.

En conclusión, es la concurrencia de causas (por un lado, el error en el diagnóstico y, por otro, la enfermedad del paciente) lo que conduce a la aplicación de los postulados de la responsabilidad proporcional –pensada, entre otros supuestos, para la concurrencia de causas[36]– y la consecuente moderación de la indemnización[37]. No sucede así, como luego se verá, en los supuestos de pérdida

36. Martín-Casals, 2020, pp. 245 y ss. enumera alguno de los variados y complejos grupos de casos a los que se puede aplicar la regla de la responsabilidad proporcional. Entre otros, el autor señala el siguiente supuesto bajo el que, a mi juicio, podría enmarcarse el caso analizado en el texto: «Puede suceder (...) que, de acuerdo con los criterios de prueba de la causalidad generalmente admitidos, se pueda probar que esa conducta o actividad ha causado algún daño a la víctima, pero no qué parte ha sido causada por el demandado y qué parte se debe a un factor causal distinto, sea la actuación de un tercero (...), de la propia víctima (...) o un hecho de la naturaleza del que nadie deba responder (...)» (p. 258).

37. El propio Medina Alcoz, 2007, p. 125, reconoce que, conforme al sistema jurídico español, «resulta difícil explicar dogmáticamente la regla de la responsabilidad proporcional que consagra la doctrina de la oportunidad perdida». A mi juicio, su justificación normativa no puede derivar, como parece deducirse de la argumentación del autor, de la circunstancia constatable de que esta solución haya penetrado en la jurisprudencia o de la pretendida justicia intuitiva o beneficio social que se persigue alcanzar a través de la misma. Esta pretendida justicia intuitiva derivada de la responsabilidad proporcional resulta difícilmente trasladable a argumentos de técnica jurídica, por lo que ha de ser aplicada con cautela. Como he afirmado en el texto, considero que, si en este supuesto la indemnización ha de ser proporcional, es en realidad como consecuencia de la concurrencia de causas y no propiamente por la aplicación de la técnica de la pérdida de la oportunidad.
En mi opinión, las indemnizaciones parciales (o, mejor dicho, proporcionales al daño producido) solo tienen justificación en la denominada perspectiva ontológica de la pérdida de la oportunidad, que sostenemos algunos, porque, en tal caso, de acuerdo con los postulados generales del Derecho de daños (el daño se indemniza en la medida que se produce), la cuantía de la indemnización dependerá de la entidad real del daño producido (cuanto más elevada sea la oportunidad perdida, mayor será el daño y, consecuentemente, más elevada habrá de ser la indemnización). Entre otras, alude a esta proporcionalidad la sentencia del Tribunal Supremo de 23 de octubre de 2015 (RJ 2015, 4897): «La aplicación del principio de proporcionalidad que debe presidir la relación entre la importancia del daño producido y la cuantía de la indemnización para repararlo».

de oportunidad procesal, en los que la negligencia profesional constituye la única causa que priva al cliente de la oportunidad de que su pretensión sea estimada por los órganos de la jurisdicción.

No cabe duda de que, para evitar los numerosos problemas que suscita en la práctica la verificación o comprobación del nexo causal, sería deseable que nuestros tribunales manejaran un estándar probatorio menos riguroso, esto es, que rebajaran el listón a partir del cual se considera probada la relación de causalidad, al igual que se hace en otros sistemas del entorno europeo[38]. Efectivamente, de rebajarse el rigor probatorio habitual respecto al nexo de causalidad (adoptándose, por ejemplo, el *test* del *more probable that non* o «balance de probabilidades» del Derecho anglosajón), disminuiría la utilidad y aplicabilidad de la doctrina de la pérdida de la oportunidad[39]. Recordemos que, frente al modelo de elevada convicción judicial en el que podemos incluir a nuestro ordenamiento jurídico, el Derecho anglosajón adopta un estándar más laxo, de acuerdo con el cual se considerará probada en su totalidad la relación de causalidad entre la negligencia del profesional demandado y el daño, si se demuestra que aquella pudo ser causa del daño con una probabilidad superior al 50%, esto es, en circunstancias en las que un tribunal continental absolvería por falta de prueba de dicho presupuesto[40].

Otra forma menos problemática de analizar la cuestión es adoptar la perspectiva francesa e indicar que el daño que se produce en estos casos (siempre que en la oportunidad concurran ciertos requisitos) es, en realidad, un daño por la pérdida de oportunidades de supervivencia[41]. Si se contempla la oportunidad como daño autónomo e independiente, no se suscitan problemas de nexo causal[42] y, como se demostrará en el apartado siguiente al explicar la pérdida de la oportunidad procesal, la indemnización puede ser calculada y modulada conforme al porcentaje estadístico.

El contra de tal perspectiva es que, a diferencia de lo que sucede en los supuestos de extemporánea interposición de demandas y recursos, en el ámbito

38. O, en palabras de MEDINA ALCOZ, 2007, p. 240, que el sistema español abandone «el dogma de la absoluta certeza», que lleva a rechazar la indemnización de los daños por la presencia de un mínimo resquicio de duda. Por su parte, LUNA YERGA, 2005, *Indret*, p. 2 [según pdf], habla de un umbral de convicción de la relación de causalidad cercano al 100%.
Como ilustran tanto MEDINA ALCOZ, 2007, pp. 327 y ss. como LUNA YERGA, 2005, *Indret*, p. 2 (según pdf), esto no sucede en la cultura jurídica anglosajona, donde este listón se rebaja hasta el 50%, afirmándose la certeza del nexo causal cuando las probabilidades de que hubiera menoscabo fueran mayores que las probabilidades de lo contrario (*more probable than not, more likely than not*).

39. Así lo admite ARCOS VIERA, 2016, p. 55.

40. SOLÉ FELIÚ, *RDC*, 2018, p. 60.

41. En contra de considerar la denominada pérdida de oportunidad de curación o supervivencia como daño autónomo *vid.* SANTOS MORÓN, 2024, *Indret*, apartado 1.2.

42. MATE SATUÉ, 2021, p. 334.

médico se produce el daño final (lesiones, secuelas o incluso la muerte), lo que dificulta la consideración de la pérdida de oportunidad como daño[43].

En definitiva, en lugar de contemplar el anterior supuesto desde la única perspectiva de la pérdida de la oportunidad, considero más adecuado, en el caso de que se tenga por daño cierto la muerte o daño corporal del paciente (que efectivamente ha fallecido o sufrido secuelas), acudir igualmente a la técnica de concurrencia de causas[44] (la enfermedad del paciente, por un lado, y el diagnóstico erróneo, por otro[45]), pero solo cuando se demuestre estadísticamente que, de acuerdo con máximas de experiencia, si hubiera mediado un diagnóstico correcto, el porcentaje de supervivencia sería elevado (superior al 50%). En mi opinión, pues, puede resolverse este tipo de supuestos de acuerdo con las reglas de la responsabilidad proporcional sin necesidad de recurrir a la técnica de la pérdida de la oportunidad, que solo sería necesaria para afirmar la relación de causalidad entre la negligencia médica y el daño final (muerte, secuelas).

Planteada de esta forma la cuestión, la indemnización a cargo del médico ya no podrá ser total, pues su actuación negligente solo ha contribuido en parte en la producción del daño final, pero, insisto, la indemnización parcial en realidad no es consecuencia de los postulados de la pérdida de la oportunidad. No estaríamos, pues, ante un caso prototípico de pérdida de oportunidad, donde la única causa del perjuicio que sufre el cliente es la negligente actuación del profesional, como sucede, como ya he señalado, en los supuestos de interposición extemporánea de acciones y recursos por parte de los letrados[46].

Como demostraré en el capítulo del presente trabajo dedicado al daño, en los supuestos de extemporánea interposición de demandas o recursos la problemática en torno a la pérdida de la oportunidad no se plantea en los mismos términos. En el ejemplo del que partimos, el paciente estaba vivo (aunque enfermo), recibe un diagnóstico erróneo y termina falleciendo (o empeorando

43. Santos Morón, 2024, *Indret*, apartado 1.2 señala además que, en los casos de muerte del paciente, la consideración de la pérdida de la oportunidad como un daño autónomo resulta poco compatible con el ejercicio de la acción de responsabilidad por parte de sus familiares, que basan su reclamación en la indemnización del daño (patrimonial y/o moral) que ellos mismos han sufrido como consecuencia del fallecimiento del ser querido.

44. Oyarzún Vargas, *RJUAM*, 2021, p. 130.

45. De hecho, como reconoce Pérez Conesa, 2022, p. 756, en la responsabilidad civil en el sector sanitario, lo normal es que, al menos, concurran dos causas que puedan conectarse con los daños ocasionados al paciente.

46. En relación con la pérdida de la oportunidad procesal, Oyarzún Vargas, *RJUAM*, 2021, p. 139 se plantea el siguiente interrogante: si el abogado «ha frustrado la posibilidad de su cliente de obtener un resultado favorable o de evitar un resultado desfavorable, ¿existe alguna duda respecto a quién ha sido el responsable de este acto dañoso? La verdad es que en la mayoría de los casos la respuesta es no (...). Ante la pregunta de quién ha sido el responsable del acto dañoso, no se puede responder de forma inmediata el médico, teniendo que sumergirnos en las profundas aguas de la causalidad, para ver el cúmulo de causas que explican el daño».

su salud). Como he reconocido anteriormente, puede constatarse un daño cierto: el paciente estaba vivo y ya no lo está. Lo que no puede afirmarse, sin lugar a duda, es la relación de causalidad entre ese daño y la negligencia profesional, porque el paciente ya estaba enfermo cuando acudió al médico.

Pero cuando un abogado interpone una demanda fuera de plazo, de lo que realmente se le priva al cliente es de la posibilidad de que su pretensión sea analizada y estudiada por los órganos de la jurisdicción y no de la admisión de la pretensión en sí, daño este último (daño final) que habría de considerarse como cierto (no lo es) para poder aplicar una perspectiva «causalista» de la pérdida de la oportunidad (esto es, entender que la mencionada técnica resuelve un problema de incertidumbre causal también en este ámbito). Sólo si llega a superarse el imprescindible filtro de la certeza del daño (que se considere que la falta de admisión de la pretensión es un daño cierto, porque es seguro que el comportamiento u omisión negligente del letrado ha privado al cliente de una sentencia estimatoria de sus pretensiones) puede pasar a comprobarse la concurrencia del resto de elementos de la responsabilidad civil y, entre ellos, la relación de causalidad.

Sin embargo, por regla general, este daño (la estimación de la pretensión) será incierto[47], pues no hay garantías de que un comportamiento diligente del profesional de la abogacía hubiese permitido obtener el aludido resultado favorable. Y, como admite la doctrina, el mecanismo de la responsabilidad civil solo se activa si el daño es cierto[48], requisito que, además, le corresponde acreditar al reclamante por aplicación del artículo de la 217 Ley de Enjuiciamiento Civil[49]. Es decir, un daño incierto no se encuentra dentro de los límites jurisprudencialmente establecidos para la reparación de los daños, por lo que, si no concurre el requisito de la certeza en el perjuicio, este no podrá calificarse propiamente como daño. Por tanto, constatada la incerteza del daño consistente en la falta de estimación de la pretensión (daño final), no habrá que realizar más averiguaciones para rechazar su indemnizabilidad.

El enfoque de la pérdida de la oportunidad como técnica aplicable en el plano de la relación de causalidad solo resulta factible, a mi juicio, en los supuestos de

47. Santos Morón, 2024, *Indret*, apartado 1.2.
48. Vicente Domingo, 2014, p. 330, Yzquierdo Tolsada, 2020, p. 184 y Mate Satué, 2021, p. 210.
49. La carga de la prueba de todos los presupuestos de la responsabilidad civil le corresponde al reclamante (así lo admite, entre otros Blázquez Martín, *Diario La Ley*, 2017, apartado I. 1.A.b [recurso *online* sin paginación]), como ha reconocido reiteradamente nuestra jurisprudencia. Véase, en tal sentido, las sentencias del Tribunal Supremo de 22 de abril de 2013 (RJ 2013, 3690), 10 de junio de 2019 (RJ 2019, 2442), 22 de enero de 2020 (RJ 2020, 61), 29 de mayo de 2020 (RJ 2020, 1331) y 1 de junio de 2021 (RJ 2021, 2615): «La jurisprudencia ha precisado que, tratándose de una responsabilidad subjetiva de carácter contractual, la carga de la prueba de la falta de diligencia en la prestación profesional, del nexo de causalidad con el daño producido y de la existencia y alcance de este corresponde a la parte que demanda la indemnización por incumplimiento contractual».

error en el diagnóstico, porque en estos casos concurre sin duda un daño final cierto (el paciente muere o empeora su salud) y lo que suscita interrogantes es la verificación del nexo causal. Pero en los supuestos de pérdida de oportunidad procesal, la constatación de la incerteza del daño final (la estimación de la pretensión) impedirá seguir dando pasos en el juicio de responsabilidad para lograr su indemnización[50].

Si la falta de estimación de la pretensión ha de ser rechazada como daño final por su incerteza, la única vía que le queda al cliente para ser indemnizado por la incuestionable negligencia del letrado (la interposición de la demanda o recurso fuera de plazo) es que la pérdida de la oportunidad de que su pretensión fuese analizada por los órganos de la jurisdicción sea considerada en sí misma un daño autónomo e independiente en este tipo de casos. Por tanto, en los supuestos de extemporánea interposición de acciones y recursos por parte del letrado, lo mejor para evitar la quiebra del sistema es elevar la oportunidad perdida a la categoría de daño.

Ahora bien, aunque, como se acaba de afirmar, la estimación de la pretensión no puede ser conceptuada como daño cierto por regla general en las hipótesis de negligencias de los abogados, en ciertos casos excepcionales (que haberlos, *haylos* y que luego explicaré), de acuerdo con las circunstancias concurrentes puede llegar a concluirse –*a priori* o *a posteriori*– que la pretensión del cliente era completamente fundada, por lo que, de no haber intervenido la negligencia profesional, la pretensión sostenida por el cliente hubiera sido estimada con una probabilidad rayana en la certeza.

Sin embargo, en tal caso excepcional no concurrirá daño por pérdida de oportunidad[51] (como justificaré en el capítulo siguiente), ya que esta es incompatible con la certeza (por definición, la concurrencia de la pérdida de la oportunidad requiere incertidumbre respecto del resultado beneficioso perseguido e impedido por el comportamiento del agente), sino que el perjuicio ocasionado

50. En este sentido, reconoce Martín-Casals, 2020, p. 238, que «la posible aplicación de la causalidad probabilística al ámbito de la responsabilidad civil requiere que concurran los demás presupuestos de la responsabilidad civil», entre ellos, la existencia de daño resarcible.

51. Gómez Pomar, *Indret*, 2003, p. 5 (según pdf), Luna Yerga, 2005, *Indret*, p. 15 (según pdf) y Medina Alcoz, 2007, p. 88. Sostiene esta misma solución, entre otras, la sentencia del Tribunal Supremo de 19 de febrero de 2019 (RJ 2019, 613): «En sede de causalidad física, se pueden distinguir tres franjas. Una superior, que es cuando existe certeza causal y la reparación del daño sería íntegra. Otra inferior que permite asegurar que el agente no causó el daño y las oportunidades perdidas no son serías sino ilusorias. La franja central, entre las anteriores, en la que se residencia esta teoría, y en la que existirá una probabilidad causal sería, que sin alcanzar el nivel máximo supera el mínimo».
Sin embargo, junto a la anterior, pueden localizarse numerosas resoluciones del Alto Tribunal que afirman con desacierto la concurrencia de daño por pérdida de oportunidad cuando puede pronosticarse el seguro acaecimiento del daño final. Así lo hace, entre otras, la emblemática sentencia del Tribunal Supremo de 20 de mayo de 2014 (RJ 2014, 3761).

al cliente será otro daño diferente (la falta de estimación de la pretensión), cuyo nexo causal con el incumplimiento del letrado no generará dudas en estos casos, porque su negligencia es la única causa de este daño.

Realizada la anterior puntualización, comprobaremos a continuación que, además de la cuestión de la pérdida de la oportunidad, en los supuestos de responsabilidad civil médico-sanitaria es donde se plantean la mayoría de los problemas particulares que suscita la responsabilidad profesional en sede de relación de causalidad.

C. LA SOLIDARIDAD IMPROPIA EN EL ÁMBITO DE LA RESPONSABILIDAD PROFESIONAL

Cuando se produce y acredita el daño que, como es sabido, es el eje del sistema –el mecanismo que activa el remedio de la responsabilidad civil[52]–, el siguiente extremo que le corresponde probar a la víctima conforme a las reglas generales sobre la distribución de la carga de la prueba es la relación de causalidad entre aquel y la actuación negligente del agente dañante (o el incumplimiento contractual).

Pero, a veces, la averiguación de quién haya sido el agente dañante dista mucho de ser sencilla, lo que puede llegar a hacer fracasar cualquier acción de responsabilidad civil. Ello sucede, entre otros, en aquellos supuestos en los que han sido varios los sujetos que han causado el daño final, resultando imposible determinar la concreta contribución de cada uno de ellos en su producción.

Este problema se suscita frecuentemente en el sector del ejercicio profesional. En este ámbito, suele ser habitual que, para el ejercicio de sus actividades, se agrupen varios profesionales que comparten cualificación o categoría –aunque pertenezcan a especialidades afines o complementarias– que, asociados internamente, intervienen de forma conjunta (simultánea o sucesivamente), previa distribución de las distintas actividades.

Así las cosas, los problemas surgirán si actuando de esta forma ocasionan un daño y no es posible deslindar la concreta contribución de cada profesional en el mismo. Por ejemplo, ello sucede cuando en el transcurso de una edificación se ocasiona un daño por la conjunción de varias causas, unas debidas a la elaboración o diseño del proyecto y otras a la ejecución, vigilancia o control o desarrollo de la misma, sin posibilidad de discriminar o separar con nitidez la incidencia que cada una de las conductas ha tenido en la causación del daño, por solapamiento o confusión entre las competencias de los diferentes profesionales.

52. Berrocal Lanzarot, *REML*, 2011, p. 32 y Vicente Domingo, 2014, pp. 318-319.

En buena lógica contractual, en caso de pluralidad de deudores, a falta de pacto que disponga otra cosa, ha de presumirse que los diversos deudores lo serán parciarios (cada uno por los daños que cause) y no solidarios (es decir, no responderán por los hechos de los demás intervinientes)[53]. En este contexto, la víctima se enfrenta en tales supuestos a una dificultad probatoria añadida, pues no puede atribuir exclusivamente el daño a la conducta negligente de un concreto demandado, debido a la concurrencia de otros cursos causales que igualmente pudieron haber actuado como causas del daño. Pero si no logra demostrar quién es el responsable (en realidad, no es que la víctima no pueda identificar al causante material del daño; lo que no puede concretar es la medida en que cada uno de los agentes ocasionó el daño) la acción de responsabilidad civil no prosperará.

Para solventar esta dificultad que se manifiesta en sede de relación de causalidad[54] y evitar resultados inequitativos[55] (la exoneración de responsabilidad por esos daños a todos sus posibles causantes, lo que dejaría sin indemnización a la víctima), la doctrina y la jurisprudencia han recurrido a la denominada solidaridad impropia (u obligaciones *in solidum*), régimen que cumple esencialmente una función de garantía en esos casos, pues con su aplicación la víctima ve ampliada la esfera de sujetos responsables[56].

Esta técnica parte, pues, de que no puede repercutir en perjuicio de la víctima la dificultosa o ardua labor de disección en búsqueda de cuotas o parcelas de responsabilidad cuando la actuación conjunta de varios profesionales haya causado el daño, que, por añadidura, los responsables tampoco suelen molestarse en aclarar (pues lo habitual será que cada uno achaque la responsabilidad a los demás).

Uno de los ámbitos en los que la jurisprudencia más frecuentemente ha recurrido a esta categoría para solucionar los problemas causales derivados de la materialización de un daño en cuya producción hayan intervenido varios suje-

53. Macía Morillo, *RJUAM*, 2015, p. 260.

54. De Ángel Yágüez, uno de los primeros autores que analizó este problema, abordó la presente cuestión desde el punto de la relación de causalidad. Véase, De Ángel Yágüez, *RGLJ*, 1983, p. 23.

55. En relación con la responsabilidad solidaria, reconoce Martín-Casals, 2020, p. 239, que «en atención a la dificultad probatoria que ha generado su actuación y que hace imposible determinar qué persona causó el daño, el legislador o el juez considera que no sería justo dejar a la víctima sin compensación y le permite dirigirse contra cualquiera de ellas para reclamar la reparación integral». Yzquierdo Tolsada, 2022, p. 1334, muy crítico con esta solución, reconoce igualmente que solo criterios de pura equidad permiten sostener la solidaridad impropia en nuestro Ordenamiento. En concreto, afirmar el autor: «Se trata, por así decirlo, de una solución justa, pero no jurídica, de una interpretación correctora de los textos legales, de un juego de la equidad excesivo y prohibido».

56. Admiten el carácter claramente protector de las víctimas propio del régimen de solidaridad, Albiez Dohrmann, 1992, p. 105, Macía Morillo, *RJUAM*, 2015, p. 260 y Aparicio Carrillo, 2021, p. 354.

tos (*v. gr.*, un equipo médico-sanitario, una pluralidad de agentes de la edificación) es, como se ha dicho, el del ejercicio de la actividad profesional en el seno de equipos horizontales (especialmente, en el ámbito de la construcción). Su aplicación implica que, en estos casos, cuando se produzca un daño como consecuencia de la actuación conjunta de varios profesionales y no se pueda discernir la concreta contribución causal de cada uno de ellos en su producción[57], se considerará a cada uno de los responsables como obligado a la reparación de la totalidad del daño causado quedando a salvo, con posterioridad, en el caso de que alguno responda en su integridad, el derecho de repetición frente al resto. Así las cosas, solo podrá exonerarse aquel que pruebe la inexistencia del vínculo de causalidad o de la imputación objetiva en relación con él[58], prueba que, como reconoce el profesor Martín-Casals, resultará sumamente difícil en la mayoría de las ocasiones[59].

Esta categoría de creación jurisprudencial recibe tal calificación (solidaridad impropia) porque, de acuerdo con la regla general impuesta por el artículo 1137 del Código civil, la solidaridad solo opera cuando se haya previsto de forma expresa contractual o legalmente y en estos supuestos tal previsión no existe[60]. Ahora bien, la aplicación indiscriminada y automática a estos casos de la regla del artículo 1137 del Código civil perjudica a la víctima, que no podría ser resarcida en todos aquellos supuestos en que, como ya se ha dicho, le resultara imposible probar el grado de responsabilidad de cada uno de los agentes dañantes. Por tanto, a diferencia de la solidaridad propia, que es establecida por las partes en el contrato o por la ley, «la solidaridad impropia tiene su origen en la propia sentencia que la declara, por lo que no preexiste con anterioridad a la sentencia»[61].

Además de resolver los problemas de atribución de cuota de responsabilidad, la solidaridad impropia presenta otras ventajas. La principal es que otorga a la víctima la facultad de elección, que le permite dirigirse contra cualquiera de los

57. Macía Morillo, *RJUAM*, 2015, p. 260, Pacheco Jiménez, *CCJC*, 2018, apartado 1 (recurso digital sin paginación) y Peña López, 2021, apartado 3 (recurso digital sin paginación).

58. Díez-Picazo, 2000, p. 167. En este sentido, afirman las sentencias de la Audiencia Provincial de Gerona, Sección 1.ª, de 19 de octubre de 2010 (JUR 2010, 383272) y 19 de marzo de 2012 (JUR 2012, 158490): «son los demandados los que, por su intervención en la obra, los que tienen mayor facilidad de probar el grado de intervención y responsabilidad, de tal forma que, si no se prueba, la responsabilidad solidaria resulta inevitable».

59. Martín-Casals, 2020, pp. 242-243.

60. Además, puntualiza Yzquierdo Tolsada, 2022, p. 1333, que el principio de no presunción de la solidaridad, dada su inclusión en el Título I del Libro IV (teoría general de la obligación), resulta de aplicación a todas las obligaciones, cualquiera que sea su fuente (artículo 1088 del Código civil).

61. Álvarez Olaya, *DOCTRINAL ARANZADI*, 2015, apartado 1 (recurso digital sin paginación). En el mismo sentido, entre otras, las sentencias del Tribunal Supremo de 20 de mayo de 2008 (RJ 2008, 4607) y 18 de julio de 2011 (RJ 2011, 6123): «a diferencia de la propia, no tiene su origen en la ley o en paco expreso o implícito, sino que nace con la sentencia de condena».

dañantes por el todo (con el riesgo de la condena en costas que ello podría suponer para el actor), contra algunos o contra todos, sin que se pueda oponer la excepción de litisconsorcio pasivo necesario[62], aunque el ejercicio de la acción contra uno de los responsables no interrumpirá la prescripción contra los demás[63].

Esta última consecuencia ha sido sostenida por nuestra jurisprudencia incluso en aquellos supuestos en los que la ley declara ya expresamente la solidaridad de los agentes dañantes, del mismo modo a como antes lo hacían los tribunales (esto es, casos en los que la solidaridad, que nació impropia, ha pasado a ser propia por estar reconocida por la ley)[64]. Por ello, si un demandante quiere mantener vivas las acciones frente a los demás responsables en aquellos supuestos en los que se dirija judicialmente contra uno de ellos, habrá de preocuparse de interrumpir la prescripción respecto al resto durante la pendencia del proceso.

En el caso de que la víctima opte por dirigir su demanda contra solo uno de los agentes dañantes y no tuviera éxito (si este finalmente no puede satisfacerle

62. Aparicio Carrillo, 2021, pp. 352-353 y Peña López, 2021, apartado 3 (recurso digital sin paginación).

63. Díez Soto, 2013, p. 13001, Álvarez Olaya, *DOCTRINAL ARANZADI*, 2015, apartado 1 (recurso digital sin paginación) e Yzquierdo Tolsada, 2022, p. 1342. Este último autor, matiza que, este efecto (la interrupción de la prescripción) debería depender del dato de que los miembros de un equipo conozcan, en efecto, que son miembros del mismo (p. 1352). Siguiendo a Domínguez Luelmo, el autor añade que «no todos los supuestos en que el Tribunal Supremo habla de solidaridad impropia son susceptibles del mismo tratamiento» (p. 1353).

64. Informa Álvarez Olaya, *DOCTRINAL ARANZADI*, 2015, apartado 1 (recurso digital sin paginación), que ello ha sucedido con el artículo 17.3 de la Ley de Ordenación de la Edificación, que declara la solidaridad de los agentes de la edificación. Debido a que la «jurisprudencia menor» emanada de las Audiencias Provinciales era contradictoria (para algunas resoluciones, desde el momento en que, un supuesto al que tradicionalmente se le aplicaba la solidaridad impropia, pasa a estar regulado por la ley, han de ser aplicadas las reglas de la solidaridad propia; otras, por el contrario, consideran que ha de seguir manteniéndose en estos casos la inaplicación del artículo 1974 del Código civil, a pesar de que la solidaridad haya sido reclamada legalmente), tuvo que intervenir el Tribunal Supremo dictando dos sentencias de pleno: sentencias del Tribunal Supremo (Pleno) de 16 de enero y 20 de mayo de 2015 (RJ 2015, 277 y 2256). Según las mismas, el legislador en la Ley de Ordenación de la Edificación se ha limitado a «incorporar a la norma los criterios que ya venían expresados en la jurisprudencia, con lo que el efecto sigue siendo el mismo respecto de la interrupción de la prescripción entre los agentes que participan en la construcción». Añade: «se podrá sostener que la solidaridad ya no puede calificarse en estos casos de impropia puesto que con la Ley de Ordenación de la Edificación no tiene su origen en la sentencia, como decía la jurisprudencia, sino en la ley. Lo que no es cuestionable es que se trata de una responsabilidad solidaria, no de una obligación solidaria en los términos del artículo 1137 del Código civil».
Yzquierdo Tolsada, 2022, pp. 1353-1354 matiza que tal consecuencia es solo para el caso de que se reclame contra el promotor, porque tal reclamación no interrumpirá la prescripción de la acción contra el resto de los agentes de la edificación. Sin embargo, hay una suerte de solidaridad inicial prevista por la propia ley (artículo 17.3, inciso 2.º de la Ley de Ordenación de la Edificación): el promotor responde solidariamente en todo caso con el resto de los agentes de la edificación. Ello significa que, reclamar contra uno de los agentes de la edificación, equivale (en lo que afecta a la prescripción) a reclamar contra el promotor, por su condición de garante en estos supuestos.

la indemnización o resultara absuelto), podrá dirigirse después contra cualquiera de los restantes (siempre que la acción contra el resto aún se mantuviera viva). Esto es, el *ius variandi* garantiza a la víctima el resarcimiento frente a la eventual insolvencia de alguno de los obligados al pago de la indemnización.

En estos casos tampoco existe litispendencia; es decir, si la víctima intenta demandar primero a una responsable solidaria y después a otro, no hay que esperar a la resolución del primer pleito para que se desarrolle el segundo[65]. Asimismo, la sentencia condenatoria no puede ser ejecutada frente al responsable solidario que no haya sido parte en el proceso[66].

Por el contrario, si este pagara, el pago tendrá efectos liberatorios para los demás condenados *ex artículo* 1145 del Código civil. Sin embargo, posteriormente, en el ámbito de las relaciones internas, se procederá a reequilibrar la situación; esto es, el que pagó todo podrá reclamar del resto de responsables (no se podrá demandar a quienes fueron absueltos en el primer pleito) la parte proporcional de la indemnización que a cada uno le corresponda o le resulte imputable, desapareciendo así la solidaridad frente al perjudicado que rige en las relaciones externas[67]. En cualquier caso, en este nuevo proceso de puro regreso o reembolso, lo que se podrá discutir es la concreta cuota de responsabilidad personal, pero no la condición de corresponsable, porque ello significaría revisar lo ya juzgado[68].

En cualquier caso, el recurso a la solidaridad impropia es subsidiario, pues no podemos olvidar que en nuestro sistema se establece la mancomunidad como norma general[69]. Por ello, cuando se pueda individualizar la responsabilidad de cada uno de los integrantes del grupo, la solidaridad habrá de ser descartada, lo que conducirá a asignar a cada agente dañante su cuota de participación de acuerdo con las funciones atribuidas y la conducta desarrollada dentro del grupo[70].

> Sobre la aplicación subsidiaria de la referida técnica, véase, entre otras, las sentencias del Tribunal Supremo de 26 de junio de 2008 (RJ 2008, 4272) y 15 de febrero de 2011 (RJ 2011, 446): «la condena solidaria de los distintos elementos personales que intervienen en la edificación solo está justificada en el caso de no

65. Yzquierdo Tolsada, 2022, p. 1354.
66. Yzquierdo Tolsada, 2022, p. 1354.
67. Gregoraci Fernández, 2019, p. 495 y Aparicio Carrillo, 2021, p. 354.
68. Yzquierdo Tolsada, 2022, p. 1349.
69. Sin embargo, la frecuencia con la que la jurisprudencia acude a este recurso le llevó a Caffarena Laporta, 1995, p. 4522, a afirmar la vigencia en la práctica del principio contrario al consagrado en el artículo 1137 del Código civil: la presunción de solidaridad.
70. Sin embargo, el estudio jurisprudencial arroja la conclusión de una extralimitación jurisprudencial a la hora de aplicar esta solución. Así lo denuncia Yzquierdo Tolsada, 2022, p. 1338: «da la impresión de que la solución de la solidaridad es, simplemente, la respuesta cómoda en supuestos en los que sí resultaba posible precisar un grado, una cuota de participación. Y sospecho que no se hace porque no se quiere hacer».

poder individualizarse la correspondiente a cada uno de los culpables de los defectos constructivos, de tal forma que si es factible discriminar con nitidez la participación responsable de cada uno en el resultado ruinoso, podrá exigírseles la reparación de forma individualizada».

Por último, hay que señalar que, tras la aprobación del artículo 11 de la Ley 2/2007, de 15 de marzo, de Sociedades Profesionales, del artículo 17.3 de la Ley 38/1999, de 5 de noviembre, de Ordenación de la Edificación (LOE) y del artículo 132 TRLGDCU, que prevén expresamente la solidaridad para solucionar este tipo de casos[71] (esto es, la solidaridad pasa a exigirse en estos ámbitos en virtud de leyes que la contemplan expresamente), los supuestos que pueden ser calificados *stricto sensu como* de solidaridad impropia (por tratarse de casos en los que la solidaridad no se encuentra prevista expresamente por la ley) han quedado reducidos a los daños causados por los equipos médicos. También se ha acudido a la solidaridad impropia cuando no es posible deslindar las responsabilidades del abogado y del procurador en la producción del hecho dañoso sufrido por el cliente. Sin embargo, como luego veremos, en estos casos la jurisprudencia se muestra partidaria por aplicar preferentemente el principio de confianza.

D. EL PRINCIPIO DE CONFIANZA APLICADO AL TRABAJO EN EQUIPO

El denominado principio de confianza constituye un criterio de imputación objetiva que, al igual que el resto, ha sido importado desde la doctrina penalista[72] y que un sector de la doctrina civil propone aplicar principalmente a las intervenciones quirúrgicas que requieren un trabajo en equipo de profesionales de especialidades o competencias heterogéneas (*v. gr.,* equipos médicos horizontales, compuestos por profesionales con distinta cualificación: médico, anestesista, enfermero)[73].

Por ejemplo, se ha propuesto aplicar sus postulados para excluir la imputación objetiva del daño al jefe del equipo quirúrgico en aquellos casos en los que, durante una operación y por descuido, se dejan gasas o cualquier otro material

71. En relación con la Ley de Sociedades Profesionales, reconocen Crespo Mora, 2013, p. 555 y Macía Morillo, *RJUAM,* 2015, p. 268, que, en realidad, la verdadera innovación que provocó la promulgación del artículo 11 de la Ley de Sociedades Profesionales fue que contribuyó a legalizar un régimen de solidaridad que, *de facto,* ya era aplicado por nuestros tribunales antes de su entrada en vigor. De igual forma, Aparicio Carrillo, 2021, p. 352 admite que el artículo 17.3 de la Ley de Ordenación de la Edificación se limitó a sancionar una doctrina jurisprudencial consolidada y pacífica.

72. Para un análisis doctrinal meticuloso de la materia en el ámbito penal, véase Maraver Gómez, 2009.

73. Romeo Casabona, 1985, p. 76, Llamas Pombo, 1988, p. 333 y Macía Morillo, 2005, pp. 555 y ss. (también en *RJUAM,* 2015, pp. 275-277). Además, el artículo 9.3 de la Ley 44/2003, de 21 de noviembre, de Ordenación de la Profesiones Sanitarias, alude expresamente a este principio en la articulación de la actuación de los equipos de profesionales sanitarios.

quirúrgico en el interior del cuerpo del paciente. De igual forma, la aplicación de este principio permitiría excluir la responsabilidad del cirujano, cuando el daño derive de la defectuosa actuación del anestesista.

En todos estos casos de prestaciones profesionales desarrolladas por equipos pluridisciplinares, los esfuerzos doctrinales suelen ir dirigidos, principalmente, en determinar cuándo y en qué condiciones se puede hacer responder a un profesional no por su propia actuación o comportamiento (responsabilidad por hecho propio), sino por los daños cometidos por el resto de los profesionales intervinientes.

En cambio, la aplicación de este principio pretende lo contrario. En concreto, adaptándolo al ámbito de la responsabilidad civil, su utilización implicará que, cuando exista una división o reparto del trabajo en el equipo, aunque el comportamiento de todos los profesionales actuantes se integre en el nexo causal, no se imputarán objetivamente los resultados lesivos producidos negligentemente por uno de los profesionales del equipo (en su propio ámbito de responsabilidad) al resto de sus integrantes (especialmente, al jefe del equipo, por su especial posición respecto al riesgo y por su competencia para evitarlo) si actuaron bajo la confianza de que todos observarían el deber de cuidado dentro de sus competencias o funciones.

De lo contrario, se obligaría a cada profesional sanitario (sobre todo, de nuevo, al jefe del equipo) a controlar y supervisar las actuaciones del resto, «lo que no solo retrasaría indebidamente la prestación de asistencia médica, sino que, además, no siempre sería posible, dada la especialización creciente dentro del ámbito médico»[74]. Así pues, la inexistencia de este principio haría inviable la división de trabajo.

La aplicación de este principio al ámbito médico implicará, por ejemplo, que el cirujano no tiene por qué controlar la actividad del anestesista (ni a la inversa), pues puede confiar en que se trata de un sujeto responsable y capaz en su ámbito de actividad[75]. En consecuencia, como no existe un deber de control entre iguales, si el daño deriva de la ejecución de un profesional en su ámbito de competencia, el resto de los miembros del equipo no responderá si actuaron confiando en el comportamiento correcto del dañante.

> No tuvieron en cuenta este principio, circunstancia que, en consecuencia, desencadenó la responsabilidad solidaria del cirujano y del anestesista (además del centro médico) las sentencias del Tribunal Supremo de 29 de julio de 1998 (RJ 1998, 6453) y 12 de marzo de 2004 (RJ 2004, 2146) y la sentencia de la Audiencia Provincial de Madrid, Sección 18.ª, de 27 de enero de 2009 (AC 2009, 293).

---

74. Macía Morillo, 2005, p. 556.
75. Macía Morillo, *RJUAM*, 2015, p. 276.

Por el contrario, en la sentencia de la Audiencia Provincial de Madrid, Sección 8.ª, de 22 de junio de 2009 (JUR 2020, 292987), en un supuesto en el que se produjo el fallecimiento de un niño de cuatro años durante la realización de una intervención quirúrgica dirigida a corregir su estrabismo, como consecuencia de una parada cardiorrespiratoria durante la inducción anestésica, el cirujano oftalmólogo fue absuelto (diferente suerte corrió el anestesista), aunque la sentencia no explica las razones jurídicas en las que se basó la instancia para tal absolución (en concreto, no aclara si la absolución del cirujano se fundamentó en la confianza de que la actuación del anestesista respetaría el deber de cuidado).

Lo mismo sucedió en el caso resuelto por la sentencia de la Audiencia Provincial de Islas Baleares, Sección 4.ª, de 29 de diciembre de 2006 (JUR 2007, 274926), en una operación de apendicitis, en la que, debido a una intubación negligente, el paciente perdió dos incisivos en estado deficitario. Pese a que fueron demandados cirujano y anestesista, solo fue condenado este último, aunque, de nuevo, la sentencia no explicó la razón jurídica de la absolución del primero.

En conclusión, cuando no se pueda determinar a cuál de los profesionales sanitarios (cirujano o anestesista) le resulta imputable la actuación negligente desencadenante del daño, nuestros tribunales condenan a ambos mediante el recurso de la solidaridad impropia. La aplicación del principio de confianza habría de limitarse, pues, a aquellos supuestos en los que, pese a que el daño resulta indudablemente imputable al anestesista, la víctima demanda igualmente al cirujano, tratando de ampliar así los patrimonios responsables. La aplicación del mencionado principio en estos casos conllevará la exclusión de responsabilidad del cirujano.

Ahora bien, la aplicación del referido principio de confianza exige, a su vez, que no concurra alguna circunstancia, señalada igualmente por la doctrina, que justifique su inaplicación al caso en cuestión y que, en consecuencia, imponga un deber de vigilancia y control sobre la actividad del resto de los profesionales. En tal caso, el principio de confianza (que, como se colige de lo anterior, permite a los sujetos no tener que preocuparse de lo que hacen los terceros en su propio ámbito de responsabilidad) ha de ser sustituido por el principio de precaución o deber de cuidado, por lo que, de producirse un daño, la no evitación por parte del resto de profesionales adquirirá la misma relevancia que su efectiva producción.

En primer lugar, no podrá excluirse la imputación objetiva del daño por la aplicación del mencionado principio, cuando no debió confiarse en el comportamiento correcto del colega, pues, de acuerdo con los hechos y circunstancias concurrentes, existían indicios *ex ante* que hacían previsible que su comportamiento podría no ser correcto. Por ejemplo, un cirujano deberá estar vigilante y, en consecuencia, no podrá confiar en el comportamiento acorde al deber de cuidado de otro cirujano que vaya a operar con él, si es conocedor de que este último ha estado trabajando antes de la operación durante una larga y extenuante jornada.

Tampoco se aplicará este principio cuando resulte notorio la falta de capacidad del miembro del equipo[76] (por ejemplo, sería el caso del médico que advierte que el anestesista está bajo el efecto de algún medicamento, que limita sus facultades, o está borracho y tolera el comportamiento incorrecto del colaborador que causa daños al paciente) o la falta de cualificación, sobre todo en el marco de relaciones de carácter vertical[77] (*v. gr.*, un MIR que acaba de comenzar su residencia, un médico de una especialidad que actúe en el marco de otra distinta).

Respecto a los residentes, que desarrollan una práctica de complemento de los estudios de medicina (generalmente en el marco de las instituciones sanitarias públicas), la confianza ha de ser sustituida por el control o seguimiento de sus actividades; de manera que, si se ocasionan daños al paciente, normalmente existirá responsabilidad del supervisor o de la institución en la que desarrollen su actividad por tratarse de un riesgo plenamente controlable por el centro sanitario, salvo que se demuestre que el daño no constituye una materialización del riesgo generado por la inexperiencia del médico residente (esto es, que la inexperiencia del residente no fue causa adecuada del resultado). A esta responsabilidad habrá de sumarse la del propio estudiante, en la medida en que la actuación de este último pueda ser calificada como negligente[78].

> Sobre la responsabilidad del superior jerárquico de un residente, véase la sentencia del Tribunal Supremo de 25 de noviembre de 1993 (RJ 1993, 9134), que apreció la responsabilidad de un médico que no revisó la actuación del residente (según la sentencia, «por tanto, de inferior categoría profesional») en un proceso patológico dudoso. Esta sentencia, sin embargo, exculpó al residente: «no pudiendo ser responsable de un error, en él disculpable, de apreciación de diagnóstico».
>
> En la jurisprudencia menor también pueden localizarse varios supuestos en los que el daño fue ocasionado por un estudiante de medicina, durante el desarrollo de sus prácticas formativas. Por ejemplo, la sentencia de la Audiencia Provincial de Ourense, de 8 de noviembre de 1997 (AC 1997, 2311) admitió la responsabilidad solidaria tanto del cirujano como del interno residente que en ese momento estaba finalizando el cuarto curso (en una operación de una hernia inguinal, que terminó con la extirpación de un testículo), pues «esta operación debe ser realizada por un cirujano especializado», añadiéndose que «una hernia que según los médicos es

---

76. Macía Morillo, *RJUAM*, 2015, p. 276.
77. En efecto, como reconoce Macía Morillo, *RJUAM*, 2015, p. 276, el hecho de que la falta de control se predique entre iguales es lo que explica la aplicación más limitada de este principio a las relaciones verticales, en las que existen deberes de control y supervisión entre los integrantes del equipo.
78. Macía Morillo, 2005, pp. 298-299 y Solé Feliú, *RDC*, 2022, p. 17. En un estudio posterior, Macía Morillo, *RJUAM*, 2015, p. 275, sitúa en el artículo 1903.V del Código civil el fundamento de la responsabilidad de los sanitarios que tutorizan a estos estudiantes ya que, en estos casos, no suscita dudas la presencia de una relación de dependencia.

multirreproducida y de compleja reparación, es una temeridad que sea intervenida por un médico interno residente que no ha completado la especialidad».

De igual forma, en el caso resuelto por la sentencia de la Audiencia Provincial de Madrid, Sección 14.ª, de 23 de mayo de 1998 (AC 1998, 7206), se declararon responsables al neurocirujano y al anestesista de los daños derivados de la realización de una intervención quirúrgica para atajar una hernia discal, pues se delegó en una ayudante, estudiante de cuarto curso, la parte más compleja de la administración de la anestesia (la paciente debía ser entubada Endo traquealmente), requiriéndose para ello de una especialización técnica.

A las excepciones anteriores de aplicación del principio de confianza, añade acertadamente Macía Morillo los casos en los que, aunque haya relaciones de horizontalidad y reparto del trabajo entre los diferentes profesionales que actúan conjuntamente, resulte imposible determinar la concreta contribución de cada agente en la causación del daño. Así las cosas, como ya indicamos en el apartado anterior, el principio de confianza quedará desplazado en tal supuesto por la aplicación de la solidaridad impropia[79].

Dentro del ámbito sanitario –donde, como se ha dicho, encuentra una más clara aplicación este principio–, la consulta del protocolo, cuando exista, ayudará a determinar y decidir en qué casos ha de prevalecer el principio de confianza o, por el contrario, se ha de supervisar el comportamiento de los demás. Como es sabido, pese a que los protocolos médicos –que establecen lo que se considera una buena *praxis* médica de acuerdo con la evidencia científica[80]– carecen de obligatoriedad jurídica[81], en la práctica nuestros tribunales suelen tenerlos muy en cuenta, pues les sirven de guía para valorar la actuación de los profesionales[82].

Por esta razón, en el supuesto resuelto por la sentencia de la Audiencia Provincial de Madrid, Sección 13.ª, de 17 de enero de 2011 (AC 2011, 293) en una intervención en la que se dejaron olvidadas unas gasas en el cuerpo del paciente, se consideró responsable al cirujano jefe del equipo que había depo-

79. Macía Morillo, *RJUAM*, 2015, p. 277.

80. Para conocer las diferencias entre protocolos, guías de práctica clínica y guías clínicas véase Solé Feliú, *RDC*, 2022, pp. 26 y ss.

81. Como recuerda Solé Feliú, *RDC*, 2022, p. 39, «los protocolos y guías de práctica clínica no son normas jurídicas y menos de naturaleza imperativa», sino que se trata de un conjunto de recomendaciones basadas en la evidencia científica. Así lo admite el artículo 4.7.b) de la Ley 44/2003, de 21 de noviembre, de Ordenación de las Profesiones Sanitarias. También nuestra «jurisprudencia menor» rechaza el carácter obligatorio de los protocolos o guías de práctica clínica (véanse las sentencias enumeradas por Solé Feliú, *RDC*, 2022, p. 42).
Este mismo criterio ha sido defendido por la doctrina y la jurisprudencia de los países de nuestro entorno (*vid.* Solé Feliú, *RDC*, 2022, pp. 41-42).

82. Solé Feliú, *RDC*, 2022, pp. 25 y 43 destaca que, aunque el incumplimiento del protocolo constituye un indicio sólido de una actuación contraria a la *lex artis,* su cumplimiento, por el contrario, no es considerado un criterio suficiente para excluir la negligencia del profesional, si las circunstancias concurrentes requerían extremar los cuidados y atenciones más allá de lo previsto en la guía.

sitado su confianza en la enfermera, pues el protocolo le imponía un deber de control hacia la misma durante la intervención. Aunque el recuento de las gasas le correspondía a la enfermera, el cirujano no fue exonerado porque el protocolo quirúrgico le obligaba a intervenir en un segundo recuento de los utensilios y a ser informado de que todo era correcto tras el cuarto recuento o recuento final. En definitiva, pues, el protocolo quirúrgico, al exigir al cirujano que interviniera y controlara (lo que no hizo), implícitamente estaba descartando la aplicación del principio de confianza.

Otra forma de fundamentar la responsabilidad del cirujano en el caso analizado en el párrafo anterior es a través del criterio de la culpa[83], pues el incumplimiento del protocolo (que desempeña un importante papel a la hora de valorar si el comportamiento del profesional se ha ajustado o no a la *lex artis ad hoc*), recogía en este caso que la práctica médica adecuada y prudente en esta situación imponía el control en el recuento de las gasas por parte del cirujano.

De igual forma, en caso de que resulte notoria la falta de capacitación del miembro del equipo puede alcanzarse la misma solución mediante el mecanismo de la culpa. Así, cuando pueda preverse el error de un colega por ser manifiestamente incompetente para actuar por sí solo, si finalmente se materializara un daño, de la falta de instrucción, control o supervisión del jefe del equipo podría deducirse su propia culpa.

Otro ámbito del ejercicio profesional liberal en el que puede aplicarse este principio es en la coordinación de responsabilidades entre el abogado y el procurador, pues, como es sabido, en nuestro ordenamiento jurídico el derecho de defensa suele articularse, como regla general, a través de estos dos profesionales.

De hecho, en un primer momento (cuando comenzaron a interponerse las primeras demandas de responsabilidad civil frente a abogados y procuradores) no era extraño que el cliente perjudicado demandara a ambos profesionales cuando había sido víctima de una negligencia profesional en el ámbito jurídico, con independencia de que la causación del daño solo resultara imputable a uno de ellos[84]. Esto ya no sucede con las demandas más recientes, que se dirigen

83. Según Macía Morillo, 2005, p. 556, algunos autores llegan a los resultados defendidos en el texto a través del parámetro de la culpa (*v. gr.*, según fuera o no manifiesta la incapacidad del sujeto que se designa para colaborar). Esta solución coincide con aquella corriente doctrinal, de la que ya se habló en la nota al pie número 212, que cuestiona la operatividad y utilidad de los criterios de imputación objetiva, por considerar que la mayor parte de ellos son versiones procedentes del concepto clásico de culpa.

84. En relación con esta cuestión, Sanz Acosta, *Práctica Derecho de Daños,* 2010, apartado V.1 (recurso digital sin paginación) destaca la sentencia del Tribunal Supremo de 27 de julio de 2006 (RJ 2006, 6548), pues rompió con la línea seguida hasta ese momento de hacer responder al abogado por la negligencia de los procuradores (cuyo último exponente fue la

contra el abogado o contra el procurador, lo que implícitamente supone respetar la distribución de competencias y actuaciones entre estos profesionales.

Y es que, si bien es cierto que entre el abogado y el procurador existe una asociación en la defensa de los clientes, los mencionados profesionales desempeñan distintas funciones en la organización de la administración de justicia. La aplicación del principio de confianza en este ámbito implica que el abogado no tiene por qué controlar la actividad del procurador (ni a la inversa), pues puede confiar en que se trata de un sujeto responsable y capaz en su ámbito de actividad. El abogado y el procurador tienen, pues, su propio ámbito de actuación, de manera que cada uno responderá frente al cliente de las consecuencias dañosas que se produzcan en su parcela correspondiente.

Por ello, las sentencias del Tribunal Supremo de 17 de noviembre de 1995 (RJ 1995, 8735) y 29 de mayo de 2017 (RJ 2017, 2471) absolvieron al procurador de la acción de indemnización de daños y perjuicios que había sido entablada frente a él respecto de la caducidad de la anotación preventiva de embargo. Lo que se discutía en estas sentencias es si el procurador está obligado a informar al letrado director del procedimiento de la proximidad del vencimiento del plazo de caducidad de la anotación. Sobre el particular, reconoce la última sentencia enumerada, que «la obligación del procurador se limita a notificar la existencia de un plazo procesal y el momento en que este comienza conforme a la notificación recibida o el acto por él realizado, pero no le corresponde un deber legal de velar porque ese plazo sea respetado adecuadamente por el abogado y, por ello, no tiene una función específica de avisar de la proximidad de su vencimiento. Es el abogado quien ha de conocer los plazos perentorios, como el que nos ocupa, y en función de ellos debe adoptar las decisiones técnicas correspondientes en consonancia con las instrucciones del cliente, sin que sea el procurador quien vele por el correcto cumplimiento de lo que es deber del abogado. Entenderlo de otro modo supone atribuir una función al procurador que le convertiría en auténtico controlador de los tiempos procesales que, evidentemente, trasciende a la misión que le atribuye la ley». Al igual que las anteriores, la sentencia del Tribunal Supremo de 17 de noviembre de 1995 (RJ 1995, 8735) atribuyó al abogado la responsabilidad por dejar caducar la anotación preventiva de embargo.

Pero también pueden localizarse resoluciones absolutorias del letrado, como la sentencia del Tribunal Supremo de 7 de abril de 2003 (RJ 2003, 3003), que resuelve un supuesto en el que fueron demandados solidariamente ambos profesionales de la abogacía. En el presente caso se consideró que la omisión negligente (la no preparación ni presentación del escrito de personación) no le resultaba imputable al letrado, pues «no precisan dirección técnica ni, en consecuencia, firma del abogado, los escritos de personación; el abogado no tiene el deber profesional de hacer el escrito, ni dar instrucciones, ni ordenar que se presente; todo ello hasta el punto de que no es minutable y si el letrado lo incluye en sus honorarios, se declaran indebidos (lo que ocurre con cierta frecuencia)».

---

sentencia del Tribunal Supremo de 18 de febrero de 2005 [RJ 2005, 1682]), al entender que el procurador es el único responsable en el ámbito de competencias que le incumben exclusivamente.

Por un lado, el procurador (representante procesal de la parte privada) es un receptor provisorio, que se limita a realizar meros actos de impulso procesal. El procurador actúa como un intermediario, como un mero elemento receptor y transmisor entre la parte material, el abogado y el órgano judicial. El campo de actuación del procurador es limitado[85]: firma todas las comunicaciones y notificaciones, como si fuera la propia parte representada y se encarga de la entrega de escritos en el juzgado o tribunal, así como de la recepción de notificaciones, citaciones, requerimientos, copias de las resoluciones, etc.[86]. Al abogado, por su parte, nuestro ordenamiento le reconoce el papel de director técnico del proceso.

En consecuencia, si se dirige una demanda de responsabilidad civil contra un procurador y de forma solidaria contra el abogado (bajo la presuposición de que su condición de director del proceso le impone cierto control respecto a las actuaciones del procurador), cuando, en realidad, la inactividad o comportamiento negligente resulte indudablemente imputable solo al procurador, la exención de responsabilidad del letrado demandado solidariamente habrá de articularse conforme al principio de confianza. Cualquier otra solución que busque la estimación de la responsabilidad civil de letrado (en su calidad de director técnico del proceso), debe rechazarse porque el procurador no es un auxiliar que se encargue del cumplimiento de la obligación asumida por aquel, sino que en su ámbito de competencia es independiente respecto al letrado.

> Entre otras, reconocen que no puede exigirse al abogado una obligación de vigilancia sobre el cumplimiento por el procurador de las obligaciones profesionales que le incumben las sentencias del Tribunal Supremo de 27 de febrero de 2006 (RJ 2006, 1564) (sobre falta de información al letrado director del auto de cuantía máxima, lo que provocó la prescripción de la acción civil), 11 de mayo de 2006 (RJ 2006, 3950) (sobre falta de personación del procurador en la segunda instancia) y 27 de julio de 2006 (RJ 2006, 6548) y la sentencia de la Audiencia Provincial de Madrid, Sección 25.ª, de 14 de septiembre de 2012 (JUR 2012, 337812).

---

85. Reconoce Blázquez Martín, *Diario La Ley*, 2017, apartado I.2.A (recurso *online* sin paginación), que, aunque el procurador dispone de un ámbito de actuación propia, al no estar este completamente definido por su estatuto ni por las leyes procesales, va delimitándose gracias a la jurisprudencia. En este sentido, la sentencia del Tribunal Supremo de 29 de mayo de 2017 (RJ 2017, 2471) delimita el ámbito de actuación del referido profesional: la «obligación de los procuradores es representar a la parte en todo tipo de procesos, salvo que se disponga otra cosa o se autorice por ley. Se trata de una obligación vinculada al seguimiento del juicio, transmisión de documentación, antecedentes o instrucciones que le remitan el abogado, tener al corriente a su poderdante y abogado del curso del asunto que se le hubiera confiado y hacer cuando conduzca a la defensa de los intereses del cliente, bajo la responsabilidad que las leyes impongan al mandatario, conforme dispone el artículo 26 de la Ley de Enjuiciamiento Civil».
86. *Vid.* Sentencia del Tribunal Supremo de 30 de marzo de 1996 (RJ 1996, 2007) (Sala Segunda). Para conocer las funciones del procurador, léanse los artículos 26 y 28 de la Ley de Enjuiciamiento Civil.

En concreto, la última resolución citada reconoció: «el abogado director del asunto no tiene obligación de vigilancia sobre el cumplimiento de las obligaciones que les corresponden a los procuradores, los cuales deben tener conocimiento de cuáles son sus deberes y facultades, respondiendo ambos de su específico cometido profesional, no hallándose unidos por vínculos de solidaridad».

Ahora bien, en aquellos casos en los que la frustración del proceso se deba a causas no probadas durante el pleito de responsabilidad civil, o cuando, conocidas las causas, no sea posible concretar la participación de cada uno de ellos en el hecho dañoso o revista especial dificultad la determinación de si una tarea concreta (de cuyo incumplimiento o defectuoso cumplimiento deriva el daño) es competencia exclusiva del abogado o del procurador[87] o, finalmente, cuando se trate de una función encomendada por la legislación procesal a ambos y los dos la hayan ejecutado de manera negligente, deberá preferirse la solidaridad impropia, a la que ya nos hemos referido en el apartado anterior de este trabajo.

Esto es lo que sucedió, por ejemplo, en el caso resuelto por la sentencia del Tribunal Supremo de 8 de noviembre de 2017 (RJ 2017, 4761), en el que, en un procedimiento de liquidación de sociedad de gananciales que tenía como único objeto la determinación de a quién se adjudicaba un inmueble ganancial, ni la procuradora ni el abogado acudieron a la comparecencia prevista por el artículo 810.3 de la Ley de Enjuiciamiento Civil, por lo que fue aprobada la propuesta de liquidación presentada por la contraparte en virtud de la cual se le adjudicaba el inmueble discutido, por un valor de 90.000 euros. El Tribunal Supremo confirmó la sentencia de la Audiencia Provincial, que, revocando la del Juzgado de Primera Instancia (que solo condenaba al letrado), atribuyó la conducta negligente a ambos profesionales y les condenó (junto a sus compañías aseguradoras) al pago de 35.000 euros.

87. Cuando se trata de actos procesales que requieren la intervención de ambos profesionales, en ocasiones, resulta complejo dilucidar a cuál de los dos le resulta imputable la negligencia desencadenante de responsabilidad civil. Sin embargo, cuando pueda determinarse cuál de los dos profesionales es el competente para el desarrollo y ejecución de una concreta actuación judicial la solidaridad ha de quedar desplazada por el principio de confianza. Por ejemplo, en un caso en el que la negligencia derivó de la falta de interposición de un recurso de casación, la sentencia del Tribunal Supremo de 27 de julio de 2006 (RJ 2006, 6548) terminó absolviendo al abogado porque el procurador no logró demostrar que había comunicado al abogado la copia de la resolución notificada, a efectos de que este pudiera tener conocimiento del plazo para la interposición del recurso. Sobre quién tenía que demostrar si se había producido o no tal notificación, reconoce el Tribunal Supremo: «la diligencia exigible al procurador en el despacho de los asuntos le impone razonablemente la carga de tomar razón de la fecha en que se comunican al abogado las resoluciones notificadas, junto con la comprobación de que estas han sido debidamente recibidas, especialmente si la comunicación ha tenido lugar por un medio, como es el antiguo correo, que no permite tener constancia inmediata y cierta de su recepción».

IV

Daños específicos derivados de la negligencia profesional

SUMARIO: A. INTRODUCCIÓN. B. LA PÉRDIDA DE LA OPORTUNIDAD PROCESAL. *b.1. Planteamiento de la cuestión. b.2. Naturaleza jurídica de la pérdida de la oportunidad procesal: ¿un daño autónomo o una técnica para resolver la incertidumbre causal?. b.3. La «razonable certidumbre de la probabilidad de resultado» como presupuesto del daño por pérdida de oportunidad procesal. b.4. La pérdida de la oportunidad procesal: deslinde respecto a otros daños cercanos.* b.4.1. Pérdida de oportunidad versus otros daños morales. b.4.2. Pérdida de oportunidad versus daño por la no estimación de la pretensión (beneficio final). *b.5. Recapitulación.* C. LA PÉRDIDA DE LA OPORTUNIDAD EN LOS CASOS DE NEGLIGENTE DIAGNÓSTICO PRENATAL Y OTROS SUPUESTOS. D. LA DOCTRINA DEL «DAÑO» DESPROPORCIONADO. E. LA EXTRAPOLACIÓN DEL BAREMO AL ÁMBITO MÉDICO.

A. INTRODUCCIÓN

En este último capítulo analizaremos algunos daños cuyo surgimiento se circunscribe al campo de actuación de los profesionales liberales y que, en consecuencia, resultan de difícil localización fuera de estos márgenes.

Al centrarnos en el estudio de daños específicos derivados de la negligencia profesional, omitiremos el análisis de algunos daños generales (que, por tanto, pueden localizarse en otros ámbitos de la responsabilidad civil), que pueden llegar a alcanzar una gran relevancia en relación con la actividad de ciertos profesionales.

Este es el caso del daño moral, cuya acreditación y valoración económica queda sometida al arbitrio judicial ya que, por su naturaleza, es imposible cuantificarlo conforme a criterios de mercado. Ello conduce a que su importe resulte en ocasiones desajustado, pues, como reconoce Ortega Reinoso, «ante la inexistencia de pautas para su cálculo, queda a la muy subjetiva apreciación, primero del cliente, cuando lo cuantifica en su demanda, y luego del órgano judicial, cuando de forma discrecional lo establece en su sentencia»[1].

En efecto, a la hora de cuantificar esta clase de perjuicios nuestros tribunales aluden en sus resoluciones a parámetros tan generales y heterogéneos como la equidad, la facultad moderadora de los tribunales o el prudente arbitrio judicial. Pese a ello, constituye una partida habitual en las indemnizaciones derivadas de la negligencia médica, donde se le asigna la función de compensar a la víctima por los padecimientos y perjuicios soportados y/o a sus familiares por el daño de rebote que les ha generado el sufrimiento experimentado por el ser querido[2].

En este ámbito, junto a los daños morales puros (que implican la perturbación interna del estado de ánimo de la víctima –sufrimiento, angustia, preocupación– y que, por tanto, han de ir más allá de las frustraciones o molestias que sufre todo acreedor al ver insatisfecho su interés por el incumplimiento del deudor) y a los daños indirectos o de rebote (aquellos sufridos por otras personas diferentes al perjudicado), la jurisprudencia del Tribunal Supremo ha ido incluyendo paulatinamente una serie de subgéneros o situaciones que resultan resarcibles bajo esa rúbrica[3]: *v. gr.*, el daño por la privación de la facultad de optar por el aborto en los casos de falta de diligencia en la realización del diagnóstico prenatal o en la comunicación de sus resultados; el daño por vulnerar el derecho a la autodeterminación y a la dignidad de todo paciente cuando no se recaba el consentimiento informado o la información proporcionada no pueda ser calificada como idónea (*v. gr.*, porque no se ajusta al nivel intelectual del paciente o porque no se le informa sobre los riesgos), etc. Como se ha señalado reiteradamente, esta progresiva ampliación de la tipología de daños morales que se consideran resarcibles, que ha sido censurada por importantes voces doctrinales[4], viene propiciada por la configuración de nuestro propio sistema, que se sitúa dentro de los denominados abiertos o atípicos.

Por el contrario, el reconocimiento jurisprudencial de una indemnización por daño moral es anecdótica cuando se enjuicia la responsabilidad de otros profesionales, como es el caso de los abogados, salvo en la jurisprudencia más antigua sobre el tema, que entendía que la pérdida de la oportunidad procesal constituía un daño moral en los supuestos de negligencias de abogados y pro-

1. Ortega Reinoso, *RCDI*, 2015, p. 464.
2. Puntualiza Del Olmo García, 2023, pp. 8444-8445, que, en relación con los daños extrapatrimoniales, no tiene sentido hablar de *restitutio in integrum*, pues es más adecuado hablar de una compensación razonable o equitativa. Díez-Picazo, 2008, p. 97 confirma igualmente que, tratándose de perjuicios morales, es imposible compensar en sentido estricto el daño.
3. Vicente Domingo, 2014, pp. 320.
4. Véase, en tal sentido, Díez-Picazo, 2008, p. 13, que advierte de la trivialización y deformación de este concepto que se viene produciendo en los últimos tiempos.

curadores, por implicar una vulneración del derecho constitucional a la tutela judicial efectiva consagrado por el artículo 24 de la Constitución Española[5].

Superada ya esta primera jurisprudencia, en la actualidad, como luego expondré, a lo sumo podrá considerarse en este ámbito como daño moral, en los casos típicos de interposición de acciones y recursos fuera de plazo, el daño derivado de la privación del derecho a que las pretensiones sean conocidas por los tribunales debido a la inexistente o extemporánea actuación profesional o, mejor dicho, la sensación de frustración o sentimiento de desamparo que la usurpación de tal derecho ocasiona al cliente, que ya no podrá saber qué habría sucedido con su pretensión si el letrado hubiera sido diligente[6].

Este daño, que fue identificado erróneamente por la primera jurisprudencia[7] y la primera doctrina[8] como una vulneración del derecho a la tutela judicial efectiva (no hay vulneración de la tutela judicial, pues sí que existe resolución

5. Reconoce Moreo Ariza, *Indret*, 2007, p. 15 (según pdf), que el recurso al daño moral se convirtió en un remedio para solucionar esta clase de conflictos, para evitar la complejidad probatoria que implica valorar el éxito de una pretensión no planteada.
En un principio, la jurisprudencia encuadraba este daño (la pérdida de la oportunidad procesal) bajo «el haz vaporoso de lo que la doctrina considera el daño moral» (expresión utilizada por la sentencia del Tribunal Supremo de 25 de junio de 1998 [RJ 1998, 5013]). Véase al respecto, entre otras, las sentencias del Tribunal Supremo de 8 de abril de 2003 (RJ 2003, 2956) (que, tras calificar como moral al daño por pérdida de oportunidades, lo termina indemnizando con 18.030 euros [los demandantes habían valorado la oportunidad perdida en 164.226,85 euros] y 29 de mayo de 2003 (RJ 2003, 3914) (que indemniza el «daño moral infligido a los demandantes» que privó a estos de la oportunidad del recurso en unos 12.000 euros [los demandantes habían valorado la oportunidad perdida en unos 780000 euros]).
Sin embargo, este planteamiento ha sido abandonado por la jurisprudencia más reciente. En este sentido, afirmó la sentencia del Tribunal Supremo de 17 de junio de 2020 (RJ 2020, 2184): «La jurisprudencia de este tribunal ha venido matizando y superando la línea jurisprudencial que consideraba que la pérdida de oportunidad por frustración de acciones judiciales constituía, en cualquier caso, un daño moral indemnizable (...). La más reciente jurisprudencia valora, a tales efectos, si la acción frustrada tenía o no contenido económico y el grado de probabilidad de que la misma prosperase, indemnizando o no al actor en función de tales condicionantes».
6. Se decantan por el carácter moral de este perjuicio, entre otros, Bercovitz Rodríguez-Cano, *Ar. Civ.*, 1997, p. 20, De Ángel Yágüez, 2000, p. 502, Serra Rodríguez, 2001, p. 244 y Gómez Pomar, *Indret*, 2003, p. 6 (según pdf).
Las primeras sentencias sobre la materia admitieron la naturaleza moral de este perjuicio: *v. gr.*, sentencias del Tribunal Supremo de 20 de mayo de 1996 (RJ 1996, 3793) y 11 de noviembre de 1997 (RJ 1997, 7871). Sin embargo, como luego demostraré, la jurisprudencia actual descarta que tal daño sea indemnizable, salvo que concurran circunstancias excepcionales.
7. Aludieron expresamente al daño por vulneración de la tutela judicial efectiva, entre otras, las sentencias del Tribunal Supremo de 28 de enero de 1998 (RJ 1998, 357), 25 de junio de 1998 (RJ 1998, 5013), 7 de abril de 2003 (RJ 2003, 3003), 29 de mayo de 2003 (RJ 2003, 3914), 12 de diciembre de 2003 (RJ 2003, 9285), 14 de julio de 2005 (RJ 2005, 6532), 14 de diciembre de 2005 (RJ 2006, 1225), 30 de marzo de 2006 (RJ 2006, 2129) y 27 de julio de 2006 (RJ 2006, 6548).

judicial, aunque de inadmisión), no requiere para su determinación y cuantificación la previa indagación de las previas expectativas u oportunidades del cliente[9], como tendremos ocasión de comprobar en el siguiente apartado, en el que desarrollaré esta cuestión. Adelanto ahora que este tipo concreto de daño moral no encuentra predicamento (al menos de forma explícita y patente) en la jurisprudencia actual del Tribunal Supremo.

Salvo que concurran circunstancias excepcionales, la jurisprudencia tampoco admite la indemnización en concepto de daño moral por la zozobra e incertidumbre que la incoación del proceso supuso para el cliente (proceso que, recordemos, se malogró debido a la negligencia profesional), probablemente por tratarse este de un riesgo general de la vida.

Solo cuando concurren determinadas circunstancias excepcionales, se indemniza el especial sufrimiento y angustia que, en ese caso concreto, ha ocasionado al cliente el que los tribunales no hayan llegado a conocer sus pretensiones (*v. gr.*, cuando quien reclame al abogado negligente en concepto de pérdida de oportunidad sea la víctima de un delito, que se ve privada de la satisfacción que hubiera supuesto para ella la condena penal de los autores, debido a que la acción penal fue interpuesta fuera de tiempo[10]).

> En el ámbito penal es donde resultan más factibles las indemnizaciones por daños morales, debido a la gravedad que ha de reunir la acción u omisión del letrado para que puedan ser subsumidos bajo el tipo penal de deslealtad profesional previsto en el artículo 467.2 del Código Penal. Por ejemplo, en el supuesto resuelto por la sentencia del Tribunal Supremo (Sala 2.ª) de 16 de noviembre de 2001 (RJ 2002, 945), en el que la abogada aceptó un determinado encargo y después no inició ninguna reclamación ante la vía civil como correspondía ante el impago del tercero, quedó acreditado que la letrada llegó a manifestarle a su cliente que sí que estaba actuando (pese a no hacerlo). Finalmente quedó insatisfecha la deuda y se perdió la eficacia ejecutiva del título acreditativo de la misma. Ante la gravedad de los hechos, junto a la indemnización de los daños patrimoniales, el Tribunal Supremo reconoció la presencia de daños morales «inherentes al engaño de que fue objeto por parte de aquella».

Es probable que estas primeras sentencias entendieran que en estos casos se había producido una vulneración del artículo 24 CE, para facilitar la caracterización de la pérdida de la oportunidad como daño moral (calificación sostenida por las primeras resoluciones que recayeron sobre el tema), al afectar directamente a un derecho fundamental.

8. Serra Rodríguez, 2001, p. 244 y González Carrasco, *CJJC,* 2018, apartado 3 (recurso digital sin paginación). Recientemente, Oliva Blázquez, 2022, p. 313, parece admitir también que en estos casos resulta lesionado el derecho a la tutela judicial efectiva del cliente.
Por el contrario, Illescas Rus, 1999, p. 259, Crespo Mora, 2005, p. 404 y Mate Satué, 2021, pp. 416-417, niegan que la actuación de un particular pueda ocasionar la lesión del artículo 24 de la Constitución Española.

9. Serra Rodríguez, *J&D,* 2019, p. 93.

10. Ejemplo propuesto por Cobreros Mendazona, *RVAP*, 2013, p. 102.

En el sector de la construcción, pese a que el artículo 17 de la Ley de Ordenación de la Edificación no incluye la indemnización de este tipo de daños [11] (el precepto se limita a regular los daños materiales ocasionados en el edificio), se ha conseguido su resarcimiento bien a través del artículo 1591 del Código civil [12] –cuya persistencia en nuestro ordenamiento y compatibilidad con la Ley de Ordenación de la Edificación es defendida por cierto sector doctrinal [13]–, bien mediante las reglas generales de la responsabilidad contractual o extracontractual de los artículos 1101 y 1902 del Código civil [14]; en este último caso, la elección de uno u otro precepto dependerá de que exista o no vinculación contractual entre los agentes de la edificación y la víctima que soportó los daños [15].

De todas formas, la doctrina se ha mostrado crítica con la aplicación jurisprudencial de este tipo de daño, por considerar que con frecuencia es utilizado de forma extralimitada como un comodín que permite solucionar problemas de prueba y valoración de daños no estrictamente extrapatrimoniales, gracias a las laxas reglas de enjuiciamiento propias del mismo (a través de criterios tan etéreos como la equidad, la facultad moderadora del tribunal y otros similares) [16].

Tras esta brevísima alusión a los daños morales, las próximas páginas se dedicarán a analizar aquellas tipologías de daños especialmente vinculados al ejercicio de los profesionales liberales. Pronto se comprobará que en el sector de la medicina –el campo donde se producen los casos de responsabilidad profesional más abrumadores– y el del ejercicio del Derecho es donde pueden identificarse el mayor número de particularidades relativas al daño.

11. Gregoraci Fernández, *RdPat*, 2009, apartado 2.1.1 (recurso digital sin paginación).
12. Gázquez Serrano, *Práctica Derecho de Daños*, 2011, apartado I (recurso digital sin paginación).
13. Entre otros, Núñez Iglesias, 2021, p. 805 defiende la vigencia del mencionado precepto, pues su ámbito de aplicación (y los daños contemplados) no coincide con el artículo 17.1 de la Ley de Ordenación de la Edificación. Para conocer los principales autores que defienden su vigencia, así como aquellos que lo consideran derogado tácitamente, véase Núñez Iglesias, 2021, p. 805.
14. Diversas sentencias han declarado que los daños morales que se produzcan en este ámbito pueden ser indemnizados «bien mediante la aplicación de reglas específicas, como la del artículo 1591 del Código civil, bien mediante las generales de responsabilidad contractual o extracontractual de los artículos 1101 y 1902 del mismo cuerpo legal». En este sentido, *vid.* sentencias del Tribunal Supremo de 15 de julio de 2011 (RJ 2011, 5123) y 13 de abril de 2012 (RJ 2012, 5902), sentencia de la Audiencia Provincial de Alicante, Sección 9.ª, de 21 de septiembre de 2018 (JUR 2018, 315976), sentencia de la Audiencia Provincial de Ourense, Sección 1.ª, de 22 de diciembre de 2021 (JUR 2922, 128274) y sentencia de la Audiencia Provincial de Asturias, Sección 7.ª, de 16 de noviembre de 2022 (JUR 2023, 4096).
15. Gregoraci Fernández, 2019, p. 499.
16. Moreo Ariza, *Indret*, 2007, p. 17 (según pdf).

B. LA PÉRDIDA DE LA OPORTUNIDAD PROCESAL

B.1. PLANTEAMIENTO DE LA CUESTIÓN

Si hay un daño específico e inherente al ejercicio de los profesionales que ha alcanzado gran notoriedad en los últimos años es la denominada pérdida de la oportunidad[17], perjuicio al que ya nos referimos en el capítulo anterior. Pese a la complejidad que supone brindar una definición al respecto, en esta categoría –de construcción fundamentalmente jurisprudencial[18]– han de incluirse todos aquellos casos en los que el agente dañante, con su actuación u omisión, ha roto o interrumpido un proceso con el que la víctima tenía probabilidades de conseguir una ganancia o de evitar una pérdida, por encontrarse en una tesitura idónea para ello. Nos encontramos, pues, ante situaciones en las que la comparación con el comportamiento alternativo lícito (la actuación diligente del agente), arroja la conclusión de que el beneficio frustrado seguiría siendo solo posible y en las que tampoco es seguro que el daño o pérdida se hubiera evitado.

Piénsese, por ejemplo, en la extemporánea interposición de una demanda o recurso por parte de un letrado[19], uno de los supuestos a los que primero se aplicó esta categoría[20] y donde más ha sido utilizada para concretar y cuantificar los daños causados por el profesional del Derecho[21], cuestión nada sencilla, como expresamente ha reconocido el Tribunal Supremo (en concreto, la sentencia de 28 de julio de 2003 [RJ 2003, 5989] habla del «espinoso problema de la fijación de la indemnización de los daños y perjuicios en sede de abogados y procuradores»). En este caso, la dificultad para determinar y cuantificar el daño se debe a que el menoscabo producido encuentra difícil encaje en las partidas indemnizatorias tradicionales.

En tales circunstancias, cuando la situación sea definitiva, irremediable o irreversible porque el cliente no cuente con otras alternativas procesales para solucionarla (las sentencias del Tribunal Supremo de 27 de julio de 2006 [RJ 2006, 6548]) y 23 de octubre de 2015 [RJ 2015, 4897]) se refieren a «la privación

17. Cobreros Mendazona, *RVAP*, 2013, p. 73 y Oyarzún Vargas, *RJUAM*, 2021, p. 120.
18. Luna Yerga, 2005, *Indret*, p. 3 (según pdf) y Arcos Vieira, *IBERC*, 2020, p. 103.
19. En este gran cajón de sastre, habría de incluirse, como reconoce Blázquez Martín, *Diario La Ley*, 2017, apartado I.3.A (recurso *online* sin paginación), el no ejercicio de las acciones encomendadas, el ejercicio tardío por prescripción o caducidad y la preclusión de los plazos para presentar alegaciones, prueba y recursos.
20. De hecho, en la jurisprudencia francesa, la primera sentencia que admitió que la pérdida de oportunidad constituye un perjuicio reparable se refería precisamente a un supuesto de este tipo. Se trataba de la sentencia de Cass. (Ch.Req.) 17 julio 1889 (S. 1889, 1, 309), que declaró indemnizable la pérdida de oportunidad de ganar un proceso de un cliente como consecuencia de la negligencia de un oficial ministerial. Por ello, afirma Chartier, 1996, p. 15: «*la plus traditionnelle, parce que la plus ancienne, est la perte d'une chance attachée à droit*». De igual forma, Medina Alcoz, 2007, p. 199, reconoce que la doctrina de la oportunidad perdida empezó a emplearse por nuestros tribunales en pleitos contra abogados y procuradores.
21. Santos Morón, 2024, *Indret*, apartado 1.1.

irreversible de la posibilidad»)[22], ya no podrá conocerse cuál habría sido el desenlace del proceso, es decir, ya no podrá saberse si se habría ganado o perdido el pleito.

Por ello precisamente la literatura especializada ha rechazado de forma reiterada que, en este contexto, el daño ocasionado al cliente consista en la privación del beneficio final buscado con la interposición de la acción (la admisión de la pretensión), debido a su carácter eventual, hipotético y especulativo por regla general[23].

En efecto, en tales circunstancias, en la mayoría de las ocasiones resultará imposible afirmar, sin lugar a duda, que la pretensión judicial del cliente habría sido estimada de no haber mediado la negligencia del profesional, por lo que ha de descartarse la automática indemnizabilidad de este daño incierto. Acreditado el carácter hipotético del citado perjuicio final, sobrará cualquier averiguación posterior sobre el resto de los presupuestos de la responsabilidad civil, por faltar el elemento desencadenante de la misma (a saber, la concurrencia de daño cierto).

> De hecho, son numerosas las sentencias que afirman que, por regla general, el daño no equivale «a la no obtención del resultado de la pretensión confiada o reclamación judicial (...) eventos de futuro (...) por su devenir aleatorio». En tal sentido, véanse las sentencias del Tribunal Supremo de 23 de mayo de 2001 (RJ 2001, 3372), 30 de diciembre de 2002 (RJ 2003, 333), 12 de diciembre de 2003 (RJ 2003, 9 285), 30 de marzo de 2006 (RJ 2006, 2129), 21 de junio de 2007 (RJ 2007, 3783), 27 de octubre de 2011 (RJ 2011, 7313) y 5 de junio de 2013 (RJ 2013, 4971).

---

22. Admiten Del Rosal, *Otrosí*, 2002, p. 50, Crespo Mora, 2005, p. 368, Alberruche Díaz-Flores, *Act. Civ.*, 2014, apartado IV (recurso digital sin paginación), Ortega Reinoso, *RCDI*, 2015, p. 454 y Mate Satué, 2021, p. 213, que el daño consistente en la pérdida de la oportunidad procesal lo genera únicamente la firmeza del pronunciamiento judicial que agote todos los recursos posibles. Por tanto, la pérdida de la oportunidad no habrá de ser considerada daño indemnizable cuando la situación pueda ser subsanada a través de ulteriores actuaciones procesales.
La doctrina que aborda la pérdida de la oportunidad en el ámbito de la responsabilidad médica exige igualmente que se haya perdido de forma definitiva e inexorable la *chance*. Véase, al respecto, Navarro Simón, *ADIBE*, 2018, p. 318 y Arcos Vieira, *IBERC*, 2020, p. 117.
23. Para el Tribunal Supremo, no ofrece dudas el carácter hipotético del daño final consistente en la admisión de la pretensión (daño al que en trabajos anteriores he denominado daño por «privación de la pretensión»). Así lo ha manifestado la sentencia del Tribunal Supremo de 23 de mayo de 2001 (RJ 2001, 3372): «teniendo en cuenta que una vez acreditado el nexo causal entre la conducta del letrado y la realidad del daño, emergerá la responsabilidad de aquel y su obligación de repararlo, sin que, por lo general, ese resultado equivalga a la no obtención del resultado de la pretensión confiada o reclamación judicial: eventos de futuro que, por su devenir aleatorio o socaire no sólo de la diligente conducta sino del acierto en la correspondencia del objetivo o respuesta judicial estimatoria, escapen o distorsionen una arriesgada estructuración anticipada».

En el mismo sentido se pronunció la trascendente sentencia del Tribunal Superior de Justicia de Navarra (Sala de lo civil y Penal), de 9 de diciembre de 1997 (RJ 1997, 9414): «Resulta muy problemático identificar los perjuicios de la responsabilidad contractual con el resultado que se habría obtenido en el juicio laboral no iniciado porque (...) ese resultado beneficioso debe estimarse como un acontecimiento de producción incierta». En la «jurisprudencia menor» reproducen esta afirmación las sentencias de la Audiencia Provincial de Madrid, Sección 18.ª, de 17 de septiembre de 2009 (JUR 2010, 21972), de la Audiencia Provincial de Santa Cruz de Tenerife, Sección 1.ª, de 16 de mayo de 2013 (JUR 2013, 313708), de la Audiencia Provincial de A Coruña, Sección 6.ª, de 12 de febrero de 2016 (JUR 2016, 57849) y de la Audiencia Provincial de Castellón, de 31 de marzo de 2022 (JUR 2022, 242430).

Ahora bien, pese a no poder asegurarse el daño final (el éxito del proceso frustrado por el letrado), si se comprueba que el cliente se encontraba en una posición idónea para conseguir ese resultado favorable[24] (lo que no sucederá, por ejemplo, cuando la acción estuviera prescrita antes de contratar los servicios del letrado[25]), de lo que realmente se le estará privando es de las esperanzas, de la posibilidad de conseguirlo.

Como reconoce la sentencia del Tribunal Superior de Justicia de Navarra (Sala de lo Civil y Penal), de 2 de noviembre de 2003 (RJ 2003, 2209), «resulta muy problemático identificar los perjuicios con el resultado que se habría obtenido (...), pues este resultado beneficioso es un acontecimiento de producción incierta y lo decisivo para fijar el *quantum* indemnizatorio ha de ser la valoración de la pérdida de la oportunidad procesal, en atención a la cantidad reclamada y a la posibilidad de que prosperase la pretensión de fondo».

Así pues, junto a ese daño futuro e incierto (la estimación de la pretensión)[26], se produce otro daño específico, actual y cierto[27] : la pérdida de la opor-

---

24. Serra Rodríguez, 2001, p. 230, Macía Morillo, 2005, p. 363, Mate Satué, 2021, p. 336 y Oliva Blázquez, 2022, p. 313. En la jurisprudencia es constante la exigencia de este requisito. Véase, en tal sentido, las sentencias del Tribunal Supremo de 27 de julio de 2006 (RJ 2006, 6548), 26 de febrero de 2007 (RJ 2007, 2115), 27 de septiembre de 2011 (RJ 2011, 7423) y 23 de octubre de 2015 (RJ 2015, 4897): «La responsabilidad por pérdida de oportunidades exige demostrar que el perjudicado se encontraba en una situación fáctica o jurídica idónea para realizarlas».

25. Ortega Reinoso, *RCDI,* 2015, p. 453. Por este motivo la sentencia de la Audiencia Provincial de Madrid, Sección 13.ª, de 20 de diciembre de 2010 (JUR 2011, 106924) denegó al cliente la indemnización por pérdida de oportunidad: «la acción ejercitada se hallaba prescrita antes de que el abogado demandado iniciase su actividad por encargo de la actora y, en consecuencia, no podía la demandante perder algo que ya no tenía, esto es una expectativa inexistente».

26. Rechazan la indemnizabilidad de este daño (según algunos, por su carácter eventual; según otros, por la imposibilidad de acreditar un nexo de causalidad entre el mismo y el incumplimiento) Bercovitz Rodríguez-Cano, 1997, p. 20, Martínez Calcerrada y Gómez, 1999, p. 369, Cervilla Garzón, *AC,* 2003, p. 1085, Crespo Mora, 2005, p. 358 y Serra Rodríguez, *J&D,* 2019, p. 92. Por el contrario, recientemente Mate Satué, 2021, p. 417 identifica como perjuicio cierto sufrido por el cliente la estimación de la pretensión.

tunidad en sí misma considerada de que esa pretensión del cliente hubiera sido estimada por los órganos de la jurisdicción.

Coincido con Santos Morón en que la mera expectativa de obtener una ganancia tiene un valor de mercado, ya que constituye un activo en el patrimonio del cliente (además de que, como acertadamente apunta la autora, por lo general es transmisible, como sucede, *verbi gratia*, con la *emptio spei*)[28], lo que facilita su catalogación como daño distinto del daño final.

Recordemos, además, que, a diferencia de lo que sucede en otros países del entorno europeo (*v. gr.*, el sistema alemán y el anglosajón), la existencia en nuestro Ordenamiento de una cláusula general en relación con los intereses jurídicos que son dignos de tutela, facilita esta operación de convertir la oportunidad perdida en un daño distinto del daño final[29].

En consecuencia, si concurren ciertos requisitos en esa oportunidad que garanticen su certeza (entre los que destaca, el que se trate de una oportunidad seria, razonable y fundada conforme a las reglas de la experiencia[30] –que sea

---

Nuestra jurisprudencia coincide con la doctrina mayoritaria en este extremo, como se ha indicado en el cuerpo principal del trabajo.

27. Vicente Domingo, 2014, pp. 333-334. En contra, Díez Soto, 2013, p. 12984 y Peña López, 2021, apartado 2.2 (recurso digital sin paginación), para quienes la pérdida de oportunidad constituye un perjuicio meramente probable.

28. Santos Morón, 2024, *Indret*, apartado 1.2. Por el contrario, la autora considera que las posibilidades de curación carecen de valor de mercado, lo que justifica el rechazo a la perspectiva ontológica en el ámbito médico-sanitario.

29. Martín-Casals, 2020, p. 255 y Santos Morón, 2024, *Indret*, apartado 1.1.

30. Luna Yerga, 2005, *Indret*, p. 15 (según pdf), Medina Alcoz, 2007, p. 89, Cobreros Mendazona, *RVAP*, 2013, p. 75, Díez Soto, 2013, p. 12999, Vicente Domingo, 2014, p. 334, Alberruche Díaz-Flores, *Act. Civ.*, 2014, apartado IV (recurso digital sin paginación), González Carrasco, *CJJC*, 2018, apartado 2 (recurso digital sin paginación), Serra Rodríguez, *J&D*, 2019, p. 94, Macía Morillo, 2020, p. 594, Mate Satué, 2021, pp. 188, 212, Oyarzún Vargas, *RJUAM*, 2021, p. 127, Egusquiza Balmaseda, 2021, p. 260 y Oliva Blázquez, 2022, p. 319.
Ahora bien, como puntualizo en otro trabajo anterior (Crespo Mora, 2005, p. 372), en el ámbito de la responsabilidad del letrado, la exigencia de seriedad o razonabilidad de la oportunidad es, en realidad, una exigencia sobre la seriedad o razonabilidad de la pretensión del cliente (que se trate de una pretensión fundada). En este sector, exigen una razonable certidumbre sobre la existencia de oportunidades de obtener buen éxito en el ejercicio de la acción para que la oportunidad pueda ser calificada como daño resarcible, entre otras muchas, las sentencias del Tribunal Supremo de 27 de julio de 2006 (RJ 2006, 6548), 15 de febrero de 2008 (RJ 2008, 2670), 23 de julio de 2008 (RJ 2008, 7063), 14 de julio de 2010 (RJ 2010, 6045), 27 de septiembre de 2011 (RJ 2011, 7423), 28 de junio de 2012 (RJ 2012, 10403), 22 de abril de 2013 (RJ 2013, 3690), 5 de junio de 2013 (RJ 2013, 4970), 24 de abril de 2015 (RJ 2015, 2388), 22 de enero de 2020 (RJ 2020, 61), 1 de junio de 2021 (RJ 2021, 2615) y 28 de junio de 2021 (RJ 2021, 3024). Según las mismas, «el daño por pérdida de oportunidades es hipotético y no puede dar lugar a indemnización cuando no hay una razonable certidumbre de la probabilidad de resultado».

una probabilidad relevante o, desde la perspectiva opuesta, que no se trate de una probabilidad insignificante[31]–, lo que se averiguará a través de una reconstrucción imaginaria del proceso que no ha tenido lugar denominada «juicio dentro del juicio»[32]), el daño consistirá en la pérdida de la oportunidad de conseguir el beneficio y no en la pérdida del beneficio como tal.

Ha de recalcarse que no cualquier privación de la posibilidad de obtener una ventaja procesal, por remota que sea, constituye un daño por pérdida de oportunidad procesal indemnizable; sin exigirse una certeza absoluta de que se habría obtenido lo solicitado, debe realizarse algún tipo de cálculo de probabilidades y acreditarse que la oportunidad perdida era razonable y fundada, para que aquella pueda considerarse daño autónomo y específico en estos casos[33].

> Así lo ha admitido expresamente la sentencia del Tribunal Supremo de 28 de julio de 2003 (RJ 2003, 5989): cuando del «consiguiente examen racional y ponderado de las circunstancias, resultan ser prácticamente nulas las posibilidades de éxito del recurso frustrado, aun obrando dentro de un margen de aproximación pero siempre con base en un fundado juicio de probabilidad cualificado no cabe entender que existió daño material por lo que no procede apreciar la existencia de responsabilidad civil por tal concepto, dado su carácter resarcitorio y no punitivo»[34].

El problema está, como se ha señalado en el texto, en concretar cuándo la certidumbre sobre la probabilidad de resultado favorable es razonable, o, en otras palabras, cuándo la incertidumbre sobre la producción del resultado beneficioso se torna en «razonable» certidumbre en estos supuestos, cuestión sobre la que no se pronuncia expresamente el Tribunal Supremo, que resuelve esta cuestión con criterios más bien intuitivos.

31. En este sentido, afirman las sentencias del Tribunal Supremo de 27 de julio de 2006 (RJ 2006, 6548) y 17 de junio de 2020 (RJ 2020, 2184): «el daño por pérdida de oportunidades (...) no puede dar lugar a indemnización cuando hay una razonable certidumbre de la imposibilidad del resultado».

32. Yzquierdo Tolsada, *CCJC*, 1998, pp. 678 y ss., Serra Rodríguez, 2001, pp. 235 y ss. y Alberruche Díaz-Flores, *Act. Civ.*, 2014, apartado IV (recurso digital sin paginación). El método del «juicio dentro del juicio» puede ser definido en los términos empleados por la sentencia del Tribunal Supremo de 29 de mayo de 2003 (RJ 2003, 3914), como una «operación intelectual» realizada por el órgano judicial «consistente en determinar (con criterios de pura verosimilitud o probabilidad) cuál habría sido el desenlace del asunto si la demanda se hubiese interpuesto o el recurso se hubiese formulado a tiempo». Sanz Acosta, *Práctica Derecho de Daños*, 2010, apartado IV (recurso digital sin paginación) lo describe de forma muy gráfica: «incrustando en el juicio de responsabilidad civil del abogado, el juicio de probabilidad de la pretensión».
La primera sentencia que aplicó este método para cuantificar económicamente la pérdida de la oportunidad procesal fue la sentencia del Tribunal Supremo de 20 de mayo de 1996 (RJ 1996,3793); con posterioridad, ha sido utilizado reiteradamente por el Alto Tribunal. Sin embargo, también hay sentencias que rechazan este método (véase la sentencia del Tribunal Supremo de 11 de noviembre de 1997 [RJ 1997,7871]).

33. Cobreros Mendazona, *RVAP*, 2013, p. 106.

34. Se pronuncian en idénticos términos, entre otras muchas, las sentencias de la Audiencia Provincial de Madrid, Sección 12.ª, de 16 de septiembre de 2009 (JUR 2010,21991) y de 30 de octubre de 2012 (JUR 2013, 7168) y de la Audiencia Provincial de Santa Cruz de Tenerife, Sección 3.ª, de 9 de diciembre de 2020 (JUR 2021, 83194).

Llegados a este punto, lo problemático será, como ya he apuntado con anterioridad, determinar dónde ha de colocarse el listón de lo razonable; esto es, concretar el porcentaje de acaecimiento de la probabilidad a partir del cual puede considerarse que la oportunidad perdida era razonable y fundada. Ya he indicado que, a mi juicio, al menos en lo que se refiere a la pérdida de la oportunidad procesal[35], alcanzar el umbral de la certeza exige demostrar probabilidades de acaecimiento superiores al 50%.

Lo que se indemniza, además, no es la mera pérdida de una oportunidad, sino la pérdida de *toda* oportunidad procesal con la que contaba el cliente. Por tanto, si, pese a la negligencia profesional, el cliente conservara otras opciones procesales para solventar la situación, podrán ser indemnizados otro tipo de daños (*v. gr.*, los mayores costes procesales), pero no la pérdida de la oportunidad.

Por ello, la sentencia del Tribunal Supremo de 2 de diciembre de 1989 (RJ 1989, 8806) rechazó la concurrencia de este daño, «al no producirse el resultado dañoso que el tan aludido demandante pretende deducir de la situación de prescripción por falta de presentación de la demanda a tiempo, dado que esa prescripción no se ha producido y en consecuencia se mantiene viva la posibilidad de ejercicio de la acción planteada».

En el mismo sentido, en la sentencia del Tribunal Supremo de 1 de diciembre de 2008 (RJ 2009, 1111), en un supuesto en el que el actor seguía contando con la posibilidad de ejercitar sus derechos a través del juicio declarativo ordinario, el Alto Tribunal reconoció: «la jurisprudencia viene exigiendo que para la apreciación de la responsabilidad civil del abogado el resultado dañoso se concrete, al menos, en una pérdida de oportunidades de buen éxito de la acción suficientemente justificada, la cual no concurre cuando existe la posibilidad de enmendar el daño mediante recursos o acciones posteriores».

Más recientemente, la sentencia del Tribunal Supremo (Sala 2.ª) de 23 de mayo de 2022 (RJ 2022, 2689) rechazó la indemnización en concepto de pérdida de oportunidad en un proceso de modificación de alimentos, porque, pese a la impericia profesional, los clientes seguían manteniendo la posibilidad de solicitar tal modificación.

35. Como admite Santos Morón, 2024, *Indret*, apartado 2.1, la naturaleza de los daños sufridos por la víctima en los supuestos de negligencias médicas (que afectan a su integridad corporal y salud) puede justificar que en estos casos se rebaje el umbral de certeza de la probabilidad perdida respecto a los supuestos de pérdida de oportunidad procesal. La autora admite expresamente la indemnización de los daños sufridos por la víctima «aunque la probabilidad de que el comportamiento negligente lo haya causado sea escasa».

B.2. NATURALEZA JURÍDICA DE LA PÉRDIDA DE LA OPORTUNIDAD PROCESAL: ¿UN DAÑO AUTÓNOMO O UNA TÉCNICA PARA RESOLVER LA INCERTIDUMBRE CAUSAL?

En atención a lo expuesto en el apartado anterior, como en estos casos la relación de causalidad no se entabla con el beneficio final (la estimación de la pretensión, que, por regla general, no puede ser considerada daño cierto debido a las dudas que genera su segura producción), sino con el daño por la pérdida de la oportunidad de obtener una sentencia estimatoria en sí mismo considerado, la concurrencia del nexo causal resulta incontestable[36], salvo que mediara la intervención culposa de la propia víctima o de un tercero.

De ahí que la doctrina tradicional o tesis ontológica (el «enfoque francés») –que fue introducida en nuestro sistema por los órganos judiciales– no se centre en el estudio de este elemento (la relación de causalidad) de la responsabilidad civil[37], pues desde esta perspectiva la concurrencia del nexo causal no suscita recelo alguno[38] (en estos supuestos resulta incontestable la causa que le arrebató al cliente la oportunidad de ganar el pleito: la negligencia del profesional del Derecho).

Sin embargo, alguna sentencia reciente (todavía no constituye jurisprudencia asentada), influida por el gran predicamento y acogida doctrinal[39] de la tesis que contempla la pérdida de la oportunidad como una técnica que sirve para resolver los problemas de incertidumbre causal, ha trasladado al campo de la responsabilidad de los abogados esta perspectiva causal (aplicada hasta la fecha tan solo en los casos de responsabilidad médica).

---

36. González Carrasco, *CJJC,* 2018, apartado 1 (recurso digital sin paginación).

37. Contemplan la pérdida de la oportunidad procesal desde la llamada perspectiva del daño, entre otros, Illescas Rus, 1999, p. 256, Yzquierdo Tolsada, 2001, p. 153, Crespo Mora, 2005, pp. 364 y ss., Llamas Pombo, 2010, pp. 51 y ss., Parra Lucán / Reglero Campos, 2014, pp. 490-491, Vicente Domingo, 2014, pp. 332-336, Serra Rodríguez, *J&D,* 2019, pp. 92 y ss. y Oliva Blázquez, 2022, p. 307. En contra del parecer doctrinal mayoritario, Mate Satué, 2021, p. 417 recientemente ha rechazado la articulación de la pérdida de la oportunidad procesal como un daño autónomo.
En el ámbito médico sanitario, parecen considerar la oportunidad perdida como un daño en sí mismo, diferente al daño final, García Garnica, *RDC,* 2020, p. 33 y Pérez Vallejo, 2021, pp. 1138-1139. En contra, Santos Morón, 2024, *Indret,* apartado 1.2, para quien el carácter inmaterial de la pérdida de oportunidades de curación o supervivencia dificulta su consideración como daño autónomo que deba ser indemnizado.
Sobre el particular, informa Martín-Casals, 2020, p. 254, que, en la mayoría de los países en los que se admite la pérdida de la oportunidad, se considera un problema referido al daño y no a la relación de causalidad. El mencionado autor se decanta por la consideración de la pérdida de la oportunidad procesal como un problema de daño (p. 257). Por el contrario, parece considerar que, en el ámbito médico, la pérdida de la oportunidad constituye una ficción jurídica que resuelve un problema de causalidad (p. 253).

38. Santos Morón, 2024, *Indret,* apartado 1.2.

39. Santos Morón, 2024, *Indret,* apartado 1.2 puntualiza que situar esta figura en sede de causalidad es más común en la doctrina, que en la jurisprudencia.

En concreto, la relevante sentencia del Tribunal Supremo de 22 de enero de 2020 (RJ 2020, 61)[40] –que, pese a su trascendencia, ha pasado desapercibida en la doctrina (no he localizado ningún análisis crítico de la misma), probablemente por la complicada situación sanitaria global que se produjo poco después de ser dictada– importa el denominado enfoque etiológico aplicado por la jurisprudencia en los supuestos de responsabilidad médica (fundamentalmente, la jurisprudencia administrativa[41]) y lo incorpora por primera vez al análisis de la responsabilidad civil de los abogados y los procuradores. La mencionada resolución implanta en el campo de la responsabilidad civil de los profesionales del Derecho una nueva doctrina que parte de la equiparación de la pérdida de oportunidad procesal y la pérdida de oportunidad de curación y que, por tanto, ignora las diferencias entre ambas, ya apuntadas con anterioridad (véase, en el capítulo precedente, el apartado «Problemas causales en los supuestos de error en el diagnóstico»).

La adopción de esta novedosa y controvertida solución contradice abiertamente el tratamiento de la cuestión que hasta la fecha ha venido realizando el Tribunal Supremo. Aunque no debe ignorarse que, desde hace tiempo, la jurisprudencia reconoce de forma reiterada que la pérdida de la oportunidad constituye un «daño patrimonial incierto»[42] (lo que, indirectamente, de ser utilizada esta expresión con rigor jurídico, implicaría el rechazo de la consideración de la pérdida de la oportunidad como daño), a mi juicio, tal afirmación no constituye un síntoma de abandono progresivo de la denominada tesis ontológica, porque,

---

40. En relación con la pérdida de la oportunidad en los supuestos de frustración de acciones judiciales por la falta de interposición en plazo de una acción o recurso, admite el Fundamento de Derecho Tercero de la mencionada resolución: «Esta doctrina, carente de concreta regulación normativo en el Código civil (...) nace con la finalidad de solventar las dificultades probatorias en la acreditación del nexo causal (...). Tiene reflejo en el artículo 7.4.3 de los Principios UNIDROIT, en el artículo 163 de la parte General del Código Europeo de los Contratos, así como en el artículo 3:106 de los Principios del Derecho Europeo de Responsabilidad civil.
La pérdida de la oportunidad ha sido aceptada y reconocida por la jurisprudencia de esta Sala Primera. Opera como radical paliativo del principio del todo o la nada a la hora de determinar la relación causal entre un hecho y un resultado acaecido, a modo de una imputación probabilística. El comportamiento que priva de una chance es un suceso que ha podido ser condición necesaria del daño, pero también no serlo».
41. Véase, entre otras, las sentencias del Tribunal Supremo de 21 de diciembre de 2012 (RJ 2013, 300) (Sala Tercera) y 20 de marzo de 2018 (RJ 2018, 1276) (Sala Tercera). En relación con la pérdida de oportunidad estas sentencias afirman que «existe en aquellos supuestos en los que es dudosa la existencia de nexo causal o concurre una evidente incertidumbre sobre la misma».
42. Expresión utilizada, entre otras, por las sentencias del Tribunal Supremo de 27 de julio de 2006 (RJ 2006, 6548), 26 de febrero de 2007 (RJ 2007, 2115), 12 de mayo de 2009 (RJ 2009, 2019), 30 de abril de 2010 (RJ 2010, 3770), 9 de marzo de 2011 (RJ 2011, 4250), 27 de septiembre de 2011 (RJ 2011, 7423), 27 de octubre de 2011 (RJ 2011,7 313), 22 de abril de 2013 (RJ 2013, 3690), 5 de junio de 2013 (RJ 2013 ,4971), 8 de octubre de 2013 (RJ 2013, 6913), 19 de noviembre de 2013 (RJ 2013, 7448), 22 de enero de 2020 (RJ 2020, 61), 1 de junio de 2021 (RJ 2021, 2615) y 28 de junio de 2021 (RJ 2021, 3024).

salvo la resolución citada (sentencia del Tribunal Supremo de 22 de enero de 2020 [RJ 2020, 61]), el resto de sentencias emitidas por el Alto Tribunal sobre el tema siempre han enfocado el problema de la pérdida de la oportunidad procesal desde el prisma del daño.

> Sirva de ejemplo las sentencias del Tribunal Supremo de 22 de abril de 2013 (RJ 2013, 3690), 24 de abril de 2015 (RJ 2015, 2388) y 1 de junio de 2021 (RJ 2021, 2615), en las que, tras reconocer que la pérdida de la oportunidad constituye un daño incierto o hipotético, el Alto Tribunal admite su indemnización: «Debe apreciarse en suma, una disminución notable y cierta de las posibilidades de defensa de la parte suficiente *para ser configurada como un daño que* debe ser resarcido en el marco de la responsabilidad contractual que consagra el artículo 1101 del Código civil» (la cursiva es mía).

Resulta contradictorio afirmar el carácter incierto de la pérdida de la oportunidad procesal, como hacen la mayoría de estas sentencias y que, finalmente, aun reconociendo su incerteza, termine siendo satisfecha esta partida indemnizatoria (esto es, lo que se indemniza en estas sentencias es el daño por pérdida de la oportunidad procesal).

En mi opinión, ello es debido a que muchas de estas sentencias aluden al carácter incierto de este daño por simple mimetismo y sin demasiada reflexión, limitándose a reproducir los postulados sobre la materia de la trascendente sentencia del Tribunal Supremo de 27 de julio de 2006 (RJ 2006, 6548) (que analizaré a continuación, para demostrar que, pese a utilizar esta desafortunada expresión, la referida resolución contempla la pérdida de la oportunidad procesal desde una perspectiva ontológica).

Tal vez lo que se quiere dar a entender con tal expresión («daño patrimonial incierto») es que la pérdida de la oportunidad constituye un daño patrimonial de cuantía incierta, pues, efectivamente, el concreto *quantum* de esta partida depende del cálculo prospectivo de oportunidades de éxito, que no se conocerá hasta que se realice el «juicio dentro del juicio». De igual forma, esta expresión significa que, si la probabilidad de acaecimiento de la oportunidad perdida no supera cierto umbral de seriedad y certeza, se tratará de un daño hipotético o eventual y, en consecuencia, no indemnizable.

Esta interpretación puede corroborarse si se analiza la primera sentencia en la que se alude al carácter incierto de este perjuicio (la ya mencionada sentencia del Tribunal Supremo de 27 de julio de 2006 [RJ 2006, 6548]), en la que el Alto Tribunal aclara que lo incierto no es el daño en sí, sino su cuantía. En este sentido, reconoce que tal carácter incierto es debido a «no ser posible concretar su importe con referencia a hechos objetivos, por depender de acontecimientos futuros» y añade que «lo incierto de su cálculo obligue a un juicio de valoración consistente en una previsión probabilística, formulada por la debida prudencia, acerca de la pérdida de oportunidades padecida en función de las posibilidades de buen éxito del recurso interpuesto en relación con el interés económico objeto de la reclamación» (reproduce de forma textual este planteamiento la sentencia del Tribunal Supremo de 23 de octubre de 2015 [RJ 2015, 4897]).

De igual forma, la mencionada sentencia reconoce que «el daño por pérdida de oportunidades es hipotético y no puede dar lugar a indemnización cuando hay una razonable certidumbre de la imposibilidad del resultado». Es decir, para la citada resolución el daño por pérdida de oportunidad solo es hipotético cuando la probabilidad de acaecimiento de la oportunidad perdida no sea razonable.

El empleo de tal locución por sentencias posteriores (que transcriben literalmente la expresión «daño patrimonial incierto»), se hace, como ya se ha apuntado, sin plantearse las implicaciones derivadas de calificar a un daño como incierto y demuestra la falta de rigor con la que la jurisprudencia viene aplicando esta técnica, así como la confusión conceptual existente en torno a la misma[43].

En mi opinión, en estos supuestos de extemporánea interposición de demandas y recursos por parte de los profesionales del Derecho, el único daño incierto es, como ya he indicado, la privación del beneficio final (la estimación de la pretensión), cuya incerteza es indiscutible por regla general. De hecho, son numerosísimas las sentencias que indemnizan la pérdida de la oportunidad, partiendo de su consideración como daño autónomo y específico en este tipo de casos (tratándose de sentencias del Tribunal Supremo, todas menos la citada sentencia del Tribunal Supremo de 22 de enero de 2020 [RJ 2020, 61]).

Ahora bien, como he indicado en párrafos anteriores, algunas resoluciones (además de la citada del Tribunal Supremo, numerosas sentencias emitidas por las Audiencias Provinciales con posterioridad a la misma) ya admiten abiertamente que la referida técnica «nace con la finalidad de solventar las dificultades probatorias en la acreditación del nexo causal»[44], pero no explican en qué con-

43. Si bien es cierto que se ha producido una evolución del tratamiento jurisprudencial de esta materia (como admite Blázquez Martín, *Diario La Ley*, 2017, apartado I.3.A [recurso *online* sin paginación] y también he constatado en el presente trabajo), también lo es que algunas sentencias son contradictorias (sobre todo las primeras resoluciones).

44. Sentencia del Tribunal Supremo de 22 de enero de 2020 (RJ 2020, 61). Reconoce la referida sentencia: «Opera como paliativo del radical principio del todo o la nada a la hora de determinar la relación causal entre un hecho y un resultado acaecido, a modo de una imputación probabilística. El comportamiento que priva de una chance es un suceso que ha podido ser condición necesaria del daño, pero también no serlo». Estas afirmaciones de la mencionada resolución del Alto Tribunal han sido reproducidas en cascada por las diversas Audiencias Provinciales que, con posterioridad a la mencionada sentencia, se han enfrentado a este tipo de casos. Sorprendentemente, muchas de ellas han compaginado esta perspectiva de la pérdida de la oportunidad (el enfoque etiológico), con el denominado enfoque ontológico (es decir, la consideración de la pérdida de la oportunidad como un daño específico y autónomo en estos casos), lo que demuestra la confusión conceptual con la que sigue tratándose la materia por parte de nuestros tribunales.

sisten los extremos que son enlazados a través de este nexo causal que resulta incierto.

Queda claro que en un extremo del nexo causal se encuentra la negligente actuación u omisión del letrado; pero estas sentencias no clarifican cuál es el otro extremo que resulta difícil enlazar con la negligencia profesional a través de la relación causal, lo que provoca el surgimiento de una situación de incertidumbre causal.

En efecto, si el daño que resulta enlazado a través del nexo causal es la pérdida de la oportunidad, no se planteará ningún problema causal que exija la aplicación de la referida técnica, porque, de acuerdo con las reglas de la experiencia, no cabe duda de que la negligencia del profesional fue la única causa que privó al cliente del daño por la pérdida de la oportunidad de obtener una sentencia estimatoria.

Solo si se entiende que en estos casos el daño ocasionado al cliente es la privación del beneficio final (la estimación de la pretensión), la relación de causalidad suscitará problemas de prueba, ya que es difícilmente concebible que el particular pueda demostrar que, si no hubiera mediado negligencia profesional, el tribunal hubiera dictado sin lugar a duda una resolución favorable a sus pretensiones.

Ahora bien, de acuerdo con reiteradísima jurisprudencia (ya citada con anterioridad), como regla general no se admite la configuración del daño final por la no estimación de la pretensión como daño cierto, o al menos, no se ha admitido hasta la fecha. Descartado, pues, el carácter cierto de este daño, sobra cualquier

---

Entre otras, reproducen las mencionadas afirmaciones de la sentencia del Tribunal Supremo de 22 de enero de 2020 (RJ 2020 ,61), las Audiencias Provinciales de Ciudad Real, Sección 2.º (sentencia de 2 de noviembre de 2020 [AC 2021, 132]), de Alicante, Sección 4.ª (sentencias de 17 de junio de 2022 [JUR 2022, 328560] y 4 de julio de 2022 [JUR 2022,3 28968]) y Sección 9.ª (sentencias de 5 de junio de 2020 [JUR 2021, 194986] y 16 de septiembre de 2020 [JUR 2021, 195694]), de Murcia, Sección 4.ª (sentencias de 18 de febrero de 2021 [JUR 2021, 140045] y 16 de septiembre de 2021 [JUR 2021, 365573]), de Valencia, Sección 8.ª (sentencia de 9 de marzo de 2020 [JUR 2020, 180360]), de Badajoz, Sección 3.ª (sentencias de 16 de septiembre de 2020 [JUR 2020, 306974] y 26 de febrero de 2020 [JUR 2020, 144166]), de Madrid, Sección 8.ª (sentencia de 20 de abril de 2023 [JUR 2023, 240115]) y Sección 14.ª (sentencia de 10 de noviembre de 2022 (JUR 2022,387539), Lleida, Sección 2.ª (sentencia de 23 de enero de 2023 [JUR 2023, 112375]), de Castellón, Sección 3.ª (sentencias de 31 de marzo de 2022 [JUR 2022,242430] y 3 de octubre de 2022 [JUR 2023 ,270143]), de Málaga, Sección 5.ª (sentencia de 7 de marzo de 2022 [JUR 2022, 260417]), de Valladolid, Sección 1.ª (sentencia de 15 de noviembre de 2022 [JUR 2022, 52106]), de Barcelona, Sección 16.ª (sentencia de 17 de marzo de 2021 [JUR 2021, 173244]) y Sección 17.ª (sentencia de 14 de septiembre de 2023 [JUR 2023, 388908]), Santa Cruz de Tenerife, Sección 3.ª (sentencias de 16 de noviembre de 2020 [JUR 2021, 84968] y 13 de enero de 2021 [JUR 2021, 136773]) y de Navarra, Sección 3.ª (sentencia de 23 de abril de 2020 [JUR 2020, 301441]).

averiguación posterior (entre otros extremos, la concurrencia de la relación de causalidad).

La perspectiva de la causalidad probabilística tiene aplicación en el ámbito del error de diagnóstico (supuesto al que, como ya he señalado, debe ceñirse la aplicación de la técnica de la pérdida de la oportunidad en el ámbito médico), porque en este caso se le ocasiona al paciente un daño final (la muerte o el empeoramiento de su salud) y lo cuestionable es la relación de causalidad. Ello es debido a que, junto a la negligencia del profesional de la medicina, concurre otra causa (la enfermedad del paciente), que ha contribuido igualmente en la producción del daño final.

Pero, como ya he justificado, no puede sostenerse el carácter cierto del daño final por la falta de estimación de la pretensión, salvo en aquellos casos excepcionales en los que el cálculo prospectivo de probabilidades arroje como resultado la certeza absoluta de su producción o un porcentaje de probabilidad rayano en la certeza. Sin embargo, en tales circunstancias, el daño ya no puede ser catalogado como pérdida de oportunidad (el daño será la privación del beneficio final), pues es consustancial a esta última la incerteza respecto a la materialización de ese resultado beneficioso y en los casos excepcionales a los que me refiero puede afirmarse, sin lugar a dudas, que si el letrado hubiera interpuesto la demanda o recurso en plazo, el órgano judicial habría dictado una resolución favorable a los intereses del cliente.

Cuando pueda anticiparse con absoluta certeza el sentido en que se hubiera pronunciado la sentencia no existirá *chance*, ya que por definición la *chance* carece de esa certeza[45]. En conclusión, la pérdida de oportunidades y la estimación de la pretensión (daño final) no solamente son daños diferentes, sino también incompatibles[46].

Por las razones expuestas, rechazo que en los supuestos de responsabilidad civil de abogados resulte factible la aplicación de una perspectiva etiológica o causal de la pérdida de la oportunidad (que, por el contrario, como ya apunté, puede tener sentido en los supuestos de error en el diagnóstico médico), porque aquella toma como punto de partida la producción y certeza del daño final (la privación del beneficio final: la estimación de la pretensión), y en los supuestos de extemporánea interposición de demandas y recursos este daño final, por regla general, no reunirá la certeza que exige nuestro sistema jurídico para su catalogación como daño.

45. Así lo ha admitido expresamente la sentencia del Tribunal Supremo de 30 de marzo de 2006 (RJ 2006, 2129), según la cual, en estos supuestos el canon aplicable es el de la «certeza razonable» y no la «absoluta seguridad».

46. Crespo Mora, 2005, p. 383.

B.3. LA «RAZONABLE CERTIDUMBRE DE LA PROBABILIDAD DE RESULTADO» COMO PRESUPUESTO DEL DAÑO POR PÉRDIDA DE OPORTUNIDAD PROCESAL

Como he apuntado con anterioridad, si la oportunidad perdida no llega a alcanzar un mínimo de relevancia o certidumbre, la pérdida de la *chance* no podrá reputarse daño cierto y, en consecuencia, no será indemnizada. Así lo ha reconocido reiteradísima jurisprudencia del Tribunal Supremo, según la cual, «el daño por pérdida de oportunidad es hipotético y no puede dar lugar a indemnización cuando no hay una razonable certidumbre de la probabilidad de resultado»[47]. Por ello, admite González Carrasco respecto a oportunidades cuya producción no resulten razonablemente ciertas que, «indemnizar en estos casos significaría dar entrada en nuestro ordenamiento al reconocimiento de daños punitivos incompatibles con el carácter compensatorio y reparador de nuestro Derecho de daños»[48].

> Por esta razón, entre otras, la sentencia del Tribunal Supremo de 30 de marzo de 2006 (RJ 2006, 2129) rechazó la responsabilidad civil del abogado, pues, pese a quedar acreditada su negligencia profesional, no se logró probar con «un razonable grado de certeza», que la demandante hubiera obtenido una indemnización notablemente superior por las secuelas sufridas (pretensión que quería hacer valer en el proceso frustrado por el letrado), en el caso de que no hubiera mediado negligencia profesional. Añade la sentencia: la recurrente «no consigue desplazar la suposición de que la sala hubiera otorgado una indemnización superior, si se hubiera solicitado, del terreno de lo hipotético al terreno de la certeza razonable».

Así las cosas, si enfocamos el problema desde la perspectiva del daño (planteamiento del que parto) el método del «juicio dentro del juicio» (que conlleva un pronóstico sobre el buen fin o éxito de la vía procesal frustrada) desempeñará un doble cometido[49]. Por un lado, se trata de una primera valoración que permite averiguar si la oportunidad procesal perdida reúne certeza y seriedad suficiente (en palabras del Tribunal Supremo, si concurre una «razonable certidumbre») para ser indemnizada; esto es, permite apreciar o rechazar la existencia de daño reparable[50].

En realidad, este estudio sobre la prosperabilidad de la pretensión no es otra cosa que un análisis sobre su fundamentación jurídica. En tal caso, como ya he apuntado, lo problemático será decidir dónde se encuentra el umbral de la certeza, esto es, determinar a partir de qué porcentaje de prosperabilidad

47. Reproducen esta afirmación las sentencias del Tribunal Supremo de 27 de julio de 2006 (RJ 2006, 6547), 26 de febrero de 2007 (RJ 2007 ,2115), 27 de septiembre de 2011 (RJ 2011, 7423), 24 de abril de 2015 (RJ 2015, 2388), 23 de octubre de 2015 (RJ 2015, 4897), 22 de enero de 2020 (RJ 2020,61), 17 de junio de 2020 (RJ 2020, 2184), 1 de junio de 2021 (RJ 2021, 2615) y 28 de junio de 2021 (RJ 2021, 3024).
48. González Carrasco, *CJJC,* 2018, apartado 2 (recurso digital sin paginación).
49. Apunta esta doble utilidad del «juicio dentro del juicio» Mate Satué, 2021, p. 190.
50. Ortega Reinoso, *RCDI,* 2015, p. 459.

de la oportunidad procesal perdida –cuestión fáctica no revisable en casación[51]– esta merece ser indemnizada[52] (por debajo de este porcentaje nos situaríamos ante un daño eventual[53]). Al igual que otros autores, considero que la oportunidad procesal perdida solo reunirá certeza y seriedad suficientes cuando supere un grado de probabilidad de acaecimiento del 50% (cuando pueda acreditarse que, de haberse interpuesto la acción o recurso a tiempo, era *«more probable that non» que* el cliente hubiera obtenido una resolución favorable a sus intereses)[54].

51. Asua González, 2021, p. 453. Por el contrario, Arcos Viera, 2016, p. 58 cita una sentencia (sentencia del Tribunal Supremo de 27 de noviembre de 2012 [RJ 2013, 435][Sala Tercera]) que rechaza que se trate de una *quaestio facti* y, por tanto, sería revisable en casación. Al respecto, afirma con extrañeza la mencionada autora: «No se alcanza a entender por qué la valoración del 100% del daño es cuestión de hecho y vedada a la revisión casacional, y la del 50% no, salvo que se entienda que esa reducción resulta más bien de la aplicación de criterios en clave de imputación objetiva».
En efecto, recordemos que, para el Tribunal Supremo, la cuantificación de la indemnización es una cuestión de hecho reservada al juzgado de instancia y, por tanto, no susceptible de ser revisada en casación (sentencias del Tribunal Supremo de 22 de mayo de 1995 [RJ 1995, 4088], 29 de septiembre de 1997 [RJ 1997, 6460] y 31 de enero de 2001 [RJ 2001, 537]). La revisión solo es posible cuando la cuantía sea desproporcionada y arbitraria debido a las circunstancias concurrentes en el caso concreto o sea manifiestamente baja por debajo del límite mínimo de lo razonable atendiendo al criterio indemnizatorio usualmente seguido en supuestos similares.
52. De igual forma, Gil Membrado, 2021, p. 1082 reconoce la dificultad añadida en estos casos para concretar el rango de incertidumbre apropiado en el que se puede aplicar esta teoría: «adolece de gran imprecisión en los límites mínimo y máximo que con razonable prudencia deben adoptarse». En la doctrina no existe una posición unánime acerca de dónde haya de situarse el umbral de la certeza. Para Serra Rodríguez, 2001, p. 246, las probabilidades perdidas solo serán efectivas y serías si alcanzan un porcentaje igual o superior al cincuenta por ciento. Para Pérez Vallejo, 2021, pp. 1142 y 1162, los márgenes de probabilidad han de oscilar entre el 45% y el 55%.
Otros autores rebajan el porcentaje de probabilidad para considerar que la oportunidad perdida es sería, fundada y cierta. Véase, Gil Membrado, 2021, p. 1081, que rebaja considerablemente el umbral mínimo para que se pueda calificar a la oportunidad perdida como real (el 20 por ciento). Con anterioridad, Medina Alcoz, 2007, pp. 316 y 317 fijó este umbral en el 15%. Luna Yerga, 2005, *Indret*, p. 15 (según pdf) rechaza la indemnización de probabilidades estadísticas muy bajas, pero no especifica un umbral o porcentaje a partir del cual las oportunidades merezcan ser indemnizadas. En el mismo sentido se pronuncia Oliva Blázquez, 2022, p. 318, quien rechaza que haya de exigirse un mínimo de 50% de probabilidades estadísticas para que proceda la indemnización (pues para el mencionado autor basta con que concurra «alguna posibilidad razonable»), pero no concreta a partir de qué porcentaje la oportunidad puede pasar a ser considerada razonable.
53. Por ejemplo, la sentencia del Tribunal Supremo de 26 de febrero de 2007 (RJ 2007, 2115) desestimó la demanda de responsabilidad civil contra el letrado que había dejado prescribir la acción de responsabilidad extracontractual por las lesiones sufridas por el cliente a resultas de un accidente de tráfico, por la ausencia de concurrencia de un daño cierto por pérdida de oportunidad procesal. En concreto, admitió la mencionada resolución: «No se observa que se haya demostrado la existencia de una mínima posibilidad de éxito de la acción ejercitada, en caso de no haberse apreciado la prescripción». Por esta misma razón fue desestimada la responsabilidad civil del letrado en el caso resuelto por la sentencia del Tribunal Supremo de 19 de noviembre de 2013 (RJ 2013, 7448).
54. Serra Rodríguez, 2001, p. 246 y Medina Alcoz, 2020, pp. 982 y 984.

Esta cuestión, desafortunadamente, no ha sido aclarada por nuestra jurisprudencia, que viene concediendo indemnizaciones por pérdida de oportunidad sin realizar un exhaustivo cálculo de probabilidades[55] y sin aclarar a partir de qué porcentaje puede considerarse que concurre «una razonable certidumbre de la probabilidad de resultado»[56].

Como se acaba de señalar, en la jurisprudencia no suele ser habitual calcular porcentajes de probabilidad en ninguno de los ámbitos en los que los tribunales aplican la *chance*[57]. La excepción la constituye la sentencia del Tribunal Supremo de 14 de mayo de 2020 (RJ 2020, 1110) (Sala Tercera), en un supuesto de retraso en la realización de una intervención quirúrgica (el paciente falleció antes de ser intervenido). En este caso, en el que el Alto Tribunal cuantificó la oportunidad de supervivencia en un 85%, aplicó el referido porcentaje para reducir la indemnización[58].

Con anterioridad, la sentencia del Tribunal Supremo de 27 de noviembre de 2012 (RJ 2013, 435) (Sala Tercera) redujo en un 50% la indemnización solicitada por la madre respecto a las secuelas padecidas por su hijo al nacer, pues el informe pericial sostuvo que un tratamiento oportuno de la preeclampsia padecida por la demandante durante el embarazo habría reducido el riesgo de secuelas para su hijo recién nacido en un 50%.

Por lo que respecta a la oportunidad procesal, la sentencia del Tribunal Supremo de 5 de junio de 2013 (RJ 2013, 4971) constituye la única resolución dictada por el Alto Tribunal que precisa un porcentaje concreto de acaecimiento de la oportunidad procesal perdida. Esta resolución fija el porcentaje de prosperabilidad en el 50% («no puede afirmarse que el porcentaje de posibilidades de fracaso sea superior al de posibilidades de éxito de la acción en el supuesto de que hubiera sido entablada»), reduciendo la indemnización solicitada por la actora en la proporción correspondiente (esto es, el Tribunal Supremo concede la mitad de las cantidades solicitadas por la demandante por la falta de interposición de la acción frustrada [acción de retracto legal]).

Sin embargo, a nivel de instancia son varias las sentencias que, o bien fijan expresamente un porcentaje de prosperabilidad de la pretensión frustrada, o calculan

55. Santos Morón, 2024, *Indret*, apartado 2.1. La mencionada autora reconoce, al referirse al caso específico de la pérdida de oportunidad de supervivencia o curación, que «a pesar de que en el ámbito médico suelen existir datos estadísticos suficientes acerca del pronóstico y evolución de las distintas enfermedades (...) la mayoría de las sentencias se limitan a hacer una valoración discrecional del daño».

56. Expresión utilizada por multitud de sentencias del Tribunal Supremo (véase, en este trabajo, nota al pie número 324).

57. Realidad jurisprudencial constatada por Asua González, 2021, p. 464.

58. Aprecia con acierto Santos Morón, 2024, *Indret*, apartado 2.1 al referirse a esta sentencia., que, en el presente caso, debido al elevado porcentaje de probabilidades (85%) debería tenerse por cierto el nexo causal. La aplicación de la pérdida de la oportunidad se debió a que la propia demandante invocó la pérdida de la oportunidad (lo que, como reconoce la autora, no suele ser habitual en estos casos). Sin embargo, ello implica aplicar la regla de la responsabilidad proporcional a supuestos en los que, en realidad, no concurre incertidumbre causal.

el *quantum* indemnizatorio aplicando un determinado porcentaje a la indemnización de daños y perjuicios solicitada originariamente por el demandante, lo que, indirectamente implica también el establecimiento de un porcentaje de prosperabilidad (en el entendimiento de que, cuando se realiza el «juicio dentro del juicio», la indemnización es el resultado de aplicar el porcentaje de prosperabilidad hallado a través del mismo a la cantidad reclamada).

El análisis de la «jurisprudencia menor» arroja la conclusión de que la mayoría de las contadas sentencias que han fijado un porcentaje de prosperabilidad se decanta por una solución salomónica de la cuestión, indemnizando la pérdida de oportunidad procesal en un 50% de la cantidad reclamada: véanse, en tal sentido, las sentencias de la Audiencia Provincial de Barcelona, Sección 14.ª, de 15 de septiembre de 2006 (JUR 2007, 106658) («pues el pleito tenía, *prima facie* tantas posibilidades de sentencia estimatoria, como de sentencia desestimatoria»), de la Audiencia Provincial de Santa Cruz de Tenerife, Sección 4.ª, de 13 de junio de 2007 (JUR 2007, 343524) («estima la Sala que las expectativas de éxito de su acción no eran nítidas, estimándose prudente rebajar la indemnización a un 50% de la cantidad que en su caso, habría obtenido como indemnización por despido improcedente»), de la Audiencia Provincial de Islas Baleares, Sección 14.ª, de 23 de abril de 2009 (AC 2009, 1681) («podemos decir que las expectativas de ganar eran tantas como las de perder y que, por tanto, no queda probado que las expectativas de ganar fueran mayores que las posibilidades de perder (...) ello solo se puede traducir en estimar la demanda en parte, al 50%»), de la Audiencia Provincial de Islas Baleares, Sección 5.ª, de 5 de abril de 2015 (AC 2015, 1223), de la Audiencia Provincial de Sevilla, Sección 5.ª, de 13 de octubre de 2016 (AC 2016, 2298) («y como entendemos que las posibilidades de éxito eran las mismas que las de fracaso, fijamos la indemnización en el 50% del interés económico que para el demandante tenía el pleito»), de la Audiencia Provincial de Castellón, Sección 3.ª, de 9 de junio de 2017 (JUR 2018, 88598), de la Audiencia Provincial de Islas Baleares, Sección 5.ª, de 24 de julio de 2017 (JUR 2017, 231366), de la Audiencia Provincial de Islas Baleares, Sección 3.ª, de 14 de noviembre de 2017 (JUR 2018, 28727) («se estima, finalmente, más equitativo moderar la indemnización en un 50% al entender que las mismas posibilidades tenía de éxito que de desestimación»), de la Audiencia Provincial de Barcelona, Sección 19.ª, de 28 de junio de 2019 (JUR 2019, 214398), de la Audiencia Provincial de Sevilla, Sección 6.ª, de 28 de junio de 2019 (JUR 2019, 6761), de la Audiencia Provincial de Barcelona, Sección 19.ª, de 20 de noviembre de 2020 (JUR 2020, 353445) y de la Audiencia Provincial de Málaga, Sección 5.ª, de 28 de septiembre de 2021 (AC 2021, 101).

De forma aislada, puede localizarse alguna sentencia que eleva el porcentaje de prosperabilidad de la pretensión analizada y, con ello, el *quantum* indemnizatorio de la pérdida de la oportunidad procesal: *vid.*, en este sentido, la sentencia de la Audiencia Provincial de Granada (Sección 4.ª), de 22 de marzo de 2019 (AC 2019, 1328): «hemos de mostrar nuestra conformidad con la juez *a quo* de que "probablemente" pudiera ser estimado el recurso. Pero, aunque fuera alta la probabilidad, no era segura al 100% el éxito del mismo, que estimamos en un 80%».

La habitual falta de concreción del porcentaje a partir del cual concurre una «razonable certidumbre de la probabilidad de resultado» por parte de nuestros tribunales presumiblemente es imputable al propio actor, que en el suplico de la demanda no recoge cantidad concreta alguna (por limitarse a diferir la determinación de este extremo al trámite de ejecución de sentencia o, subsidiariamente, a lo que resulte acreditado en período probatorio) y que, con posterioridad, tampoco aporta la prueba pericial que facilite al tribunal la determinación de este porcentaje[59]. En efecto, el demandante de responsabilidad civil del profesional es sobre quien recae la carga de la prueba relativa a la seriedad de la oportunidad frustrada y su grado de probabilidad (atribuye expresamente la carga de esta prueba al demandante la sentencia del Tribunal Supremo de 22 de enero de 2020 [RJ 2020, 61]).

Pero, además, aquel método (el juicio dentro del juicio) facilitará el cálculo de la cuantía en que ha de ser indemnizado el daño, que será un porcentaje (el porcentaje de prosperabilidad) de la cuantía total, cuando se trate de una pretensión económica[60]. Por ello, tras realizar un cálculo prospectivo de oportunidades de buen éxito, cuantas más altas sean las probabilidades (cuanto más fundamentada jurídicamente estuviera la pretensión frustrada) más cercana estará la cuantía a la total indemnidad[61], aunque sin llegar en ningún caso a la reparación íntegra, propia del daño por privación del beneficio final (la estimación de la pretensión), que, como ya se ha adelantado, es distinto al daño por la pérdida de

59. Así lo admite expresamente la sentencia del Tribunal Supremo de 30 de abril de 2010 (RJ 2010, 3770), en relación con la perdida de la oportunidad procesal: «el recurrente no alega en su escrito de interposición del recurso de casación hecho alguno, entre los admitidos como probados por la sentencia de apelación y susceptibles de ser tomados en consideración por esta Sala, del cual pueda deducirse una mayor probabilidad de éxito en sus pretensiones (...) que pudiera justificar la procedencia de aplicar un porcentaje superior sobre la indemnización que pretendía reclamar». Con posterioridad, se pronuncian en términos muy parecidos las sentencias del Tribunal Supremo de 9 de marzo de 2011 (RJ 2011, 4250), 22 de abril de 2013 (RJ 2013, 3690) y de octubre de 2013 (RJ 2013, 6913). La última resolución citada señala: «no hay cumplida prueba del daño, no adjuntando en la demanda ni propuesto en el transcurso del procedimiento un informe técnico ni tampoco la aportación de resoluciones judiciales favorables a la tesis que pretendía defender».
Con anterioridad, en la sentencia del Tribunal Supremo de 21 de junio de 2007 (RJ 2007, 3781) el Alto Tribunal casó la sentencia de la Audiencia Provincial que había dejado para la ejecución la determinación de la cuantía exacta objeto de la indemnización, pues, «si bien la doctrina de esta Sala ha declarado que la cuantificación de las indemnizaciones es competencia exclusiva de los órganos judiciales, valorando caso por caso las pruebas practicadas en autos, cabe la revisión en casación cuando en la fijación de las bases para determinar la indemnización se incurre, como aquí sucede, en la infracción de un criterio jurisprudencial en la aplicación de las normas legales invocadas como fundamento de los motivos de casación». «En su lugar, procede dictar el pronunciamiento que corresponda, fijando la cuantía de la indemnización en función del concreto quebranto económico experimentado por el actor a resultas de la conducta incumplidora del demandado, valorado con arreglo a una prudente previsión probabilística acerca de las posibilidades del buen éxito de las actuaciones ejecutivas emprendidas para el cobro del crédito del actor».
60. Crespo Mora, 2005, p. 396 y Mate Satué, 2021, p. 337.
61. Cobreros Mendazona, *RVAP*, 2013, p. 76.

la oportunidad e incompatible con él[62]. Por el contrario, cuanto mayor sea ese *alea* o incertidumbre menor será la indemnización.

> Señala al respecto la sentencia del Tribunal Supremo de 22 de enero de 2020 (RJ 2020, 61): «si las posibilidades de éxito de la acción no entablada fueran máximas o muy probables, la indemnización sería equivalente a la cuantía del daño experimentado; mientras que, por el contrario, si son muy escasas o muy poco consistentes, la demanda deberá ser rechazada. En los supuestos intermedios entre ambos supuestos probabilísticos procederá el resarcimiento del daño en proporción a las posibilidades de que la acción no entablada por causa imputable al abogado prosperase, fijando de tal modo la cuantía del resarcimiento a que tiene derecho el perjudicado, mediante un juicio ponderativo y motivado que debe contener la resolución judicial que decida el litigio»[63].

Por tanto, si la prestación frustrada fuera de carácter patrimonial, el cálculo de la indemnización debería ser relativamente sencillo: primero habría que urdir un cálculo de prosperabilidad para concretar un porcentaje aproximado de probabilidades de éxito y, después, este porcentaje habría de ser aplicado a la cantidad en la que haya de valorarse la pretensión fallida del demandante.

En principio, pues, habrían de ser rechazadas las indemnizaciones a tanto alzado propias del daño moral, pues el cálculo de la cuantía indemnizatoria del daño por pérdida de oportunidad exige la realización de un juicio imaginario sobre las probabilidades de éxito de la pretensión frustrada por la negligencia del profesional.

Es más, precisamente por no realizarlo y fijar una indemnización global propia del daño moral, la sentencia del Tribunal Supremo de 27 de julio de 2006 (RJ 2006, 6548) llegó a casar la sentencia de instancia aun cuando «la cuantificación de las indemnizaciones es competencia exclusiva de los órganos judiciales», pues «para la fijación del importe de la indemnización debe realizarse una previsión en relación con las posibilidades de éxito de la acción», pronóstico que, sin embargo, no había sido realizado por los tribunales de instancia en el caso enjuiciado por la referida resolución.

Sin embargo, el análisis exhaustivo de la jurisprudencia arroja la conclusión de que prácticamente ninguna sentencia del Alto Tribunal ha llegado a precisar un porcentaje concreto de prosperabilidad de la oportunidad procesal frustrada (la excepción la constituye la ya citada sentencia del Tribunal Supremo de 5 de junio de 2013 [RJ 2013, 4971] y algunas resoluciones emitidas por las Audiencias

62. Crespo Mora, 2005, p. 383 y Oyarzún Vargas, *RJUAM*, 2021, p. 126.
63. Se pronuncian en sentido análogo las sentencias del Tribunal Supremo de 27 de julio de 2006 (RJ 2006, 6548), 30 de abril de 2010 (RJ 2010, 3770), 27 de octubre de 2011 (RJ 2011, 7313), 22 de abril de 2013 (RJ 2013, 3690), 5 de junio de 2013 (RJ 2013, 4971), 8 de octubre de 2013 (RJ 2013, 6913), 19 de noviembre de 2013 (RJ 2013, 7448), 23 de octubre de 2015 (RJ 2015,4 897) y 17 de junio de 2020 (RJ 2020, 2184).

Provinciales, que no suelen motivar o exponer los criterios tenidos en cuenta en la fijación de esos porcentajes).

Ello probablemente sea debido a la dificultad que implica realizar el «juicio dentro del juicio» y averiguar porcentajes en esta materia, por la relatividad, ambigüedad y complejidad de los saberes jurídicos[64] y porque durante la sustanciación de este juicio imaginario no se puede contar con todas las pruebas, alegaciones, etc. inherentes al desarrollo de cualquier proceso[65].

El estudio jurisprudencial también pone en evidencia que no es extraño que, pese a que el tribunal conceptúe como «razonables» las oportunidades perdidas por el letrado en el concreto caso enjuiciado, la indemnización que finalmente concede responde en realidad a oportunidades perdidas con un bajo porcentaje de prosperabilidad, lo que puede deducirse de la escasa cuantía concedida finalmente (si, conforme a lo que se ha explicado, la cuantía indemnizatoria ha de ser proporcional al porcentaje de prosperabilidad de la pretensión frustrada, un indemnización baja debería corresponder, en consecuencia, a un bajo porcentaje de acaecimiento de la oportunidad y no a una oportunidad perdida razonable).

> Ello sucedió, por ejemplo, en el caso resuelto por la sentencia del Tribunal Supremo de 22 de abril de 2013 (RJ 2013, 3690), en el que el demandante solicitaba una indemnización de 23.000.000 pesetas (138.000 euros aproximadamente) y finalmente el tribunal concedió, en concepto de pérdida de oportunidad, 46.077 euros. Aunque el tribunal afirma que para el cálculo de la indemnización «debe realizarse un cálculo prospectivo de oportunidades de buen éxito de la acción» y reconoce que la indemnización ha sido fijada «con arreglo a las circunstancias del caso, integradas, entre otros extremos, por las posibilidades de éxito de las actuaciones frustradas por la negligencia del abogado», en ningún momento descubre cuál es el concreto porcentaje de acaecimiento de la oportunidad procesal perdida. La realización de una regla de tres nos conduce hacia un porcentaje de prosperabilidad de aproximadamente el 33,4%. En mi opinión, cuando el porcentaje de acaecimiento se sitúa por debajo del 50%, la pérdida de la oportunidad procesal

64. Véase, sobre la relatividad de los saberes jurídicos, Crespo Mora, 2005, pp. 109 y ss. En efecto, los conocimientos jurídicos son relativos en la mayoría de las ocasiones. Así, junto a extremos sobre los que existe un consenso doctrinal, corroborado por una jurisprudencia clara y reiterada (los menos), coexisten cuestiones discutibles, susceptibles de diferente valoración o interpretación. De ahí, la gran dificultad de la tarea que han de desempeñar los tribunales consistentes en fijar el concreto porcentaje de prosperabilidad, pues el cálculo de este porcentaje no implica una mera aplicación mecánica y automática del Derecho.

65. Bercovitz Rodríguez-Cano, *Ar. Civ.*, 1997, p. 21, Crespo Mora, 2005, pp. 393-394 y Oliva Blázquez, 2022, p. 319. Esta falta de contradicción ha sido apuntada por nuestros tribunales como una nota negativa del «juicio dentro del juicio». Así lo ha reconocido, entre otras, la sentencia del Tribunal Supremo de 26 de enero de 1999 (RJ 1999, 323): se trataría de «una revisión distorsionada por falta de alegaciones de las partes y de contradicción entre estas». De igual forma, la Sentencia del Tribunal Superior de Justicia de Navarra, de 9 de diciembre de 1997 (RJ 1997, 9414) y la sentencia de la Audiencia Provincial de Palencia, de 15 de enero de 1997 (AC 1997, 1) reconocen que en esta representación imaginaria del juicio que no ha llegado a incoarse «no son parte quienes habrían sido demandados en aquel juicio ante la jurisdicción (...), demandados que podrían oponer una serie de defensas o excepciones (...)».

no reúne certeza suficiente para ser catalogada como daño cierto y, en consecuencia, no ha de ser indemnizada.

Alguna sentencia del Alto Tribunal (sentencia de 13 de julio de 2017 [RJ 2017, 3959]), consciente de esta situación, ha tratado de ponerle fin[66] admitiendo los recursos extraordinarios por infracción procesal contra las sentencias de instancia que, tras reconocer la responsabilidad civil del profesional y la concurrencia de una razonable certidumbre de probabilidad de resultado, terminaron concediendo una indemnización ínfima que se apartaba por completo de la cuantía solicitada por el demandante, al amparo del artículo 469.1º.2.º y 4.º de la Ley de Enjuiciamiento Civil por inaplicación del artículo 218 de la Ley de Enjuiciamiento Civil (por falta de motivación en cuanto al importe de la indemnización).

> En el caso resuelto por la mencionada sentencia del Tribunal Supremo de 13 de julio de 2017 (RJ 2017, 3959), pese a que el demandante había solicitado una indemnización de 195.098,72 euros, los tribunales de instancia terminaron rebajando considerablemente la indemnización y concedieron al perjudicado 12.000 euros en concepto de daños y perjuicios. Sobre el particular, admitió la referida resolución: «La motivación contenida en la sentencia no expresa ni razona de forma clara cuáles son las circunstancias por las que fija a tanto alzado una determinada cantidad, y no otra, ni en qué concepto se le indemniza, con una motivación indudablemente ambigua en la que se mezcla el daño moral, el patrimonial y la pérdida de oportunidad para confirmar la sentencia del juzgado, que parece acudir al criterio de pérdida de oportunidad para indemnizar los daños y perjuicios "por cumplimiento defectuoso del contrato" en 12.000 euros, sin precisar qué oportunidades se perdieron para cuantificar de esa forma y no de otra el daño resultante de la negligencia profesional, y sin hacer lo que corresponde en estos casos, como con reiteración ha declarado esta sala, esto es un cálculo de prosperabilidad de la acción frustrada por la negligencia del letrado; todo ello después de haber estimado la existencia de negligencia, el daño y la relación de causalidad entre uno y otro, lo que impide a esta sala dar una respuesta adecuada al recurso».

Por otro lado, tratándose de una pretensión judicial de carácter extrapatrimonial (cuando lo frustrado por la negligencia profesional sea, por ejemplo, una acción de reclamación o impugnación de la filiación), la concreción de la indemnización suscitará los mismos inconvenientes que la determinación del *quantum* indemnizatorio de cualquier daño moral, debido a la falta de parámetros objetivos de referencia que ayuden a calcular la cuantía del daño[67]. Por ello, aunque la

66. Coincido con Oliva Blázquez, 2022, p. 319 en que, con esta sentencia, el Alto Tribunal pretende acabar con esta situación (a saber, la indemnización a tanto alzado de las oportunidades procesales perdidas), pues exige de forma expresa a los tribunales de instancia que realicen un esfuerzo a la hora de motivar las razones por las que se establece un determinado *quantum* indemnizatorio. En el caso de que no lo haga, la sentencia de instancia puede llegar a ser anulada por falta de motivación e incluso por vicio de incongruencia. Esta exigencia va dirigida igualmente a los clientes, que no pueden limitarse ya a alegar y reclamar, sin más pruebas, una indemnización coincidente con el valor económico de la pretensión.

67. Moreo Ariza, *Indret*, 2007, p. 4 (según pdf).

realización del «juicio dentro del juicio» sigue siendo necesario para averiguar si la oportunidad procesal perdida sobrepasa el umbral exigido para que esta pérdida de oportunidad de naturaleza extrapatrimonial sea considerada un daño cierto, cuando la pretensión frustrada no revista carácter patrimonial, su valoración quedará sometida, básicamente, al arbitrio judicial, pues no hay una cuantía a la que aplicar el porcentaje de prosperabilidad hallado. Como puede colegirse, ello traerá consigo el indeseable riesgo de inseguridad jurídica y de disparidad entre las diferentes indemnizaciones. De todas formas, esta clase de asuntos (la solicitud de responsabilidad civil del abogado por la extemporánea interposición de una acción de contenido extrapatrimonial) apenas suele suscitarse en la práctica de nuestros tribunales[68].

B.4. LA PÉRDIDA DE LA OPORTUNIDAD PROCESAL: DESLINDE RESPECTO A OTROS DAÑOS CERCANOS

b.4.1. Pérdida de oportunidad versus otros daños morales

Como ya se advirtió al principio de este capítulo, en la jurisprudencia del Tribunal Supremo el daño por pérdida de oportunidad procesal fue calificado en un primer momento como daño moral[69] (muy probablemente por la menor dificultad que presenta la cuantificación si el daño es reconducido a esta categoría[70]), aunque con posterioridad fue descartada esta idea[71], sobre todo cuando la pretensión frustrada tiene como finalidad la obtención de una ventaja de contenido económico. Tras estas primeras resoluciones erráticas, la jurisprudencia se ha mantenido fiel a lo largo del tiempo en hacer depender la definitiva natu-

68. De hecho, el propio Tribunal Supremo admite expresamente que en la mayoría de las ocasiones el objeto de la acción frustrada suele ser patrimonial (véase, en tal sentido, las sentencias del Tribunal Supremo de 27 de octubre de 2011 [RJ 2011, 7313] y 19 de noviembre de 2013 [RJ 2013 ,7448]). Una excepción la constituye la sentencia del Tribunal Supremo de 23 de mayo de 2001 (RJ 2001, 3372), en la que se valoraba la posible negligencia profesional que un cliente le imputaba a su letrado, por incumplimiento de las obligaciones profesionales que debió desarrollar en el proceso matrimonial, desencadenándose la consecuencia negativa de que la guardia y custodia de su hijo le fue confiada por sentencia a su mujer. Sin embargo, tanto los tribunales de instancia como el Tribunal Supremo desestimaron la demanda de responsabilidad civil y absolvieron al letrado.

69. Realidad jurisprudencial constatada por Ortega Reinoso, *RCDI,* 2015, p. 464, Blázquez Martín, *Diario La Ley*, 2017, apartado I.3.A (recurso *online* sin paginación) y Oyarzún Vargas, *RJUAM*, 2021, p. 128.

70. Así lo ha reconocido expresamente el Alto Tribunal: «el mayor margen de discrecionalidad en la determinación del importe de la indemnización correspondiente a la producción de daños morales, y el menor en el caso de la correspondiente a los daños patrimoniales» (véanse, en tal sentido, las sentencias del Tribunal Supremo de 27 de julio de 2006 [RJ 2006 , 6548], 28 de febrero de 2008 [RJ 2008, 4035] y 23 de octubre de 2015 [RJ 2015, 4897]).

71. Blázquez Martín, *Diario La Ley*, 2017, apartado I.3.A (recurso *online* sin paginación) señala el punto de inflexión en la sentencia del Tribunal Supremo de 27 de julio de 2006 (RJ 2006, 6548).

raleza de la pérdida de la oportunidad del carácter patrimonial o extrapatrimonial de la pretensión frustrada por la negligencia del letrado[72].

De igual forma, en las primeras sentencias sobre el tema, la pérdida de la oportunidad procesal fue identificada con el daño por la vulneración del derecho a la tutela judicial efectiva[73]. De nuevo, tal calificación ha sido abandonada debido a la reiterada y consolidada doctrina del Tribunal Constitucional, que reconoce que las violaciones del derecho consagrado en el artículo 24 de la Constitución Española no pueden proceder de quienes no estén integrados en el poder judicial[74]. En consecuencia, pues, la actuación u omisión negligentes de un particular (el abogado) no puede desencadenar la violación del derecho constitucional a la tutela judicial efectiva del cliente[75].

---

72. Véanse las sentencias del Tribunal Supremo de 8 de abril de 2003 (RJ 2003, 2956), 27 de julio de 2006 (RJ 2006, 6548), 26 de febrero de 2007 (RJ 2007, 2115), 21 de junio de 2007 (RJ 2007, 3781), 15 de febrero de 2008 (RJ 2008, 2670), 12 de mayo de 2009 (RJ 2009, 2919), 30 de abril de 2010 (RJ 2010,3 770), 9 de marzo de 2011 (RJ 2011 ,4250), 27 de septiembre de 2011 (RJ 2011, 7423), 27 de octubre de 2011 (RJ 2011, 7313), 22 de abril de 2013 (RJ 2013, 3690), 5 de junio de 2013 (RJ 2013, 4971), 8 de octubre de 2013 (RJ 2013, 6913), 19 de noviembre de 2013 (RJ 2013, 7448), 23 de octubre de 2015 (RJ 2015 ,4897), 17 de junio de 2020 (RJ 2020, 2184) y 1 de junio de 2021 (RJ 2021, 2615). Todas estas sentencias hacen depender la naturaleza jurídica del daño por pérdida de oportunidad (daño moral *versus* daño patrimonial) del contenido no patrimonial o económico de la pretensión.
73. Entre otras, las sentencias del Tribunal Supremo de 29 de mayo de 2003 (RJ 2003, 3914) y 8 de abril de 2003 (RJ 2003, 2956). Según Blázquez Martín, *Diario La Ley*, 2017, apartado I.3.A (recurso *online* sin paginación), esta vinculación entre la pérdida de la oportunidad procesal y la imposibilidad de ejercicio del derecho fundamental a la tutela judicial efectiva se produjo, aproximadamente, hasta el año 2006. Esta confusión y mezcla de términos aparece también en la primera doctrina que comenzó a analizar el tema. *Vid.*, por ejemplo, Rebolledo Varela, *CCJC*, 1997, p. 498 y Castillo Martínez, *AC*, 2003, p. 1119.
74. Sobre el particular, Díez-Picazo, 2008, p. 33 (también en pp. 83-84) reconoce que «el daño de los justiciables que no han recibido el amparo o la tutela de los tribunales solo pueden resultar producidos por estos, pero nunca por los abogados».
De igual forma, la sentencia del Tribunal Supremo de 27 de septiembre de 2011 admitió (RJ 2011 423): «La vulneración del derecho de tutela judicial efectiva alegada carece de fundamento. Este derecho se satisface mediante el acceso de las partes al proceso sin limitación de garantías ni impedimento alguno para alegar y demostrar en el proceso los propios derechos (...), mediante la obtención de una respuesta judicial fundada en Derecho (...) y no incluye el derecho al acierto judicial ni a una resolución favorable».
Sobre la superación de esta doctrina, véase también la sentencia del Tribunal Supremo de 17 de junio de 2020 (RJ 2020,2184): «La jurisprudencia de este tribunal ha venido matizando y superando la línea jurisprudencial que consideraba que la pérdida de oportunidad por frustración de acciones judiciales constituía, en cualquier caso, un daño moral indemnizable (...) como consecuencia de la privación injustamente sufrida del ejercicio del derecho fundamental a la tutela judicial efectiva consagrado en el artículo 24.1 de la Constitución Española». De ahí que sorprenda que todavía en sentencias recientes se siga afirmando que el incumplimiento profesional del letrado puede dar lugar a «una disminución notable y cierta de las posibilidades de defensa de la parte suficientes para ser configuradas como una vulneración objetiva del derecho a la tutela judicial efectiva» (sentencia del Tribunal Supremo de 10 de junio de 2019 [RJ 2019, 2442]).
75. Crespo Mora, 2005, p. 404 y Mate Satué, 2021, p. 285.

Ahora bien, el que la pérdida de la oportunidad no pueda ser calificada por regla general como daño moral (salvo en aquellos supuestos excepcionales en los que la pretensión frustrada presente tal carácter) y el que en estos supuestos no se produzca un quebranto del derecho consagrado en el artículo 24 de la Constitución Española, no significa que en este tipo de hipótesis haya de descartarse en todo caso la concurrencia de daños morales.

Como ya se ha señalado, la angustia y desazón que implica al ciudadano estar incurso en un procedimiento judicial no suelen ser indemnizados como daño moral, salvo en ciertos supuestos excepcionales que pronto señalaremos. A mi juicio, la imputación objetiva de este daño (la desazón que provoca al ciudadano lego en Derecho el verse obligado a pleitear) ha de ser descartada conforme al criterio de imputación objetiva del riesgo general de la vida; de lo contrario, la indemnización de este daño no solo podría solicitarse por el cliente a su abogado en aquellos supuestos en los que interviniera la negligencia profesional de aquel, sino también podría exigirse frente al abogado de la parte contraria por el demandante o demandado que hubiera vencido procesalmente.

Ahora bien, el que haya de ser descartada como regla general la indemnización de la natural y habitual desazón e inquietud por la intervención en un proceso, no impide apreciar la concurrencia de otros posibles daños morales. De hecho, resulta innegable que, cuando el letrado interpone la acción o recurso de su cliente fuera de plazo, este ya no podrá hacer valer el derecho procesal que le asiste a que el fondo de su pretensión litigiosa sea conocido y examinado por los tribunales. El sentimiento de desamparo y frustración derivados del desconocimiento sobre lo que habría acontecido si la acción o recurso hubieran sido interpuestos a tiempo no creo que pueda catalogarse como un simple riesgo general de la vida.

Aunque *stricto sensu* tal perjuicio no pueda ser calificado como una vulneración del artículo 24 de la Constitución Española (pues, efectivamente, la tutela judicial efectiva se satisface siempre que se obtenga de los tribunales una resolución fundada en Derecho, aunque sea de inadmisión[76]), el daño «no deriva de la privación de un derecho constitucional, pero sí de la privación de un derecho procesal» a obtener una sentencia en la que se decidiesen «todos los puntos litigiosos que hayan sido objeto del debate» (artículo 218.1 de la Ley de Enjuiciamiento Civil)[77]. Es cierto que en estos supuestos no se vulnera la tutela judicial efectiva porque el ciudadano cuenta con una resolución de inadmisión, pero

76. En este sentido, véase, entre otras, la STC 22 octubre 1986 (RTC 1986, 123).
77. En tan esclarecedores términos se pronunciaron la sentencia de la Audiencia Provincial de Palencia, de 15 de enero de 1997 (AC 1997, 1) y la sentencia de la Audiencia Provincial de Palencia, Sección Única, de 8 de abril de 2003 (JUR 2003, 203762). Sin embargo, ambas sentencias terminan recurriendo al estudio de la viabilidad de la demanda (esto es, al juicio del juicio) para calcular el *quantum* indemnizatorio, lo que implica, de nuevo, confundir e identificar este daño moral con el daño por pérdida de oportunidad.

también lo es que, debido a la negligencia profesional, no ha recibido una resolución que se pronunciara sobre el fondo del asunto.

El inevitable sentimiento de decepción y desamparo derivado del quebrantamiento de este derecho procesal constituye, a mi juicio, un daño indudablemente moral. Este daño moral no puede ser conceptuado como una vulneración de la tutela judicial efectiva por las razones ya expuestas y tampoco ha de confundirse, como lo hacía la primera jurisprudencia, con el daño por pérdida de oportunidad[78]. Se trata de daños distintos, de naturaleza diferente (el daño por no haber podido hacer valer el derecho procesal a que la pretensión sea conocida y examinada por los tribunales –o la frustración, impresión de abandono o desamparo que ello provoca– es moral, mientras que el daño por pérdida de oportunidad puede ser, dependiendo del carácter de la pretensión, patrimonial o moral) y con presupuestos no coincidentes[79].

Así, si una pretensión carece totalmente de fundamentación o el porcentaje de prosperabilidad no es «razonable» (porque la probabilidad de acaecimiento se sitúa por debajo del 50%) o si no concurriera cualquier otro presupuesto para el surgimiento del daño por pérdida de la oportunidad[80], el letrado no deberá indemnizar el daño patrimonial por la pérdida de la oportunidad puesto que, antes de la defectuosa actuación u omisión que le es imputable, el cliente no contaba con ninguna posibilidad (o tal oportunidad no reunía los requisitos para ser indemnizada) y a nadie se le puede privar de lo que no tiene.

78. Entre otras, confunde y entremezcla ambos daños la sentencia del Tribunal Supremo de 8 de febrero de 2000 (RJ 2000, 842). Por el contrario, diferencia (a mi juicio, con gran acierto) ambos tipos de perjuicios la sentencia del Tribunal Supremo de 28 de julio de 2003 (RJ 2003, 5989): «Por regla general la jurisprudencia ha reconocido la indemnización del daño moral (...) –por privación del derecho al recurso que tenía a su favor la parte demandante– (...) –por verse privado del derecho a que las demandas fueran estudiadas por el Tribunal de apelación y, en su caso, por el Tribunal Supremo (...) derivado del derecho a acceder a los recursos o a la tutela judicial efectiva– (...), así como la del daño material (...) permitiendo tomar en cuenta para su fijación la doctrina de la posibilidad de éxito del recurso frustrado».

79. Díez-Picazo, 2008, p. 30 rechaza «el lejano o nulo parentesco» entre el daño por pérdida de oportunidad y el daño moral.

80. A modo de ejemplo, esto es lo que sucedió en el caso resuelto por la sentencia del Tribunal Supremo de (Sala Segunda) de 23 de mayo de 2022 (RJ 2022, 2689), en el que, aunque la sentencia no lo indica, no concurrían los requisitos para que se indemnizara el daño por pérdida de oportunidad procesal, ya que, pese a la negligencia del letrado, el cliente seguía teniendo la oportunidad de interponer la acción judicial (modificación de alimentos). En el supuesto resuelto por esta sentencia, incardinable en el tipo penal del artículo 467.2 del Código Penal (el abogado no solo no solicitó la modificación de alimentos a la que se había comprometido, sino que, además, trató de encubrir su negligencia confeccionando él mismo un auto en el que se estimaba esta medida), se concedió una indemnización de 9.000 euros en concepto de daño moral por la natural decepción que experimentó el cliente al conocer que el acusado no había emprendido ninguna de las acciones legales comprometidas y por la demora que sufrió en la solución de sus pretensiones.

Pero, incluso en tales circunstancias, en que no puede apreciarse la concurrencia del daño patrimonial por la pérdida de la oportunidad procesal, la no interposición en plazo de las pretensiones infundadas privará a su titular de ese derecho procesal que ostenta todo ciudadano[81], ocasionándole, en consecuencia, un daño moral por el sentimiento de desamparo que ello pueda causarle[82] (pues, pese a la falta de fundamentación jurídica, el cliente puede estar convencido de la viabilidad procesal de su pretensión)[83].

Por ello, a mi entender, este daño habrá de ser cuantificado por los tribunales[84] de acuerdo con los parámetros utilizados usualmente para la valoración de esta clase de perjuicios, sin que haya que urdir un cálculo prospectivo de opor-

81. Serra Rodríguez, 2001, p. 244 y Crespo Mora, *Rdpat,* 2003, p. 311. En contra, Mate Satué, 2021, p. 243, para quien, cuando la actuación del letrado haya impedido que las pretensiones del cliente sean examinadas, pero las probabilidades de prosperabilidad de la acción sean escasas, el reconocimiento de un daño moral supondría la indemnización de un daño inexistente.

82. Así parece admitirlo la sentencia del Tribunal Supremo de 19 de noviembre de 2013 (RJ 2013, 7448): «En consecuencia, si, como ha sido el caso, el juicio sobre las posibilidades de éxito de la acción frustrada, cuando esta presenta un contenido económico, en orden a valorar también desde este punto de vista el daño patrimonial ocasionado por pérdida de oportunidad, arroja un resultado negativo, procederá el rechazo de la indemnización de ese daño material, decisión que, sin embargo, no excluirá la indemnización del daño moral que se demuestre existente como tal y que pueda vincularse causalmente con el acto negligente del abogado demandado». La resolución añade: «En relación con este último aspecto cabe concluir que para juzgar positivamente la existencia de daño moral no basta la mera constatación de la privación a la parte de la oportunidad procesal de ejercitar un derecho». De esta afirmación parece deducirse que lo que el Tribunal Supremo realmente indemniza es el *pretium doloris* derivado de haber sido privado de la posibilidad de obtener una resolución sobre el fondo del asunto y no la mera circunstancia constatable de que no haya recaído una resolución que analizara la viabilidad jurídica de su pretensión. A mi juicio, cuando un ciudadano adopta la difícil y costosa decisión de incoar un procedimiento lo hace bajo la presuposición (o información del profesional en tal sentido) de que tiene alguna posibilidad de ganar (salvo en los supuestos excepcionales de demanda dolosamente temeraria, en la que el litigante tiene plena conciencia de la injusticia de su pretensión y aun así decide iniciar el procedimiento), por lo que será habitual que la imposibilidad de obtener una resolución que se pronuncie sobre el fondo de su pretensión le cause una afectación síquica e incluso una incómoda sensación de desamparo. Ello explica que, en la práctica, existan varios casos en los que esta afectación síquica ha sido mínimamente indemnizada, aunque bajo el falso ropaje de la pérdida de la oportunidad procesal. Estos casos serán analizados en las próximas páginas.

83. Según Oliva Blázquez, 2022, p. 319, la indemnización de los daños morales en estos supuestos no ha de ser automática, sino que, en opinión del autor, «debe estar restringida a los supuestos en que esa lesión moral sea importante y quede realmente acreditada».

84. Confirma esta opinión las numerosas resoluciones que admiten que «todo daño moral efectivo, siempre que deba imputarse jurídicamente a su causante, debe ser objeto de compensación» (entre otras muchas, las sentencias del Tribunal Supremo de 6 de julio de 2006 [RJ 2006, 6548], 12 de mayo de 2009 [RJ 2009, 2919], 30 de abril de 2010 [RJ 2010, 3770], 9 de marzo de 2011 [RJ 2011, 4250], 27 de septiembre de 2011 [RJ 2011, 7423], 27 de octubre de 2011 [RJ 2011, 7313], 5 de junio de 2013 [RJ 2013, 4971], 8 de octubre de 2013 [RJ 2013, 6913] y 19 de noviembre de 2013 [RJ 2013, 7448]).

tunidades del buen éxito de la acción[85], como sucede con la pérdida de la oportunidad[86]. Además, este daño moral habrá de ser indemnizado de forma integral y no parcialmente, como sucede con aquella.

> Desde la sentencia del Tribunal Supremo de 27 de julio de 2006 (RJ 2006, 6548) la jurisprudencia distingue claramente la forma de calcular la indemnización del daño moral, por un lado, y de la pérdida de la oportunidad, por otro. En este sentido, la mencionada resolución y otras muchas afirman: «No puede, en este supuesto, confundirse la valoración discrecional de la compensación (que corresponde al daño moral), con el deber de urdir un cálculo prospectivo de oportunidades de buen éxito (que corresponde al daño patrimonial incierto por pérdida de oportunidades, que puede ser el originado por la frustración de acciones procesales)». Se pronuncian en idéntico sentido las sentencias del Tribunal Supremo de 12 de mayo de 2009 (RJ 2009, 2929), 30 de abril de 2010 (RJ 2010, 3770), 9 de marzo de 2011 (RJ 2011, 4250), 27 de septiembre de 2011 (RJ 2011, 7423), 28 de junio de 2012 (RJ 2012, 10403), 5 de junio de 2013 (RJ 2013, 4971), 8 de octubre de 2013 (RJ 2013, 6913), 19 de noviembre de 2013 (RJ 2013, 7448), 23 de octubre de 2015 (RJ 2015, 4897) y 17 de junio de 2020 (RJ 2020, 2184).

---

85. En contra, Vicente Domingo, 2014, p. 335 y Oliva Blázquez, 2022, p. 312, que proponen que se tenga en cuenta las posibilidades de que prospere la demanda para cuantificar el daño moral. En concreto, según este último autor, el recurso al cálculo de probabilidades es lo más correcto «ya que reduce–sin evitar– la discrecionalidad intrínseca a la evaluación judicial del daño moral».

86. En este sentido, admiten las sentencias del Tribunal Supremo de 26 de julio de 2006 (RJ 2006, 6548), 12 de mayo de 2009 (RJ 2009, 2919), 30 de abril de 2010 (RJ 2010, 3770), 9 de marzo de 2011 (RJ 2011, 4250), 27 de septiembre de 2011 (RJ 2011, 7423), 27 de octubre de 2011 (RJ 2011, 7313), 5 de junio de 2013 (RJ 2013, 4971), 8 de octubre de 2013 (RJ 2013, 6913), 19 de noviembre de 2013 (RJ 2013, 7448) y 23 de octubre de 2015 (RJ 2015, 4897): «Mientras todo daño moral efectivo, siempre que deba imputarse jurídicamente a su causante, debe ser objeto de compensación, aunque sea en una cuantía mínima, la valoración de la pérdida de oportunidades de carácter pecuniario abre un abanico que abarca desde la fijación de una indemnización equivalente al importe económico del bien o derecho reclamado (...) hasta la negación de toda indemnización».
Sin embargo, en las primeras resoluciones que recayeron sobre el tema, no era raro que el tribunal acudiera al cálculo prospectivo de oportunidades para valorar el daño moral, por vulneración del derecho de acceso a los recursos, en supuestos en los que, tras analizar las posibilidades de éxito del frustrado recurso de casación, se llegara a la conclusión de las nulas probabilidades de que hubiera prosperado (así sucedió en la sentencia del Tribunal Supremo de 8 de julio de 2003 [RJ 2003, 4613]). En estos casos, aunque la realización del denominado «juicio dentro del juicio» constituye un paso imprescindible para dilucidar si la pérdida de la oportunidad es un daño cierto, tras averiguar esta cuestión y llegar a la conclusión de que aquella no es indemnizable por no superar un determinado umbral de certeza, en mi opinión, el cálculo prospectivo de oportunidades no podrá ser utilizado para cuantificar el daño moral por la frustración que provoca al cliente el que no pueda llegar a conocer cuál hubiera sido el resultado del proceso frustrado por la negligencia del letrado. Más acertada me parece la cuantificación del daño moral llevada a cabo por la sentencia del Tribunal Supremo de 28 de enero de 2005 (RJ 2005, 1830), según la cual «la misma procede sin necesidad de acudir a realizar un juicio sobre la prosperabilidad del recurso de casación que no llegó a formalizarse».

En mi opinión, resulta incuestionable la presencia de un daño moral en estos casos por el sentimiento de frustración (el sufrimiento o sentimiento de profunda decepción) derivado del desconocimiento de cuál hubiera sido el desarrollo de los acontecimientos si el letrado hubiera sido diligente. No se trata, pues, de un mero premio de consolación a través del cual se pretende compensar al cliente que no es indemnizado por la pérdida de la oportunidad (en casos de nulo o escaso porcentaje de acaecimiento de las oportunidades perdidas), pues este daño podrá indemnizarse igualmente cuando se constate la pérdida de una oportunidad razonable. Y ello, en palabras de Francisco Oliva, porque «no es redundante, en el sentido de que no pretende indemnizar por el mismo concepto de la pérdida de oportunidad procesal (que siempre debe ser evaluado en términos probabilísticos como daño patrimonial)» [87].

Es decir, en mi opinión, el mismo hecho u omisión negligente del profesional del Derecho puede generar simultáneamente daños materiales y morales, cuando resulten afectadas diferentes esferas de la víctima. En consecuencia, este daño moral puede llegar a ser concedido también junto al daño patrimonial por la pérdida de la oportunidad procesal, en cuyo caso su concurrencia tendrá relevancia para aumentar la cuantía de la indemnización calculada a través del «juicio dentro del juicio».

Por tanto, en el ámbito de la responsabilidad civil del abogado, en teoría podrían llegar a concurrir hasta dos tipos de daños morales diferentes: el daño por pérdida de oportunidad, cuando la pretensión perdida revista carácter extrapatrimonial (en coherencia con aquella consolidada línea jurisprudencial que hace depender la naturaleza de este perjuicio del carácter patrimonial o extrapatrimonial de la pretensión frustrada) y el daño moral por la afectación psíquica del cliente que, a mi juicio, no ha de quedar restringido a los supuestos excepcionales en los que el Tribunal Supremo ha reconocido expresamente su indemnización. En cualquier caso, en la práctica es muy probable que estos tipos diferentes de daños morales se terminen solapando.

Si revisamos la jurisprudencia recaída sobre la materia, puede comprobarse que este daño fue estimado por las primeras sentencias emitidas por el Tribunal Supremo sobre el tema.

> Véase, al respecto, la sentencia del Tribunal Supremo de 20 de mayo de 1996 (RJ 1996, 3793) que valoró «como indemnizable el daño moral producido por la privación del derecho al recurso (...) no obstante aquel recurso en el caso de haberse ejercitado concluyera con la desestimación».
>
> En la sentencia del Tribunal Supremo de 25 de junio de 1998 (RJ 1998, 5013), en un caso en el que se constató la improsperabilidad e incluso improcedibilidad del malogrado recurso de casación, el Alto Tribunal admitió: «con independencia de cuál hubiera sido el resultado final si es que su *facere* hubiera sido diligente, lo

87. Oliva Blázquez, 2022, p. 319.

cierto es que se privó a la parte actora de ese posibilismo actuatorio (...) y ello supone, sin lugar a dudas, una especie de quebranto o sensación de frustración que, sin duda, pueden, en puridad técnica, subsumirse en el haz vaporoso de lo que la doctrina considera daño moral».

En sentido análogo se pronunció la sentencia del Tribunal Supremo de 28 de abril de 2005 (RJ 2005, 3646): «el daño moral del actor deriva de la clara insatisfacción producida por la negligente inactividad del letrado (...) en la defensa de los intereses que le fueron encomendados, que ha frustrado los derechos de defensa de aquel en el referido juicio en su contra». En este último caso, este daño moral, así como el provocado por la pérdida de las correspondientes expectativas procesales se cuantificaron en 12.020 4 euros.

La sentencia del Tribunal Supremo de 14 de julio de 2003 (RJ 2003, 4630), en un supuesto en el que la sentencia de la Audiencia Provincial había concluido que la viabilidad de la demanda frustrada por culpa extracontractual «aparecía como muy escasa», cifró el daño moral ocasionado al cliente en unos 9.000 euros (el actor había solicitado una indemnización de aproximadamente 393.711,90 euros).

Especialmente significativa resulta la sentencia del Tribunal Supremo de 29 de mayo de 2003 (RJ 2003, 3914). El Tribunal Supremo afirmó en la misma: «cuando el órgano judicial enjuicia la posible responsabilidad del abogado, ¿puede o no –o tiene o no– que realizar ese órgano judicial una "operación intelectual" consistente en determinar (con criterios de pura verosimilitud o probabilidad) cuál habría sido el desenlace del asunto si la demanda se hubiese interpuesto o se hubiese formulado a tiempo? (...) Si la respuesta es negativa (...) otra posibilidad, en este segundo caso, es la de que el juez señale a favor del cliente una indemnización (también de discrecional apreciación) por el daño moral que al cliente le ha supuesto verse privado del acceso a la justicia».

En la sentencia del Tribunal Supremo de 12 de diciembre de 2003 (RJ 2003, 9285), en un supuesto en el que los profesionales (un abogado libremente designado y otro de oficio) dejaron prescribir la acción de responsabilidad patrimonial contra la Administración, es considerada un «auténtico daño moral» la privación a los demandantes del derecho de «acudir a los tribunales o, más bien, que estos dieran cabal respuesta a su pretensión indemnizatoria». El Tribunal cuantificó este daño moral en 30.000 euros (los demandantes cifraron los daños producidos en su demanda en unos 426.664 euros).

Sin embargo, el referido daño moral por la afectación síquica o sensación de frustración que ocasiona esta situación al cliente ha dejado de ser indemnizado expresamente en sentencias más recientes del Alto Tribunal[88]. Como ya se ha

88. De hecho, han reconocido, entre otras, las sentencias del Tribunal Supremo de 27 de julio de 2006 (RJ 2006, 6548) y 17 de junio de 2020 (RJ 2020, 2184) que «el daño por pérdida de oportunidades (...) no puede dar lugar a indemnización cuando hay una razonable certidumbre de la imposibilidad del resultado. La responsabilidad por pérdida de oportunidades exige demostrar que el perjudicado se encontraba en una situación fáctica o jurídica idónea para

dicho, solo la concurrencia de circunstancias excepcionales han llevado a nuestro Tribunal Supremo a indemnizar el daño moral cuando la actuación culposa del profesional provoque un sentimiento de especial sufrimiento o zozobra en el caso concreto[89], sin que se indemnice el daño moral «por la simple frustración de una acción judicial» (expresión utilizada por la sentencia del Tribunal Supremo de 27 de octubre de 2011 [RJ 2011, 7313]), esto es, el derivado del sentimiento de frustración o decepción que puede llegar a provocar a la víctima el haber sido privada de un pronunciamiento judicial sobre el fondo de sus pretensiones, cuando no concurran tales circunstancias extraordinarias.

En cualquier caso, no defiendo la automática indemnización de este daño en todos los supuestos de negligencia de abogados, lo que supondría otorgar al daño moral un valor punitivo, *a priori* ajeno a nuestro Derecho de daños. En definitiva, considero que ha de acreditarse que se ha generado en el cliente un sentimiento de indefensión real y efectivo que afecta a la esfera inmaterial o incorporal del cliente (lo que habitualmente sucederá en estos casos, porque el cliente ya no podrá saber cuál hubiera sido el sentido del fallo) y no las simples incomodidades o molestias que habrán de tenerse como jurídicamente irrelevantes.

> Son excepcionales las ocasiones en las que el Tribunal Supremo ha indemnizado expresamente los daños morales en los supuestos de defectuosa ejecución de la prestación por parte de los profesionales del Derecho. En estos casos excepcionales, el reconocimiento de la indemnización del daño moral quedó justificada por las extraordinarias circunstancias concurrentes. Por ejemplo, en la renombrada sentencia del Tribunal Supremo de 20 de mayo de 2014 (RJ 2014, 3761), junto a una cuantiosa indemnización por daños patrimoniales, el tribunal otorgó una indemnización de 60.000 euros a cada uno de los dos demandantes, «para compensar la incertidumbre y zozobra provocadas por la negligencia de su abogado, viéndose abocados a emprender actuaciones de resultado altamente incierto mientras quienes se encontraban en su misma situación de perjudicados por el siniestro del camping "Las Nieves" obtenían sentencia favorable del orden contencioso-administrativo a finales del año 2005». En el presente caso, en el que el abogado de los demandantes interpuso extemporáneamente la acción para reclamar la responsabilidad patrimonial de la Administración, el sufrimiento de los demandantes por este motivo fue especialmente intenso, porque muchos años después de haber comenzado a entablar acciones judiciales constataron que, mientras su demanda era inadmitida, otros afectados por el suceso que contrataron abogados diligentes recibieron cuantiosas indemnizaciones por los daños

---

realizarlas. En otro caso no puede considerarse que exista perjuicio alguno, ni frustración de la acción procesal, sino más bien un beneficio al supuesto perjudicado al apartarlo de una acción inútil, *y ningún daño moral puede existir en esta privación, al menos en circunstancias normales*»

Sin embargo, como pone de manifiesto Oliva Blázquez, 2022, p. 319, la situación es diferente en la instancia, ya que, tanto las sentencias de primera instancia como las de apelación, suelen acudir al fácil recurso del daño moral, «esencialmente porque su apreciación es mucho más sencilla y fácil de articular que la del daño patrimonial».

89. Así lo ha constatado también Mate Satué, 2021, pp. 194-195.

ocasionados en el trágico suceso (una riada que arrasó el camping Las Nieves, que dejó 87 fallecidos y más de 180 heridos).

También son excepcionales las circunstancias que justificaron la indemnización del daño moral en el caso resuelto por la sentencia del Tribunal Supremo de 9 de marzo de 2011 (RJ 2011, 4250), debido al intenso sentimiento de frustración que ocasionó al cliente el ver frustrada su expectativa de acusar penalmente a quien había atentado contra su vida.

De igual forma, el Alto Tribunal en la sentencia (Sala Segunda) de 23 de mayo de 2022 (RJ 2022, 2689) concedió al cliente una indemnización de 9.000 euros en concepto de daño moral debido a «la natural decepción que experimentó al conocer que el acusado no había emprendido ninguna de las acciones legales comprometidas». En el presente caso, el abogado fue condenado por el delito de deslealtad profesional tipificado en el artículo 467.2 del Código penal («el abogado o procurador que, por acción u omisión, perjudique de forma manifiesta los intereses que le fueron encomendados»), cuya aplicación queda reservada, como reconoce la propia sentencia, a «aquellas conductas más intolerables, desde el plano del ejercicio de las profesiones jurídicas indicadas (...) por el carácter subsidiario y de intervención mínima del Derecho penal». Este plus de antijuridicidad concurrió en el caso resuelto por la sentencia, pues el letrado no solo no ejercitó aquellas acciones judiciales a cuya incoación se había comprometido, sino que dio un paso más respecto a los supuestos que tan solo provocan la responsabilidad civil del profesional: confeccionó un auto él mismo en el que aparecía que se había estimado la solicitud de modificación de alimentos. La especial gravedad que reviste este comportamiento es lo que justifica el reconocimiento al cliente de un daño moral debido a «las situaciones de angustia, frustración, miedo o padecimientos, en general, que ha soportado quien sufre las consecuencias del delito (...) y la necesaria perturbación que conlleva cuando menos la sensible demora en la solución a sus pretensiones». En el presente caso, la parte demandada rechazaba la indemnización del daño moral y entendía que tampoco podía ser condenado a indemnizar por el daño patrimonial derivado de la pérdida de la oportunidad. Efectivamente, en el supuesto ahora analizado no concurría este último perjuicio, porque, pese a la impericia del letrado, los actores seguían contando con la posibilidad de solicitar la modificación de alimentos, aunque tal medida ya no podría abarcar el período de tiempo en que el letrado engañó a los clientes haciéndoles creer que había incoado el procedimiento.

Pues bien, la reciente sentencia del Tribunal Supremo de 17 de junio de 2020 (RJ 2020, 2184), no solo rechaza categóricamente que en estos casos, una vez descartada la indemnización del daño patrimonial por pérdida de oportunidad, pueda ser indemnizado cualquier otro daño moral salvo que concurran circunstancias excepcionales[90], sino que incluso admite sarcásticamente que

90. En concreto, la mencionada sentencia del Tribunal Supremo de 17 de junio de 2020 (RJ 2020, 2184) se pronuncia en los siguientes términos: «No olvidemos que la responsabilidad civil nace en el supuesto de la causación de un daño sufrido por el actor y, en este caso, el mismo debe ser calificado de patrimonial y no moral; por lo que descartada la causación de aquel, mediante la aplicación de la doctrina de la pérdida de oportunidad, no se ha producido ningún daño moral resarcible con identidad propia al que el recurrente tenga derecho».

cuando se frustran acciones procesales con nulas o muy pocas posibilidades de éxito se produce «un beneficio al supuesto perjudicado al apartarlo de una acción inútil y ningún daño moral puede existir en esta privación, al menos en circunstancias normales» (reconocen igualmente este hipotético beneficio las sentencias del Tribunal Supremo de 27 de julio de 2006 [RJ 2006, 6548] y 23 de octubre de 2015 [RJ 2015, 4897]).

En mi opinión, tal afirmación parte de que el cliente era conocedor de las escasas o nulas posibilidades con las que contaba de que su pretensión fuera estimada por los órganos de la jurisdicción (por ejemplo, porque la acción ya ha prescrito) y, aun así, decidió embarcarse con manifiesta temeridad en el procedimiento finalmente frustrado por la impericia del letrado. Esto es, las mencionadas resoluciones identifican los supuestos generales de pretensiones de escasa fundamentación jurídica con aquellos otros casos más específicos en los que la acción o recurso no planteados sean parte de una estrategia pactada con el profesional que persiga dilatar el cumplimiento de las obligaciones, presionar a la parte contraria o ganar tiempo. Sólo así puede defenderse que la negligencia del letrado no causará ningún tipo de daño (ni patrimonial por pérdida de oportunidad ni daño moral), sino un beneficio al cliente (por el ahorro de costas y gastos procesales).

No obstante, me parece cuestionable la afirmación de que a un cliente que adopta la difícil decisión de contratar a un profesional de la abogacía e incoar un procedimiento judicial porque considera que sus pretensiones tienen fundamentación jurídica (aunque en realidad no la tengan desde un punto de vista estrictamente jurídico), no se le esté generando ningún tipo de daño o sensación de frustración derivada de la circunstancia de no poder saber cuál habría sido el desenlace de la contienda judicial como consecuencia de la impericia profesional. Todavía más si esas expectativas fueron generadas por el propio letrado, en el caso de que, pese a la cuestionable fundamentación jurídica de su pretensión, el cliente haya adoptado su decisión tomando como base la información suministrada por el profesional sobre las eventuales posibilidades de éxito.

En definitiva, como ha reconocido Blázquez Martín, el rechazo automático de cualquier indemnización cuando el juicio prospectivo de probabilidad arroje un resultado negativo, conduciría a «la relativa impunidad de los incumplimientos contractuales que, por no superar el examen del "juicio dentro del juicio", no generan ningún derecho indemnizatorio a la parte contractual que sí ha cumplido sus obligaciones»[91].

Ahora bien, tras el examen detallado de la jurisprudencia recaída sobre la materia puede concluirse que, pese a ese rechazo expreso a indemnizar el daño moral «por la simple frustración de una acción judicial» (sentencia del Tribunal Supremo de 27 de octubre de 2011 [RJ 2011, 7313]), el Alto Tribunal ha venido

91. Blázquez Martín, *Diario La Ley*, 2017, apartado I.3.A (recurso *online* sin paginación).

concediendo en diversas ocasiones, aunque de forma soterrada, la indemnización del referido perjuicio.

Ello ha sucedido en numerosos supuestos en los que, pese a que el Tribunal reconoce el escaso porcentaje de prosperabilidad de la pretensión frustrada, el cliente termina recibiendo una indemnización anecdótica (en comparación con la cantidad solicitada en la demanda de responsabilidad civil) en concepto de pérdida de oportunidad (sorprendentemente, son varias las sentencias que otorgan la misma cuantía indemnizatoria: 12.000 euros[92]).

Reitero que, a mi juicio, en todos estos casos, en realidad lo que encubiertamente se está indemnizando es el referido perjuicio moral.

La sentencia del Tribunal Supremo de 26 de enero de 1999 (RJ 1999, 323) fue la primera resolución que, aunque *a priori* reconoce la concurrencia del daño en concepto de pérdida de oportunidad procesal, en atención a la «discutible prosperabilidad del mismo» terminó fijando prudencialmente la cuantía indemnizatoria en la suma de 7.512,65 euros (el cliente reclamaba 50.923,76 euros).

De igual forma, en el caso resuelto por la sentencia del Tribunal Supremo de 27 de julio de 2006 (RJ 2006, 6548), pese a concluirse que el recurso «tenía escasas posibilidades de éxito», la sala estimó procedente «conceder una indemnización similar *a la otorgada en supuestos similares de escasas posibilidades de procedibilidad del recurso* y por ello la fija en la cuantía de 12.000 euros» (la cursiva es mía).

Por su parte, la sentencia del Tribunal Supremo de 30 de abril de 2010 (RJ 2010, 3770) confirmó la cuantía indemnizatoria de instancia (5000 euros en concepto de daño moral), que se alejaba considerablemente tanto de la indemnización requerida al procurador negligente (180.000 euros), como de la cantidad que el cliente solicitaba en el proceso que resultó frustrado por la negligencia del letrado (372.631,18 euros). Aunque el Tribunal Supremo reconoció expresamente que son «discutibles los argumentos que utiliza la sentencia sobre la calificación del daño», la confirmación de tal *quantum* indemnizatorio solo puede significar que indirectamente estaba indemnizando el daño moral. Efectivamente, la escasa cuantía indemnizatoria concedida en la instancia y confirmada por el Tribunal Supremo corresponde a un ínfimo porcentaje de prosperabilidad de la acción, que, en principio, no superaría el porcentaje de acaecimiento requerido para la concurrencia de una «razonable certidumbre de la probabilidad de resultado» (esto es, el umbral de certeza para que la pérdida de la oportunidad sea indemnizada).

Algo similar se produjo en el caso resuelto por la sentencia del Tribunal Supremo de 27 de octubre de 2011 (RJ 2011, 7313). En este supuesto, en el que se había producido la prescripción de una acción de reclamación de responsabilidad patri-

92. Aunque parten de pretensiones frustradas de diferente valor económico, terminan concediendo una indemnización de 12.000 euros, pese a reconocerse la escasa viabilidad de la pretensión frustrada, las sentencias del Tribunal Supremo de 9 de julio de 2004 (RJ 2004, 5121), 27 de julio de 2006 (RJ 2006, 6548), 21 de junio de 2007 (RJ 2007, 3781), 27 de septiembre de 2011 (RJ 2011,7423), 8 de octubre de 2013 (RJ 2013, 6913) y 1 de junio de 2018 (RJ 2018, 2329).

monial contra la Administración debido a la impericia del letrado, las sentencias de instancia se limitaron a indemnizar el daño moral (concedieron al demandante 1.700 euros de los casi 260.000 euros reclamados), pues se había descartado la concurrencia de daño por pérdida de oportunidades. Ello era debido a que la indemnización se solicitaba por los daños personales sufridos por el demandante en un accidente de moto, pero el atestado policial acreditó que concurrió culpa exclusiva de la víctima en la producción del accidente. Como el letrado no recurrió la calificación del daño (su carácter moral), el Tribunal Supremo lo mantuvo, por considerar que no se había producido una notoria desproporción entre el daño patrimonial sufrido por el recurrente (según el Tribunal Supremo, la pérdida de la oportunidad) y la indemnización fijada. Ahora bien, de acuerdo con las circunstancias concurrentes, lo procedente hubiera sido rechazar la indemnización por pérdida de oportunidad, puesto que se había demostrado el escaso porcentaje de prosperabilidad de la acción frustrada. De nuevo, la escasa cuantía indemnizatoria otorgada a la pérdida de la oportunidad (sintomática de un bajo porcentaje de prosperabilidad), demuestra que, en realidad, lo que se indemniza es el daño moral concurrente.

Esta misma solución fue acogida con anterioridad por la sentencia de 27 de septiembre de 2011 (RJ 2011, 7423), en la que el Tribunal Supremo mantuvo la indemnización por daño moral que había sido reconocida por la Audiencia Provincial (en la cuantía de 12.000 euros), por no haber sido recurrida la calificación por el demandante, aunque lo recondujo al daño por pérdida de oportunidad. Lo sorprendente de este caso vuelve a ser, de nuevo, la admisión del daño por la pérdida de la oportunidad, pese a haberse realizado un juicio sobre la viabilidad de la acción y haberse comprobado que las posibilidades de éxito de la misma eran mínimas.

La sentencia del Tribunal Supremo de 8 de octubre de 2013 (RJ 2013, 6913), en un supuesto en el que la negligencia era imputable a un asesor fiscal, confirma la sentencia de la Audiencia Provincial que había valorado el daño patrimonial por pérdida de oportunidad en 12.000 euros (la actora reclamaba una indemnización de daños y perjuicios de 274.458,89 euros). El Tribunal Supremo justifica esta indemnización de baja cuantía en «la prácticamente nula prosperabilidad del recurso». De nuevo vuelve a sorprender que la pérdida de la oportunidad sea considerada un daño cierto, pues, de acuerdo con las circunstancias concurrentes, no parece que supere el umbral de certeza para dejar de ser considerado un mero daño hipotético. A mi juicio, el Tribunal Supremo indirecta o tácitamente está indemnizando el daño moral.

De igual forma, la sentencia del Tribunal Supremo de 1 de junio de 2018 (RJ 2018, 2329) admitió indirectamente la indemnización de este daño moral, pues confirmó la sentencia de la Audiencia Provincial que había condenado al abogado al pago de una indemnización de 12.000 euros en concepto de daño moral (el demandante solicitaba 195.098 euros). En el presente caso, tras realizarse un cálculo de probabilidades, se concluyó que «no existía una razonable certidumbre de la probabilidad del resultado». Es decir, con la cantidad concedida al demandante se trató de indemnizar el daño moral derivado de la frustración por no poder acudir a la tutela de los tribunales.

En todos los casos anteriores en los que las probabilidades de acaecimiento no superaron el umbral de certeza exigido para que la pérdida de la oportunidad procesal pudiera ser considerada daño cierto, debería haberse desestimado la acción de responsabilidad contra el profesional por inexistencia de daño resarcible porque, además, como parece sostener el Tribunal Supremo, el daño moral tampoco ha de ser indemnizado por la simple frustración de un proceso, salvo que concurran circunstancias excepcionales (y en estos casos no concurrían tales circunstancias). El hecho de que en todos estos supuestos se terminara concediendo una indemnización (aunque por una cantidad alejada tanto del valor de la pretensión, como de la cantidad inicialmente solicitada en concepto de responsabilidad civil), es sintomático de un reconocimiento solapado de la indemnización por daños morales.

A mi juicio, más coherente con la posición que mantiene el Tribunal Supremo sobre el tema, resulta la solución adoptada por la sentencia de 23 de octubre de 2015 (RJ 2015, 4897). En este caso, tanto el Tribunal Supremo como los tribunales de instancia desestimaron la pretensión de indemnización interpuesta contra el profesional, al concluir que no concurría una razonable certidumbre de la probabilidad del resultado con la frustrada interposición del recurso de apelación. La sentencia no indemnizó ni la pérdida de oportunidad (por no reunir certeza suficiente) ni tampoco daño moral alguno, en coherencia con la actual posición del Tribunal Supremo que limita expresamente la indemnización de este daño a la intervención de circunstancias excepcionales, que no concurrieron en el caso enjuiciado.

Tampoco ha de olvidarse la STS 19 de noviembre de 2013 (RJ 2013, 7448), que indirectamente reconoció la posibilidad de indemnizar el «daño moral inherente a la mera privación de acceso a los recursos en sí misma considerada», pues si en el caso que enjuicia no se hizo fue, como reconoció expresamente el Alto Tribunal, porque ni se alegó ni se probó por el demandante (es decir, el Tribunal Supremo no parece oponerse a la posible indemnización general de este perjuicio). En realidad, lo que sucedió en este caso es que, debido al escaso porcentaje de prosperabilidad de la acción frustrada conducente a la no concurrencia del daño por pérdida de oportunidad, en casación se intentó convertir en daño moral lo que en la instancia se había pedido como daño patrimonial.

Con anterioridad, la sentencia del Tribunal Supremo de 8 de octubre de 2013 (RJ 2013, 6913), en la que se concluyó que «la convicción de la juzgadora de instancia en orden a las escasas posibilidades de éxito de la actuación procesal frustrada es plenamente compartidas por esta sala», el Tribunal Supremo descartó la indemnización de los daños morales, porque «no fueron objeto de la oportuna y reparada postulación en la demanda rectora».

Estas últimas sentencias ponen de manifiesto que las demandas de responsabilidad civil contra los abogados suelen limitarse a solicitar el daño patrimonial por pérdida de oportunidad, sin que se alegue, solicite ni acredite la indemnización del daño moral que origina la natural decepción o sentimiento de desamparo que provoca esta situación, que es lo que realmente conduce a su no reconocimiento.

Entender que cuando nuestros tribunales conceden estas indemnizaciones de escasa cuantía (en relación con el valor de la pretensión frustrada por la negligencia del profesional) sigue indemnizándose la pérdida de la oportunidad (y no un daño moral) como admiten muchas de las sentencias enumeradas, implica afirmar la indemnizabilidad de oportunidades pese a las escasas posibilidades de acaecimiento concurrentes, sinsentido que conduce necesariamente a un callejón sin salida.

Solo la apreciación de que lo que en realidad se está indemnizando es el daño moral justificaría que la indemnización concedida sea meramente anecdótica (recordemos que el concreto *quantum* indemnizatorio de la pérdida de la oportunidad procesal es el resultado de aplicar el porcentaje de prosperabilidad hallado tras realizar el «juicio dentro del juicio» al valor de la pretensión frustrada; por tanto, una indemnización de escasa cuantía de la pérdida de la oportunidad tiene como correlativo un bajo porcentaje de prosperabilidad).

Es decir, admitir que en tales circunstancias lo indemnizado continúa siendo el daño patrimonial derivado de la pérdida de la oportunidad (como reconocen expresamente estas sentencias), implicaría indemnizar oportunidades que no reúnen la seriedad y razonabilidad que exige tanto la jurisprudencia como la doctrina para ser consideradas un daño cierto. En otras palabras, solo la consideración de que tales indemnizaciones de escasa cuantía resarcen en realidad el daño moral permite mantener la coherencia del sistema, pues, de lo contrario, tales indemnizaciones estarían cubriendo un daño incierto e hipotético, lo que resulta inadmisible.

b.4.2. Pérdida de oportunidad versus daño por la no estimación de la pretensión (beneficio final)

Tampoco es infrecuente que el Alto Tribunal califique como mera pérdida de oportunidad procesal lo que, en realidad, de acuerdo con las circunstancias concurrentes, constituye un auténtico daño por la no estimación de la pretensión (es decir, se trata de supuestos en los que el cliente no es privado de la mera oportunidad, sino de la ventaja final)[93]. Ello ha ocurrido en aquellos supuestos

93. En la doctrina existe también esta confusión doctrinal. En tal sentido, González Carrasco, *CJJC*, 2018, apartado 2 (recurso digital sin paginación) admite que, si del juicio dentro del juicio se deduce que la acción habría tenido una posibilidad de éxito altamente probable, «la indemnización por la pérdida de *chance* ha de alcanzar al todo». Oliva Blázquez, 2022, p. 316, por su parte, al comentar el caso al que nos referiremos a continuación resuelto por la sentencia del Tribunal Supremo de 20 de mayo de 2014 (RJ 2014, 3761), admite igualmente la concurrencia del daño por pérdida de oportunidad, pese a que la indemnización concedida

excepcionales en los que con toda seguridad o con una probabilidad rayana en la certeza puede pronosticarse que la actuación negligente del letrado privó sin dudas al cliente de la pretensión[94]. Efectivamente, cuando hay certeza y seguridad, la pérdida de oportunidad desaparece[95].

Esto sucedió, por ejemplo, en el caso resuelto por la sentencia del Tribunal Supremo de 20 de mayo de 2014 (RJ 2014, 3761)[96], en el que no existían dudas sobre la segura estimación de la pretensión fallida por negligencia del letrado (que presentó la acción de responsabilidad patrimonial fuera de plazo), porque los abogados de otras víctimas que sufrieron idénticos daños a los del cliente interpusieron las acciones en plazo y terminaron ganando el juicio[97].

Pues bien, la seguridad de que el cliente había sido privado de una sentencia estimatoria fue lo que llevó al tribunal a imponer al letrado una indemnización que se hizo coincidir con la cantidad exacta en la que estaba valorada la preten-

---

por el Alto Tribunal en este supuesto coincide con el valor de la pretensión frustrada. En mi opinión, si resultara seguro el éxito del proceso no incoado por la negligencia profesional, no habrá pérdida de oportunidad, sino que, en tal hipótesis, la falta de estimación de la pretensión constituirá un daño cierto. Ello explica que la indemnización no sea proporcional al porcentaje de probabilidad (como sucede en los verdaderos supuestos de pérdida de oportunidad), sino que la cuantía indemnizatoria ha de coincidir con el valor económico de la pretensión patrimonial frustrada.

94. Alberruche Díaz-Flores, *Act. Civ.*, 2014, apartado IV (recurso digital sin paginación) y Serra Rodríguez, *J&D,* 2019, p. 95.
Mate Satué, 2021, p. 185 limita los supuestos de certeza respecto a la estimación de la pretensión de no haber mediado la negligencia profesional a los casos en que haya una declaración judicial o administrativa previa del derecho de crédito del cliente y las hipótesis de pretensiones «gemelas» o «mellizas». En mi opinión, junto a estos supuestos en los que le resultará más fácil al juzgador concluir que el daño consiste en la falta de estimación de la pretensión, han de incluirse aquellos casos, más complejos de detectar, en los que el análisis de las circunstancias conduce a la segura conclusión de que, de no mediar la negligencia del letrado, la pretensión frustrada hubiera sido estimada con una probabilidad rayana en la certeza.

95. Crespo Mora, 2005, p. 415, Medina Alcoz, 2007, p. 88, Macía Morillo, 2020, p. 594, Arcos Vieira, *IBERC,* 2020, p. 115, Mate Satué, 2021, p. 336 y Oyarzún Vargas, *RJUAM,* 2021, p. 126. Paniza Fullana, *DOCTRINAL ARANZADI,* 2012, apartado IV (recurso digital sin paginación) y Ortega Reinoso, *RCDI,* 2015, p. 457 consideran que en estos casos se le priva al cliente de un auténtico lucro cesante. Serra Rodríguez, *J&D,* 2019, p. 95 habla también de la privación al cliente en estos supuestos «de una ganancia cierta».

96. Mate Satué, 2021, p. 185 coincide en afirmar que en este supuesto de lo que se le priva al cliente es de la estimación de la pretensión.

97. Este tipo de pretensiones son calificadas por González Ferrer/Ybarra López-Gómez, *Otrosí,* 2002, pp. 37-38, como «pretensiones mellizas»: cuando la acción frustrada del cliente es idéntica a otras acciones que se enjuician separadamente y que terminan siendo estimadas por los órganos de la jurisdicción. Junto a las anteriores, los autores citados hablan de otro caso en el que se puede asegurar la prosperabilidad de la pretensión: en las denominadas por ellos como «pretensiones gemelas». Estaremos ante las mismas cuando la prestación que frustre el letrado se enjuicie junto a la pretensión de otra persona dentro de un mismo procedimiento que sigue su curso y termina con una sentencia estimatoria de esa otra pretensión.

sión[98]. A pesar de ello, el Tribunal Supremo no dudó en calificar este daño (erróneamente, a mi juicio) como pérdida de oportunidad[99].

Aunque excepcionales, pueden localizarse otras sentencias del Tribunal Supremo que, sin reconocer expresamente que el daño ocasionado sea la falta de estimación de la pretensión, admiten que la cuantía de la indemnización que ha de satisfacer el letrado ha de coincidir con el valor económico de la pretensión frustrada por aquel. Este es el caso, por ejemplo, de la sentencia del Tribunal Supremo de 18 de febrero de 2005 (RJ 2005, 1682), que resolvió un caso en el que un comprador no fue informado por su abogado de la firmeza de una sentencia que le condenaba a pagar el precio aplazado, lo que desencadenó la resolución del contrato y su pérdida del inmueble. En tales circunstancias, el Tribunal Supremo condenó al abogado a pagar el precio del inmueble.

De igual forma, la sentencia del Tribunal Supremo de 28 de junio de 2012 (RJ 2012, 10403) estimó la responsabilidad civil del letrado, en un supuesto en el que este presentó la acción de responsabilidad civil derivada de accidente laboral (que provocó la muerte de tres trabajadores por la no adopción de medidas de seguridad) transcurrido el plazo de un año desde la notificación del auto de archivo de la causa penal. En este supuesto, se fijó la condena indemnizatoria que había de ser satisfecha por el letrado teniendo en cuenta lo que se hubiera obtenido en el

98. Sobre el particular véanse, entre otras, las sentencias del Tribunal Supremo de 21 de marzo de 2006 (RJ 2006, 1591) y 28 de febrero de 2008 (RJ 2008, 4035): «En supuestos de daños materiales, como son los aquí reclamados, esta sala ha fijado el quantum indemnizatorio en lo dejado de percibir o que pudiera haberse obtenido, de no mediar la conducta negligente del abogado o procurador (...), pero siempre cuando la existencia del daño, atendidas las circunstancias, se revelaba de forma patente e indubitada». Efectivamente, como reconoce, entre otros, Medina Alcoz, 2007, p. 88, cuando concurra una razonable certeza respecto a la obtención de la ventaja, «la indemnización ha de coincidir con el valor de la ventaja, sin que entre en juego la doctrina de la *chance*». De igual forman, afirman que en estos casos el *quantum* indemnizatorio ha de coincidir con la cuantía de la pretensión Crespo Mora, 2005, p. 415, Ortega Reinoso, *RCDI,* 2015, p. 464 y Serra Rodríguez, *J&D,* 2019, p. 95.

99. Coinciden con la calificación del Alto Tribunal Alberruche Díaz-Flores, *Act. Civ.*, 2014, apartado IV (recurso digital sin paginación) y Blázquez Martín, *Diario La Ley*, 2017, apartado I.3.A (recurso *online* sin paginación), al pronunciarse sobre esta sentencia.
En otras muchas sentencias el Tribunal Supremo aprecia igualmente la concurrencia de la pérdida de oportunidad cuando es segura la estimación de la pretensión. En tal sentido, véase la sentencia del Tribunal Supremo de 27 de julio de 2006 (RJ 2006, 6548), según la cual, «la valoración de pérdida de oportunidades de carácter pecuniario abre un abanico que abarca desde la fijación de una indemnización equivalente al importe económico del bien o derecho reclamado, en el caso de que hubiera sido razonablemente segura la estimación de la acción, hasta la negación de toda indemnización en el caso de que un juicio razonable incline a pensar que la acción era manifiestamente infundada o presentaba obstáculos imposibles de solventar y, en consecuencia, nunca hubiera podido prosperar en condiciones de normal previsibilidad, pues en este caso el daño patrimonial debe considerarse inexistente» (en el mismo sentido, sentencias del Tribunal Supremo de 30 de abril de 2010 [RJ 2010, 3770], 27 de octubre de 2011 [RJ 2011, 7313], 22 de abril de 2013 [RJ 2013, 3690], 5 de junio de 2013 [RJ 2013, 4971], 8 de octubre de 2013 [RJ 2013, 6913], 19 de noviembre de 2013 [RJ 2013 ,7448], 23 de octubre de 2015 (RJ 2015, 4897) y 17 de junio de 2020 [RJ 2020, 2184]).

proceso frustrado por negligencia del profesional (60.000 euros para cada viuda y 15.000 euros para cada hijo).

Tampoco hay que olvidar los supuestos en los que existe una resolución administrativa o judicial en la que se reconoce el derecho de crédito del cliente y el profesional frustra la posibilidad de cobro de esos derechos que ya formaban parte de su patrimonio. En concreto, me refiero a aquellas sentencias que enjuician la responsabilidad del letrado por la extemporánea reclamación de cantidades ante el FOGASA, en las que se condena a los abogados negligentes al pago de la misma cantidad que hubiera sido satisfecha por el mencionado organismo a los demandantes. Véase, al respecto, las sentencias del Tribunal Supremo de 28 de enero de 1998 (RJ 1998, 357) y 3 de octubre de 1998 (RJ 1998, 8587).

B.5. RECAPITULACIÓN

Desde mi punto de vista, los perjuicios que puede llegar a generar la extemporánea interposición de demandas y recursos por parte de los letrados pueden ser, en primer lugar, el daño por la falta de estimación de la pretensión (daño indemnizable solo en casos excepcionales porque, por regla general, suele ser considerado un daño incierto o hipotético); en segundo lugar, la pérdida definitiva de la oportunidad de que la pretensión sea estimada por los órganos de la jurisdicción; y, por último, el daño moral derivado del sentimiento de frustración o sensación de desamparo por no poder hacer valer el derecho procesal que ostenta cualquier ciudadano a que sus pretensiones sean conocidas y analizadas por los tribunales.

Los dos primeros daños son incompatibles: esto es, si se puede pronosticar la segura prosperabilidad de la pretensión frustrada, el daño ocasionado será la falta de estimación de la pretensión (el daño final), quedando descartada la pérdida de la oportunidad. Sin embargo, como ya se ha dicho, el daño por falta de estimación de la pretensión no reunirá la certeza suficiente para ser indemnizado en la mayoría de los casos. De hecho, solo será resarcible cuando el porcentaje de prosperabilidad de la pretensión frustrada hallado a través del «juicio dentro del juicio» sea del cien por cien. Desde el momento en que disminuya tal porcentaje de prosperabilidad, el daño ocasionado consistirá en la pérdida de la oportunidad de estimación de la pretensión. Por el contrario, el daño moral derivado del sentimiento de frustración o desamparo por la privación al cliente del derecho a que los tribunales conozcan el fondo de la pretensión litigiosa constituye un perjuicio compatible con los dos anteriores, cuya cuantía, además, no depende de la viabilidad jurídica de la pretensión fallida (como sucede con la pérdida de la oportunidad)[100].

100. Tras analizar la jurisprudencia recaída sobre la materia, Oliva Blázquez, 2022, p. 318 reconoce que se está abriendo una tercera vía: «la posibilidad de indemnizar tanto el daño moral, como el daño patrimonial derivado de la pérdida de oportunidad. Esto es, una vez determinada la existencia del daño patrimonial mediante la técnica probabilística del juicio dentro

En cualquier caso, un estudio detenido de la jurisprudencia sobre la determinación y cuantificación del daño en estos casos confirma que aquella «se ha mostrado vacilante y poco clara a lo largo del tiempo»[101] y que, lejos de diferenciar las distintas tipologías de daños, suele confundirlos y entremezclarlos.

Sorprende también el dato de que son pocas las sentencias que indemnizan ciertos daños emergentes que resultan incuestionables cuando se produce la extemporánea interposición de una demanda o recurso: las costas o gastos del proceso frustrado o no incoado por el abogado. Probablemente ello sea debido a que los demandantes de responsabilidad civil profesional no solicitan su reintegro y a que la indemnización de esta partida exige demostrar que su imposición o elevada cuantía está vinculada causalmente a los errores procesales del letrado (ello sucederá, por ejemplo, cuando un letrado interponga una acción fuera de plazo y, tras ser estimada la excepción de prescripción, plantee recursos contra tal resolución)[102].

No puede terminarse el presente apartado sin recordar que, junto a la perspectiva ontológica aquí sostenida, la pérdida de la oportunidad ha sido analizada por un importante sector doctrinal desde el plano de la relación de causalidad y no desde el prisma del daño. Ya he señalado mis objeciones a las indemnizaciones proporcionales fundamentadas en este enfoque. En cualquier caso, he de reconocer que esta polémica doctrinal sobre la distinta perspectiva desde la que es contemplada la pérdida de la oportunidad se trata, sobre todo, de una discusión dogmática sin repercusión práctica alguna[103].

---

del juicio, nada impediría que el demandante sea adicionalmente indemnizado por el daño moral que haya podido sufrir como consecuencia de todo lo que le ha acarreado en términos personales (*pretium doloris*) la negligencia cometida por su abogado». De lo expuesto en el texto, puede deducirse que comparto esta solución. Pero, como he constatado en páginas precedentes, hasta la fecha el Tribunal Supremo solo ha indemnizado abiertamente el daño moral cuando hayan concurrido circunstancias excepcionales. En el resto de los casos, la indemnización del daño moral suele disfrazarse bajo el ropaje de la pérdida de la oportunidad.

101. Oliva Blázquez, 2022, p. 307.

102. Confirman que las costas constituyen una partida indemnizable en estos casos Serra Rodríguez, 2001, p. 326 y Mate Satué, 2021, p. 186. Excepcionalmente, la sentencia del Tribunal Supremo de 28 de abril de 2005 (RJ 2005, 3646) condenó al letrado a la devolución de las cantidades percibidas en concepto de provisión de fondos y la sentencia del Tribunal Supremo de 27 de abril de 2006 (RJ 2006,1564) confirmó la sentencia de la Audiencia que condenaba al profesional (procurador) al pago de las costas en relación al proceso judicial frustrado por la negligencia del profesional. De igual forma, la sentencia del Tribunal Supremo de 1 de julio de 2016 (RJ 2016, 3721), tras admitir el incumplimiento contractual del letrado, le condenó al pago de 42.917,10 euros en concepto de pérdida de oportunidad, a lo que «deben añadirse las costas que se abonaron, más los gastos de letrado y procurador y factura de un informe pericial, todos ellos devengados en un procedimiento inútil por completo para los intereses que le habían sido encomendados».

103. Así lo ha puesto de manifiesto Díez Soto, 2013, p. 12984, según el cual, se ha generado «un debate que en España nunca ha pasado del terreno puramente doctrinal». Santos Morón, 2024, *Indret*, apartado 1.2, por su parte, coincide en afirmar que en la práctica no tiene gran relevancia la postura que se adopte.

En efecto, tanto los defensores de la denominada teoría ontológica, como los que proponen la aplicación de la pérdida de la oportunidad para solventar problemas de incertidumbre causal (teoría etiológica), llegamos a idénticas conclusiones prácticas, aunque por caminos teóricos diferentes. Para ambos, si la probabilidad frustrada no alcanza un mínimo de certeza, no resultará indemnizada; para ambas perspectivas si, por el contrario, de acuerdo con las circunstancias concurrentes, resultara indubitado que la negligencia profesional ha provocado al perjudicado el daño final, tampoco concurrirá pérdida de oportunidad, porque la certeza en la producción del daño final resulta incompatible con el daño por pérdida de oportunidad. Y, por último, cuando nos encontremos en esa franja de incertidumbre en la que opera la pérdida de oportunidad, tanto los defensores de la teoría ontológica como los que consideran que esta técnica ha de utilizarse en el plano del nexo causal, aceptamos que la cuantía indemnizatoria ha de calcularse de forma proporcional al porcentaje de probabilidades de que se produjera el daño final, de acuerdo con las circunstancias concurrentes.

C. LA PÉRDIDA DE LA OPORTUNIDAD EN LOS CASOS DE NEGLIGENTE DIAGNÓSTICO PRENATAL Y OTROS SUPUESTOS

Dejando atrás a los abogados, aunque continuando con la pérdida de la oportunidad, se viene planteando desde hace tiempo la posible concurrencia de este daño en relación con las acciones de *wrongful birth,* esto es, acciones que interponen los progenitores en su propio nombre[104] –cuando son interpuestas en nombre del hijo, en calidad de sus representantes legales, se denominan acciones de *wrongful life*– ante el nacimiento de un hijo con graves taras físicas o psíquicas que no fueron detectadas durante el embarazo debido a una negligencia médica.

En los casos de *wrongful birth*, el diagnóstico prenatal no refleja el estado real del feto, pese a que ello era posible conforme al estado de la ciencia y de la técnica y de acuerdo con los indicios que presentaba la paciente. En tales casos, se apunta como posible daño la pérdida de la oportunidad[105], ya que la impericia médica priva a la gestante de la posibilidad de evitar el nacimiento, pues, en casos como estos, nuestro ordenamiento jurídico le reconoce la facultad de abortar.

104. Por el contrario, como reconoce Arcos Vieira, *IBERC*, 2020, p. 104, la legitimación activa del padre en exclusiva es descartable, en atención al carácter personalísimo de la opción de abortar.

105. A favor de este enfoque De Ángel Yágüez, 1999, p. 244, Fernández Hierro, 2007, p. 304, Medina Alcoz, 2007, pp. 202-203 y Berrocal Lanzarot, *REML*, 2011, p. 37. Véanse también la sentencia del Tribunal Supremo de 4 de noviembre de 2008 (RJ 2008, 5860) (Sala Tercera) y la Sentencia de la Audiencia Nacional de 24 de octubre de 2011 (RJCA 2011, 880) (Sala Tercera).

Sin embargo, coincido con los que rechazan que en los supuestos de *wrongful birth* concurra una verdadera pérdida de oportunidad, pues la realización de un aborto no depende de un evento aleatorio ajeno o de resultado incierto, sino que queda subordinada, en última instancia, a la decisión de la madre[106]. A diferencia de lo que sucede en los supuestos arquetípicos de pérdida de la *chance*, en los casos de *wrongful birth* la negligencia médica lo que realmente imposibilita es la adopción por parte de la gestante de una decisión informada sobre la continuación del embarazo.

Por ello, considero que en este caso el único perjuicio moral ocasionado a la madre –que ha de ser indemnizado íntegramente y no de manera parcial, como sucede con la pérdida de la oportunidad– es el daño por la vulneración del derecho a la autodeterminación, la privación del derecho a adoptar una decisión informada para la que estaba legitimada[107]. A ello habría que sumar todos aquellos daños patrimoniales (los gastos superiores aparejados a la condición enferma del hijo), que ocasiona igualmente la privación de la facultad de abortar.

Las ventajas de este enfoque, que ha calado en la jurisprudencia[108], es que tal daño no es difícil de unir causalmente al comportamiento negligente del profesional sanitario, ya que resulta irrelevante conocer cuál habría sido la decisión de la gestante, de acuerdo con sus propios intereses personales y familiares. Su principal desventaja es que la valoración de este daño moral resulta sumamente difícil, pues la libertad de procreación, que se integra en la esfera anímica de su titular, carece por sí misma de contenido patrimonial.

Por otra parte, como acertadamente apunta Arcos Vieira, si atendemos a la definición doctrinal de la pérdida de oportunidad (concurre cuando se interrumpe un proceso encaminado a obtener una ganancia o evitar una pérdida), su aplicación a este grupo de casos implicaría, «si quiera de forma indirecta, considerar que la vida del hijo nacido con enfermedades o discapacidades representa para la madre una situación perjudicial frente a la favorable que hubiese sido, entonces, su no existencia»[109]. Supondría, pues, considerar como daño el nacimiento de un niño con enfermedades lo que, como es sabido, ha sido rechazado tajantemente por nuestro Tribunal Supremo.

---

106. Martín-Casals, 2000, pp. 200-202, Macía Morillo, 2005, p. 368, Luna Yerga, 2005, *Indret*, p. 14 (según pdf), Arcos Viera, 2016, p. 53 (también en *IBERC*, 2020, p. 119), Oyarzún Vargas, *RJUAM*, 2021, p. 135 y Díaz Martínez, 2021, p. 106.
107. A favor de esta solución Macía Morillo, 2005, pp. 396 y ss. (también el 2020, pp. 571 y 591), Arcos Viera, 2016, pp. 52-53 y Díaz Martínez, 2021, pp. 86 y 98. En la jurisprudencia del Tribunal Supremo, abordan la cuestión desde una perspectiva incompatible con la pérdida de la oportunidad las sentencias del Tribunal Supremo de 30 de junio de 2006 (RJ 2006, 6580) (Sala Tercera), 4 de noviembre de 2008 (RJ 2008, 5860) (Sala Tercera), 31 de mayo de 2011 (RJ 2011, 4000) y 14 de marzo de 2013 (RJ 2013, 2422).
108. Santos Morón, 2024, *Indret*, apartado 1.3.
109. Arcos Vieira, *IBERC*, 2020, p. 120.

Se plantea una problemática en términos muy similares en todos aquellos supuestos en los que la prestación comprometida por el profesional sea el suministro de una información, asesoramiento o consejo que constituyen la base para la posterior adopción por parte del cliente de decisiones racionales y fundadas (*v. gr.*, conclusión de un contrato, realización de una inversión, sometimiento a una operación quirúrgica no estrictamente necesaria). Los problemas de responsabilidad surgirán si esta información, asesoramiento o consejo fueran emitidos de forma negligente (porque, *v. gr.*, se omitió la información sobre un determinado riesgo) y aquellos terminaran resultando nocivos para los intereses del receptor del servicio (porque se termine materializando el riesgo de cuyo posible acaecimiento no fue informado).

Imaginemos, por ejemplo, que un cliente contrata los servicios de asesoramiento de un profesional y aquel le recomienda una inversión sin advertirle de ciertos riesgos inherentes a la misma; pues bien, si el cliente siguiendo el asesoramiento o consejo profesional realiza esa inversión que resulta finalmente ruinosa, podría plantearse la posibilidad de solicitar una indemnización por la pérdida de oportunidad de adoptar una decisión apropiada en relación con la cuestión consultada[110] –pues no pudo ponderar los riesgos–, cuya cuantía consistiría en un porcentaje del daño total. Este sería también el caso del acto médico quirúrgico practicado de forma impoluta e incuestionable, pero que provoca unos daños de los que no fue informado el paciente, que, por tanto, no pudo valorar adecuadamente los riesgos que implicaba someterse a la intervención ni, en consecuencia, decidir de forma informada el someterse o no a la misma.

> Junto a otro tipo de daños, la jurisprudencia (Sala Primera) ha considerado reiteradamente que aquel paciente que no haya sido debidamente informado y que, posteriormente, sufra un daño derivado del acto médico desarrollado sin su consentimiento, perdió la oportunidad de evitar ese daño a su integridad física, es decir, se le privó de la oportunidad de negarse a someterse al acto médico y, con ello, sustraerse a la intervención que condujo a la materialización de los perjuicios o secuelas físicas. En tal sentido, véase las sentencias del Tribunal Supremo de 30 de junio de 2009 (RJ 2009, 4323), 16 de enero de 2012 (RJ 2012, 1784) y 8 de abril de 2016 (RJ 2016, 1328), que admiten la concurrencia del daño por pérdida de oportunidad en los supuestos de ausencia del consentimiento informado.
>
> Este planteamiento no ha sido seguido por la Sala Tercera, que contempla el problema desde la perspectiva de la lesión de la autonomía del paciente[111]. En tal sentido, véase, *v. gr.*, la sentencia del Tribunal Supremo de 30 de septiembre de 2009 (RJ 2009, 5481) (Sala Tercera), que, en un caso de falta de consentimiento informado y tras rechazar que el daño ocasionado fuera la pérdida de

110. Villanueva Lupión, *RDC*, 2020, pp. 112-113, al analizar las consecuencias civiles de un asesoramiento de crédito inmobiliario defectuoso, afirma que el daño que se produce es la pérdida de oportunidad.

111. Así lo ha constatado Asua González, 2021, p. 455.

oportunidad, identifica como perjuicio la privación del derecho a la autonomía y dignidad personal.

No hay duda de que la omisión de información sobre los riesgos o su emisión no adecuada constituye una infracción de la *lex artis*. Más dudas ofrece, sin embargo, decidir si resultan resarcibles los daños que sean consecuencia de la materialización del riesgo del que no se informó (inversión ruinosa, lesiones corporales). Ello es debido a que la reparación de estos daños presenta dudas ligadas a la causalidad que, a mi juicio, obligan a descartar la doctrina de la pérdida de la oportunidad, por no encontrarnos ante la hipótesis de partida que justifica su aplicación.

En estos supuestos, la materialización del daño (según los casos, la realización de la inversión ruinosa, la intervención médica fallida o con resultados adversos de los que no se informó[112]) no solo depende del azar (como sucede en las hipótesis prototípicas de pérdida de oportunidad, que requieren de una incertidumbre respecto a la definitiva concreción del resultado beneficioso), sino también de la voluntad del cliente/paciente, que, tras recibir esa información, decidió llevar a cabo la inversión o someterse a la intervención quirúrgica, pero que también podía haber decidido lo contrario.

Es decir, la incertidumbre causal en estos casos procede exclusivamente de la ausencia de datos o indicios (salvo la declaración de la propia víctima) que permitan averiguar al juez cuál hubiera sido el sentido de su decisión, lo que hace desaconsejable la aplicación de la referida técnica a estos supuestos. En efecto, como ha reconocido la doctrina[113], debe rechazarse un uso indiscriminado del socorrido expediente de la pérdida de la oportunidad para solucionar todos los casos de incertidumbre causal.

Aún sin negar la incidencia de la negligencia profesional en la cadena causal de acontecimientos que terminaron desencadenando el daño, coincido con Macía Morillo cuando afirma que «la respuesta a la pregunta de si tal actuación

112. En el ámbito de la responsabilidad médica, podríamos incluir aquí los supuestos de falta de información y de consentimiento informado. En esta hipótesis, para, entre otros muchos, Galán Cortés, *AJA,* 2006, apartado 3 (recurso digital sin paginación), Berrocal Lanzarot, *REML,* 2011, pp. 36-37, Navarro Simón, *ADIBE*, 2018, p. 321 y Pérez Vallejo, 2021, p. 1143, el daño indemnizable sería la pérdida de la oportunidad. De igual forma, diversas resoluciones admiten la concurrencia de pérdida de oportunidad cuando falta el consentimiento informado: sentencia del Tribunal Supremo de 16 de enero de 2012 (RJ 2012, 1784) y sentencias de la Audiencia Provincial de Zaragoza, Sección 4.ª, de 26 de abril de 2013 (AC 2013, 1447), de la Audiencia Provincial de Barcelona, Sección 1.ª, de 9 de noviembre de 2015 (AC 2016, 183) y de la Audiencia Provincial de Barcelona, Sección 4.ª, de 13 de septiembre de 2016 (AC 2017, 125). Esta solución, que ha sido acogida por la Sala Segunda del Tribunal Supremo, no es utilizada por la jurisprudencia administrativa (Santos Morón, 2024, *Indret*, apartado 4).
En contra de esta solución, Asúa González, 2013, pp. 8124-8125, Arcos Vieira, *IBERC*, 2020, p. 118 y Santos Morón, 2024, *Indret*, apartado 3.3.

113. Santos Morón, 2024, *Indret*, apartado 1.3.

(...) se habría o no evitado no depende realmente de la suerte o del azar, sino de la propia decisión» del cliente-paciente[114]. Cuando la definitiva materialización del daño requiere la previa decisión de la víctima, la voluntad del cliente interfiere el nexo causal entre el defectuoso suministro de información y el resultado adverso, por lo que, a mi juicio, no es correcto desde un punto de vista técnico jurídico aplicar la pérdida de la oportunidad. Aunque en estos supuestos de inexistente o defectuoso consentimiento informado al perjudicado se le priva de ciertas opciones, estas posibilidades de haber actuado de forma diferente de las que es privado no pueden identificarse con una auténtica pérdida de la oportunidad[115].

Por tanto, la incertidumbre que caracteriza a la pérdida de la oportunidad no ha de provenir de la decisión del paciente, cliente o receptor del servicio (por el desconocimiento de la alternativa que habría elegido)[116] sino que ha de provenir exclusivamente del azar, entendido este como la interrupción de un proceso de resultado desconocido (lo que sucede con todos los ejemplos sobre pérdida de oportunidad propuestos tradicionalmente por la doctrina francesa: *v. gr.*, con el procedimiento judicial que no se pudo incoar por la interposición de la demanda fuera del plazo legal, con el concurso literario al que no se presentó un escrito porque el centro reprográfico no lo imprimió a tiempo, con la carrera de caballos en la que no participó un equino porque no se efectuó el traslado del animal en el tiempo acordado[117], o con el concurso de belleza en cuya final no participó una de las cincuenta finalistas por no serle notificado el día de su celebración[118]). En conclusión, «la oportunidad no equivale en este contexto a opción o libertad (que implica decisiones o control del propio interesado), sino a suerte o destino»[119].

Si el defectuoso suministro de información no provoca, en sentido estricto, pérdida de oportunidad, el problema que se habrá de dilucidar a continuación es qué daño se produce y, en consecuencia, ha de indemnizarse en este caso. Al

114. Macía Morillo, 2020, p. 571.
115. Es más, algunos autores, aun reconociendo que este supuesto constituye una mala *praxis* médica, rechazan la indemnización por incumplimiento del deber de información por parte del profesional sanitario si este no se traduce en la producción de un daño que implique la materialización de un riesgo del que el paciente no fue informado con carácter previo a la intervención. En este sentido, Galán Cortés, *AJA*, 2006, apartado 3 (recurso digital sin paginación) y Pérez Vallejo, *Práctica Derecho de daños*, 2012, apartado I.1 (recurso digital sin paginación).
116. Así lo admite Arcos Vieira, *IBERC*, 2020, p. 116: «la incertidumbre propia de aquella doctrina no es, por el contrario, la que resulta de ignorar qué habría decidido el perjudicado ante una determinada disyuntiva, si este hubiere tenido ocasión de hacerlo».
117. Ejemplos propuestos por Mazeaud/ Tunc, 1961, pp. 308-312.
118. Caso *Chaplin v. Hicks (*1911) descrito por Luna Yerga, 2005, *Indret*, p. 3 (según pdf).
119. Arcos Vieira, *IBERC*, 2020, p. 117.

no tratarse de una pérdida de oportunidad, en principio, la indemnización no podrá ser parcial[120].

Ahora bien, en cuanto nos enfrentamos a la determinación del alcance indemnizatorio que debe darse a la falta de información, enseguida surgen numerosos interrogantes, de difícil respuesta[121]. Así las cosas, ¿la indemnización habrá de limitarse a resarcir el daño moral que experimentó la víctima por habérsele privado de la posibilidad de adoptar una decisión fundamentada sobre la cuestión consultada –inversión, intervención quirúrgica– independiente del daño corporal (lesiones, secuelas) o patrimonial (inversión ruinosa) sufridos?[122] Si se concibe el daño resarcible como el perjuicio moral derivado de la imposibilidad de la víctima para decidir adecuada y reflexivamente al no contar con toda la información relevante (*v. gr.*, en el ámbito médico, el daño moral por la lesión del derecho de autodeterminación del paciente, excluyendo el daño corporal provocado por la actuación médica) es claro que no se plantean problemas en materia de nexo causal[123].

Pero ¿se puede ir más allá? ¿Podría defenderse que la indemnización cubra el daño por la cristalización del riesgo inherente a esa intervención quirúrgica u operación bursátil que fueron llevadas a cabo porque así lo decidió el cliente, aunque con elementos de juicio o valoración insuficientes? En otras palabras; si, debido a la negligente o insuficiente información sobre los riesgos aparejados a la realización de una inversión bursátil, termina resultando ruinoso para el cliente, ¿la indemnización habrá de coincidir con la cuantía perdida en esta operación riesgosa? Si un paciente no es informado sobre los riesgos estadísticamente vinculados a una intervención quirúrgica, ¿podrá solicitar la indemnización por el daño corporal sufrido como consecuencia de la materialización del riesgo del que no fue informado?[124].

Por un lado, hemos de recordar que, como se ha defendido en este trabajo, la defectuosa o insuficiente información sobre los riesgos puede alterar la ori-

120. Arcos Viera, 2016, p. 52.
121. Rubio Torrano, *DOCTRINAL ARANZADI,* 2009, p. 3 (según pdf) reconoce la dificultad de ofrecer una respuesta adecuada que resuelva esta compleja cuestión.
122. Según Arcos Viera, 2016, p. 120, el daño derivado de la defectuosa prestación de información es considerado por la jurisprudencia dominante como daño moral puro, provocado por la vulneración del derecho de autodeterminación del paciente. Sin embargo, Santos Morón, 2024, *Indret,* apartado 3 demuestra que este asunto no es resuelto de igual manera por la Sala Tercera y la Sala Primera del Tribunal Supremo. La jurisprudencia administrativa viene entendiendo que en este supuesto únicamente procede indemnizar el daño moral derivado de la lesión del derecho de autodeterminación del paciente. La jurisprudencia civil, por su parte, no mantiene un criterio uniforme al respecto, pues, junto a la apreciación de daño moral, existen resoluciones que resuelven la cuestión aplicando los postulados de la pérdida de la oportunidad.
123. Santos Morón, 2024, *Indret,* apartado 3.1.
124. Según Santos Morón, 2024, *Indret,* apartado 3.2, esta solución ha sido adoptada por algunas resoluciones del ámbito civil.

ginaria asignación que realiza el contrato sobre aquellos. Es más, a mi juicio, el principal efecto que produce que el consentimiento del cliente, paciente o receptor del servicio sea informado es que le atribuye los riesgos previstos e inevitables[125]; sin embargo, estos riesgos pasarán a ser asumidos por el profesional cuando la información respecto a los mismos no sea adecuada o pueda reputarse defectuosa.

En tal escenario, podría entenderse, como lo hace un importante sector doctrinal, que el profesional tendrá que indemnizar el daño derivado de la materialización de esa información imperfectamente suministrada, por ser la parte contractual que, como se ha dicho, ha pasado a asumir el riesgo. Ello implicaría que, pese a que la prestación principal haya sido ejecutada respetando escrupulosamente la *lex artis*, el incumplimiento defectuoso del deber de información le llevaría a responder de aquellos daños a la integridad física de los que no se informó, pese al riesgo existente de que se produjeran, o del dinero perdido en la inversión fallida, cuya posible producción fue omitida por el profesional.

Llegados a este punto, cabe preguntarse si es suficiente el que el riesgo pase a ser asumido por el profesional para que este asuma la indemnización de todos los daños derivados de la materialización de aquel riesgo del que no informó. Ello traslada el debate al ámbito del artículo 1107 del Código civil, que exige, para que el deudor no doloso indemnice el daño, que se trate de un daño previsto o que se haya podido prever al tiempo de constituirse la obligación y que sea consecuencia necesaria de la falta de cumplimiento.

Así las cosas, como admite Pérez Velázquez, «una vez constatada la existencia de un incumplimiento injustificado y la producción de daños, se deben realizar, en orden a la atribución de las consecuencias lesivas del incumplimiento y sus límites al patrimonio del deudor, tres juicios sucesivos: el juicio de causalidad fáctica o vínculo causal, el de causalidad jurídica o imputación objetiva y el *test* de previsibilidad»[126].

Ello implica que, *prima facie,* el daño ha de encontrarse causalmente vinculado desde el punto de vista fáctico al incumplimiento del deudor. Pero, al verificar la causalidad fáctica, comprobamos que los daños no derivan directamente de la información defectuosa, sino que la decisión del cliente/paciente interfiere en el nexo causal, pues podría haber decidido igualmente no invertir o no someterse a la intervención y entonces tales daños no se habrían producido.

Por consiguiente, para entender acreditada la relación causal considero que sería necesario que el cliente/paciente –sobre el que recae la carga de la prueba del plano fáctico de la causalidad[127]– demostrara que, de contar con la informa-

---

125. En el mismo sentido, Arcos Viera, 2016, p. 52.
126. Pérez Velázquez, 2016, p. 367.
127. Santos Morón, 2024, *Indret*, apartados 1.3 y 3.2.

ción relevante que fue omitida por el profesional, habría rechazado, según el caso, la intervención médica o la realización de la inversión. Y si el cliente acredita que no se hubiera sometido a la intervención o no habría realizado la inversión si hubiera contado con la información necesaria debería condenarse al profesional a indemnizar el daño final[128].

Pero si no lo acreditara (porque, de acuerdo con las circunstancias concurrentes, cabe pensar que la víctima se hubiera sometido en cualquier caso a la intervención o hubiera realizado la inversión) no sería posible condenar al profesional a indemnizar los daños causados por la materialización de los riesgos de los que no fue adecuadamente informado por falta de certeza del nexo causal[129], aunque seguiría cabiendo la posibilidad de conceder a la víctima una indemnización por daño moral[130].

Así las cosas, como acertadamente apunta Santos Morón[131], a la víctima (paciente, cliente, receptor del servicio) se le plantea un nada desdeñable problema de prueba, pues su mera declaración no parece suficiente para dar por probada la relación causal[132].

Otros autores prefieren analizar esta cuestión desde la perspectiva de la imputación objetiva[133]. En el juicio de imputación objetiva habría que comprobar si el daño derivado de la materialización de los riesgos de los que no fue informada la víctima puede ser imputado objetivamente al profesional. Pues bien, si

128. Llegados a este punto, coincido con Galán Cortés, *AJA*, 2006, apartado 3 (recurso digital sin paginación), en que, si se pudiera «demostrar con absoluta seguridad o con una probabilidad rayana en la certeza (lo que resultará, obvio es decirlo, una prueba de extraordinaria dificultad, si no imposible en la mayoría de los casos) que el paciente hubiera prestado su consentimiento y, por tanto, se hubiera intervenido igual si con anterioridad al acto médico en cuestión le hubiesen sido explicados con todo detalle sus riesgos y alternativas (...) no habría lugar a indemnización». Añade el mencionado autor, que la carga de la prueba habrá de recaer sobre quien alega que en el caso de haber observado la conducta alternativa diligente se hubiera producido el mismo resultado dañoso.

129. Santos Morón, 2024, *Indret*, apartado 3.3.

130. Santos Morón, 2024, *Indret*, apartado 3.2.

131. Santos Morón, 2024, *Indret*, apartado 3.2.

132. Al respecto, señala Arcos Viera, 2016, pp. 52-53: «¿Cómo desmentir al paciente demandante que asegura, *a posteriori*, que no hubiera consentido la intervención (...) de la que ha resultado el daño?». Al igual que Santos Morón, 2024, *Indret*, apartado 3.2, considero que, en el ámbito sanitario, un criterio que puede ayudar a resolver la cuestión es el carácter necesario o curativo de la intervención o tratamiento médico (la inexistencia de otras alternativas) o, todo lo contrario, que se trate de un supuesto de medicina voluntaria. Así, en el ámbito de la medicina voluntaria, la ausencia de información sobre los riesgos de no obtener el resultado que satisface el interés primario del cliente, en muchos casos constituirá un factor de influencia decisiva sobre la decisión del cliente de someterse a la intervención. Más compleja es la respuesta cuando no concurra una necesidad vital de realizar una intervención, pero sea clínicamente aconsejable por la existencia de una patología previa y por haber fracasado el tratamiento conservador instaurado durante algún tiempo.

133. Galán Cortés, *AJA*, 2006, apartado 3 (recurso digital sin paginación) y Macía Morillo, 2020, pp. 608 y ss.

nos situamos en el ámbito de la causalidad jurídica o imputación objetiva, el profesional podría invocar en su favor la excepción del «comportamiento alternativo lícito» y demostrar que la falta o insuficiencia de la información suministrada no es el único factor determinante o desencadenante del resultado adverso (ya sean los daños corporales o secuelas derivados de la intervención médica o la inversión bursátil ruinosa), pues aquel podría haberse producido igualmente con una conducta alternativa diligente del profesional.

En definitiva, la aplicación de este criterio de imputación objetiva obligaría al profesional a demostrar, que, aunque hubiera mediado una conducta diligente (el efectivo suministro de información sobre los riesgos aparejados a la intervención o a la inversión), el cliente o paciente hubiera terminado adoptando la misma decisión.

Puestos a elegir, aunque la consideración de que se trata de una cuestión de imputación objetiva resulta más favorable para la víctima (porque le libera de la carga de la prueba sobre este extremo[134]) me parece más correcto el enfoque que contempla este problema desde la causalidad fáctica.

Por tanto, la exigencia de responsabilidad al profesional por los daños patrimoniales y morales derivados de la materialización de los riesgos de los que el médico o el asesor no informó, requerirá previamente resolver la compleja cuestión de, si en estos casos, basta con la materialización del riesgo del que no se ha informado para que pueda imputarse responsabilidad al profesional o es necesario, además, comprobar que la omisión de información ha sido la causa del daño (lo que exigiría comprobar que el receptor del servicio no habría aceptado la intervención o no hubiera realizado la inversión de haber sido informado adecuadamente)[135].

De todas formas, me limito a dejar expuesta las dificultades para resolver la compleja cuestión de cuáles son los daños indemnizables en caso de cumplimiento defectuoso de los deberes de información, porque su solución excede los límites del presente trabajo[136].

Volvamos de nuevo a la pérdida de la oportunidad. Los problemas de deslinde con otros daños cercanos demuestran que la pérdida de la oportunidad constituye una construcción de límites borrosos o difusos[137] que, además, ha de

134. Como señalan Galán Cortés, *AJA*, 2006, apartado 3 (recurso digital sin paginación) y Santos Morón, 2024, *Indret*, apartados 1.3 y 3.2, la carga de la prueba de la imputación objetiva recae sobre el demandado.

135. Plantea este interrogante Santos Morón, *ADC*, 2017, p. 135, quien se decanta por la primera de las opciones.

136. En este sentido, reconoce Santos Morón, 2024, *Indret*, apartado 1.3, que la cuestión del daño indemnizable en el supuesto de deberes médicos de información «es bastante controvertida y existen distintas posturas tanto en la doctrina como en la jurisprudencia».

137. Cobreros Mendazona, *RVAP*, 2013, p. 76 y Oyarzún Vargas, *RJUAM*, 2021, p. 121.

ser depurada y aplicada con extrema cautela[138] y con sumo rigor, procurando evitar la laxitud al apreciar sus presupuestos, apuntados y desarrollados por la doctrina. De extender demasiado el concepto de pérdida de oportunidad o los presupuestos para su concurrencia, podría llegar a convertirse en un daño resarcible automáticamente en cualquier hipótesis de responsabilidad civil, pues cualquier supuesto dañoso produce pérdida de oportunidades en la mayoría de los casos.

De igual forma, esta herramienta ha de utilizarse con carácter subsidiario, es decir, ha de aplicarse estrictamente en aquellos casos en los que las reglas tradicionales no proporcionen respuestas satisfactorias[139]. Además, considero que las diferencias sustanciales que separa a las variadas hipótesis a las que puede ser aplicada esta técnica (supuestos en los que la negligencia impide obtener un beneficio potencial y supuestos en los que aquella impide evitar un perjuicio), justifica soluciones diferentes para cada grupo de casos.

Ahora bien, pese a la cautela y rigor deseables, basta un repaso somero a las resoluciones que emanan de nuestros tribunales para comprobar tanto el uso desmedido de esta técnica[140], como la imprecisión con la que se maneja esta teoría[141], pues muchas decisiones en las que se aplica, lejos de estar motivadas, carecen de fundamentación dogmática, por lo que ha terminado por convertirse en un cajón de sastre.

De igual forma, pese a que la cuantificación de la indemnización a través de esta técnica debería ser objetiva, casi matemática[142], el estudio de la jurisprudencia

138. Así lo advierte Medina Alcoz, 2007, p. 92, quien afirma: «hay que reaccionar frente a una utilización abusiva de la oportunidad perdida». Luna Yerga, 2005, *Indret*, pp. 6 y 15 (según pdf), Díez-Picazo, 2008, p. 34, Vicente Domingo, 2014, p. 332 y Oyarzún Vargas, *RJUAM*, 2021, p. 140 abogan igualmente por establecer ciertos límites en la aplicación de esta técnica. Arcos Vieira, *IBERC*, 2020, pp. 118 critica el desbordamiento de esta doctrina y hace ver la necesidad de una más depurada articulación jurídica.

139. Oyarzún Vargas, *RJUAM*, 2021, pp. 140-14, Mate Satué, 2021, p. 336 y Santos Morón, 2024, *Indret*, apartado 1.3.

140. Pérez Vallejo, *Práctica Derecho de daños*, 2012, apartado II.2.C (recurso digital sin paginación) critica su «gran aplicación, tal vez excesiva aplicación, por nuestros tribunales».

141. En este sentido, admite Arcos Viera, 2016, p. 149, que «no siempre se aplica con un acertado criterio». De igual forma, la sentencia del Tribunal Supremo de 30 de septiembre de 2009 (RJ 2009, 5481) (Sala Tercera) habla de «una mal entendida y mal aplicada teoría de pérdida de la oportunidad».

142. Así lo exige, para el caso de la oportunidad procesal, entre otras, la sentencia del Tribunal Supremo de 27 de julio de 2006 (RJ 2006, 6548): «No puede, en este supuesto, confundirse la valoración discrecional de la compensación (que corresponde al daño moral) con el deber de urdir un cálculo prospectivo de oportunidades de buen éxito de la acción (que corresponde al daño patrimonial incierto por pérdida de oportunidades, que puede ser el originado por la frustración de acciones procesales)» (en el mismo sentido, entre otras, las sentencias del Tribunal Supremo de 12 de mayo de 2009 [RJ 2009, 2919], 30 de abril de 2010 [RJ 2010, 3770], 9 de marzo de 2011 [RJ 2011, 4250], 22 de abril de 2013 [RJ 2003, 3690], 5 de junio de 2013 [RJ 2013, 4971], 8 de octubre de 2013 [RJ 2013, 6913], 19 de noviembre de 2013 [RJ 2013, 7448], 23 de octubre de 2015 [RJ 2015, 4897] y 17 de junio de 2020 [RJ 2020, 2184]).

arroja la sensación de que nuestros tribunales, lejos de detenerse a calcular la indemnización ponderando las probabilidades de éxito, conceden indemnizaciones a tanto alzado sin una motivación o justificación suficientes, al ser fijadas con meros criterios intuitivos o de equidad[143] (en palabras de Luis Medina, «a ojo, sin sujeción a ningún género de regla, principio o parámetro objetivo de racionalidad»[144]).

Es más, pueden localizarse casos en los que, pese a realizarse un cálculo concreto de las probabilidades estadísticas que habría tenido el paciente de recuperarse de haber sido tratado oportunamente, el tribunal obvia tal porcentaje al calcular la indemnización[145]. Ello sucedió en el supuesto resuelto por la sentencia del Tribunal Supremo de 7 de julio de 2008 (RJ 2008, 6871) (Sala Tercera). En el presente caso, se dilató el traslado a una cámara hiperbárica de un paciente que había sufrido un accidente de buceo. El tribunal, pese a reconocer que se le había privado al paciente de «la eventualidad de pertenecer al 71,5% de los lesionados que, tratados en plazo idóneo, se recuperan globalmente», a la hora de calcular la indemnización prescindió de este porcentaje, pues le terminó concediendo una indemnización de 90.000 euros (frente a los 621.133,21 euros solicitados; es decir, un 14,5 % de la cantidad reclamada). Esta solución coincide con la de otras sentencias sobre la pérdida de oportunidad procesal (ya analizadas), que conceden una indemnización ínfima (a veces meramente simbólica), pese a reconocer la concurrencia de oportunidades cuya probabilidad de producción era razonablemente seria.

En definitiva, el abordaje precipitado e inadecuado de esta técnica de la que adolecen algunas resoluciones judiciales contribuye a acentuar la inseguridad jurídica en la valoración y cuantificación de estos daños[146], lo que se traduce en la práctica en el resultado indeseable de que existan pronunciamientos dispares ante supuestos similares[147].

D. LA DOCTRINA DEL «DAÑO» DESPROPORCIONADO

Volvamos al ámbito de la medicina. Dentro de este campo, numerosas sentencias han estimado la responsabilidad del sanitario tras constatar la producción de un daño grave e inesperado derivado de la actuación del profesional respecto al riesgo esperable o atribuible a una concreta intervención médica, aplicando

Por ejemplo, en el ámbito médico sanitario, Arcos Viera, 2016, p. 56 propone para calcular los daños personales, que se acuda al baremo de daños derivados de accidentes de circulación (para poder cuantificar así el daño final) y que se aplique después el porcentaje equivalente a la disminución de probabilidades de éxito.

143. Luna Yerga, 2005, *Indret*, pp. 11 y 12 (según pdf).
144. Medina Alcoz, 2007, p. 240. En esta misma línea, Arcos Viera, 2016, pp. 57-58 y Asua González, 2021, p. 464 enumeran diversas sentencias del Tribunal Supremo en las que se no se cuantifica la probabilidad, así como otras en las que se señala un porcentaje, aunque sin razonar cómo se llegó al mismo.
145. Santos Morón, 2024, *Indret*, apartado 2.1.
146. Arcos Vieira, *IBERC*, 2020, p. 120 y Oliva Blázquez, 2022, p. 307.
147. Pérez Vallejo, 2021, pp. 1142 y 1162. En este sentido, Díez-Picazo, 2008, p. 36 propone dotar de homogeneidad a la indemnización por pérdida de oportunidad.

la doctrina del daño desproporcionado, cuya primera manifestación en la jurisprudencia suele situarse en la sentencia del Tribunal Supremo de 2 de diciembre de 1996 (RJ 1996, 8938)[148].

Ahora bien, pese a su denominación, esta técnica no resuelve un problema de determinación y cuantificación del daño, sino que se trata de un expediente que facilita la prueba de la culpa[149]. Concretamente, la jurisprudencia deduce de la concurrencia de un daño desproporcionado o anormalmente grave (respecto a lo que es usual comparativamente, según las reglas de la experiencia y el sentido común) la culpa o negligencia del profesional –no probada de modo directo–, de acuerdo con el estado de la ciencia y las circunstancias de tiempo o lugar[150]. Esta doctrina constituye pues, una aplicación de la regla *res ipsa loquitur*, de acuerdo con la cual, la evidencia crea una deducción de negligencia.

Por tanto, la doctrina del daño desproporcionado, más que ocuparse del daño, constituye un mecanismo de facilitación de la prueba de la culpa que conlleva una presunción de negligencia, cuando no se corresponda el daño producido y las consecuencias previsibles o esperables de la intervención médica[151].

Ahora bien, la automática aplicación de esta doctrina sin ningún tipo de límites o requisitos, podría provocar un uso abusivo de la misma, con el consiguiente riesgo de que se llegue a declarar la responsabilidad del demandado sin pruebas

148. Solé Feliú, *RDC*, 2018, p. 70.

149. Berrocal Lanzarot, *REML*, 2011, p. 34, Pérez Vallejo, *Práctica Derecho de daños*, 2012, apartado II.2.A (recurso digital sin paginación), Díez Soto, 2013, p. 12980, De Verda y Beamonte, *RdPat*, 2015, p. 20 (según pdf), Santos Morón, *ADC*, 2017, p. 137 y Pérez Vallejo, 2021, p. 1135.
Sin embargo, desvela Solé Feliú, *RDC*, 2018, p. 69, que, de acuerdo con algunas *dicta*¸ parece que, a través de esta doctrina, el Tribunal Supremo no solo presume la culpa, sino también la relación de causalidad. En este sentido, *vid*. las sentencias del Tribunal Supremo de 23 de octubre de 2008 (RJ 2008, 5789), 20 de enero de 2011 (RJ 2011, 299), 6 de junio de 2014 (RJ 2014, 3395), 24 de noviembre de 2016 (RJ 2016, 5649) y 30 de noviembre de 2021 (RJ 2021, 5665), según las cuales «la existencia de un daño desproporcionado incide en la atribución causal y en el reproche de culpabilidad».

150. *V. gr.*, véase, sentencias del Tribunal Supremo de 30 de junio de 2009 (RJ 2009, 6460) y 20 de noviembre de 2009 (RJ 2010, 138). En contra de esta solución jurisprudencial, Carrasco Perera, 2020, p. 147.

151. Arcos Viera, 2016, p. 103 matiza que la doctrina del daño desproporcionado constituye más una cuestión de distribución de la carga probatoria, que de presunción de culpa. Esta alteración del *onus probandi* determinará la condena o la absolución del profesional en función de la concreta actividad probatoria llevada a cabo en cada caso. En contra, Solé Feliú, *RDC*, 2018, p. 84, según el cual, «la doctrina del daño desproporcionado no altera las reglas generales sobre carga de la prueba».
Algunos autores afirman el juego de la doctrina del daño desproporcionado también en el campo de la responsabilidad objetiva. La constatación del daño desproporcionado en este ámbito permite considerar que el servicio médico ha sido defectuoso, que ha funcionado por debajo de los estándares de calidad. Véase Santos Morón, *ADC*, 2017, p. 141 y Evangelio Llorca, 2021, p. 516.

suficientes respecto a su conducta negligente[152]. Por ello, se admite que esta presunción de culpabilidad se pueda destruir si el profesional proporciona una explicación coherente «del porqué de la disonancia entre el riesgo inicial de la actividad médica y la consecuencia producida»[153].

Es decir, pese a la anormalidad de las consecuencias dañosas, la concurrencia de un daño desproporcionado no determina por sí sola la existencia de responsabilidad civil; de acuerdo con la jurisprudencia, no resultará apreciable la existencia de un daño desproporcionado, por más que en la práctica lo parezca, cuando el profesional logre acreditar una causa que explique ese resultado[154]. Ello sucederá en todos aquellos casos en los que se encuentren involucrados otros posibles cursos causales, ajenos a la esfera de control del demandado, que excluyen la posibilidad de que entre en funcionamiento esta presunción (*v. gr.*, el desarrollo previsible de la enfermedad, las condiciones preexistentes en la víctima, el hecho de un tercero, una conducta imputable a la propia víctima, etc.).

Por otra parte, tampoco cabe apreciar daño desproporcionado cuando el daño grave que se ha terminado cristalizando constituya un riesgo típico inherente a esa concreta intervención, que se produjo pese a aplicarse una técnica quirúrgica impecable (el médico ajustó su actuación a los parámetros de la *lex artis ad hoc*), siempre que el paciente hubiera sido oportunamente informado al respecto. El daño desproporcionado, pues, puede consistir en un resultado infrecuente o inusual, siempre que se trate de una consecuencia inherente al tratamiento o intervención, que, por tanto, puede producirse, aunque no medie negligencia profesional[155].

En consecuencia, esta técnica ha de circunscribirse a la materialización de riesgos atípicos, es decir, aquellos que, de acuerdo con las reglas de la experiencia, no suelen producirse si no interviene negligencia profesional[156].

Entre los múltiples ejemplos en los que nuestra jurisprudencia ha aplicado esta doctrina puede reseñarse, a título de simple referencia, la pérdida de un ojo

152. Solé Feliú, *RDC*, 2018, p. 75.

153. *Vid.*, en tal sentido, las sentencias del Tribunal Supremo de 30 de abril de 2007 (RJ 2007, 2397), 23 de octubre de 2008 (RJ 2008, 5789), 19 de julio de 2013 (RJ 2013,5004), 6 de junio de 2014 (RJ 2014, 3395) y 24 de noviembre de 2016 (RJ 2016, 5649).

154. Vicente Domingo, 2014, pp. 32 y Solé Feliú, *RDC*, 2018, p. 77.

155. Solé Feliú, *RDC*, 2018, pp. 76-77. En el mismo sentido, se pronunció la sentencia del Tribunal Supremo de 31 de enero de 2003 (RJ 2003, 646): no puede calificarse como resultado desproporcionado «el daño indeseado o insatisfactorio pero encuadrable entre los riesgos típicos de la intervención, esto es, entre las complicaciones que sean posibles aun observando el cirujano toda la diligencia exigible y aplicando la técnica apropiada». En el mismo sentido, véanse, entre otras, las sentencias de la Audiencia Provincial de Madrid, Sección 12.ª, de 31 de mayo de 2006 (AC 2006,2282), de la Audiencia Provincial de Navarra, Sección 3.ª, de 10 de septiembre de 2012 (JUR 2013, 175668) y de la Audiencia Provincial de Badajoz, Sección 2.ª, de 1 de febrero de 2016 (AC 2016, 124).

156. Berrocal Lanzarot, *REML*, 2011, p. 36 y Solé Feliú, *RDC*, 2018, p. 77.

como consecuencia de la práctica de una operación de cataratas que se complicó en el postoperatorio (sentencia del Tribunal Supremo de 9 de diciembre de 1999 [RJ 1999, 8173]), la muerte del paciente como consecuencia de una infección por tétanos tras una intervención quirúrgica de juanetes (sentencia del Tribunal Supremo de 9 de diciembre de 1998 [RJ 1998, 9427]), el caso de una paciente que quedó en estado vegetativo tras someterse a una mastectomía (sentencia del Tribunal Supremo de 18 de diciembre de 2002 [RJ 2003, 47]) o el paciente que se sometió a una intervención quirúrgica con anestesia para corregir una desviación nasal y que, debido a ciertas complicaciones, entró en estado de coma y falleció días después (sentencia del Tribunal Supremo de 23 de mayo de 2007 [RJ 2007, 3273]).

E. LA EXTRAPOLACIÓN DEL BAREMO AL ÁMBITO MÉDICO

Continuando con el estudio de los daños particulares propios del ámbito médico, a continuación, analizaremos cierta tendencia jurisprudencial que puede constatarse en relación con la valoración del daño corporal.

Pues bien, aunque no cabe duda sobre la extrema dificultad existente para compensar este daño, lo cierto es que la única alternativa viable para indemnizarlo es la dineraria. Para facilitar su cuantificación, un mecanismo introducido por el legislador es el baremo previsto en la Disposición Adicional Octava de la Ley 30/1995, de Ordenación y Supervisión de Seguros Privados, aplicable en principio tan solo a daños derivados de accidentes de tráfico. Sin embargo, desde hace tiempo la jurisprudencia se ha mostrado favorable a la extrapolación del baremo a otros sectores, es decir, la aplicación del baremo para la valoración de daños producidos en ámbitos diferentes a los accidentes de circulación y, más concretamente, como base para la cuantificación de indemnizaciones derivadas de negligencias médicas[157].

A diferencia de lo que sucede con los accidentes de tráfico, donde el baremo es vinculante, el Tribunal Supremo siempre ha insistido en que la aplicación del baremo fuera del ámbito de tráfico se ha de realizar de forma orientativa, como mero criterio de referencia, que ayude a traducir a términos económicos el daño

157. Pese a la previsión establecida en la Disposición Adicional Tercera de la Ley 35/2015, de 22 de septiembre, de reforma del sistema para la valoración de los daños y perjuicios causados a las personas en accidente de circulación relativa a que el sistema de valoración «servirá como referencia para una futura regulación del baremo indemnizatorio de los daños y perjuicios sobrevenidos con ocasión de la actividad sanitaria» y aunque se han planteado iniciativas en tal sentido, de momento esta reforma no se ha materializado. Para Navarro Simón, *ADIBE*, 2018, p. 326, sería conveniente que se elaborara un baremo sanitario «para evitar la inseguridad jurídica que despierta el hecho de que las decisiones de los órganos jurisdiccionales no son homogéneas y para evitar en el justiciable la sensación de que se está ante una lotería según a qué juzgado se haya turnado su demanda».

causado[158]. De ahí que la jurisprudencia permita añadir partidas indemnizatorias no contempladas por el baremo e incluso completar las cantidades señaladas en este si se prueba que son insuficientes[159]. Además, el Tribunal Supremo ha declarado que el baremo no menoscaba el principio de indemnidad de las víctimas y proporciona seguridad jurídica donde antes había una ausencia casi total de criterios u normas de valoración[160].

Hasta aquí llega el repaso por los principales problemas específicos que, a mi juicio, suscita en la actualidad la responsabilidad civil profesional. Soy consciente de que quedan sin abordar numerosas temáticas de indudable interés y trascendencia jurídica, que ni siquiera han sido enumeradas. Este es el caso, por ejemplo, de todo lo relativo al seguro de responsabilidad civil profesional y la interpretación de las cláusulas *claim made*, la posible abusividad de las cláusulas de exención de responsabilidad en los contratos de prestación de servicios profesionales, los problemas específicos que suscita el ejercicio profesional en grupo, la responsabilidad de la sociedad y de los profesionales que prestan servicios en el seno de sociedades profesionales, etc. Respecto a las materias que han sido abordadas, me he limitado a aportar algunas ideas y propuestas personales de solución.

Como ha podido comprobar el lector, he intercalado las diversas reflexiones dogmáticas con pronunciamientos judiciales de interés relativos a cada una de las materias objeto de análisis. Ahora bien, el estudio jurisprudencial no se ha limitado a la recopilación y enumeración de un listado de sentencias, sino que, en muchos de los casos, se exponen los hechos enjuiciados (a mi juicio, el estudio de los hechos probados resulta fundamental en cualquier análisis jurisprudencial) y se especifica la *ratio decidendi* del fallo judicial, todo ello acompañado por los correspondientes comentarios críticos de cada una de estas resoluciones.

En cualquier caso, como se expuso al principio, la finalidad del presente estudio tan solo es presentar al lector una panorámica general y actual sobre cuáles son los nuevos problemas que suscita la responsabilidad civil profesional y en qué estadio se encuentran actualmente los temas más clásicos en torno a la misma. Espero haberlo conseguido.

158. Véase las sentencias del Tribunal Supremo de 9 de junio de 2009 (RJ 2009, 6531) (Sala Tercera), 18 de septiembre de 2009 (RJ 2009, 7303) (Sala Tercera), 6 de noviembre de 2012 (RJ 2012, 10612) (Sala Tercera) y 17 de julio de 2014 (RJ 2014, 4080) (Sala Tercera).

159. Peña López, 2021, apartado 2.2 (recurso digital sin paginación).

160. Se expresan en tal sentido, entre otras, las sentencias del Tribunal Supremo de 16 de diciembre de 2013 (RJ 2013, 7842) y 27 de mayo de 2015 (RJ 2015, 2628).
En atención a esta solución jurisprudencial, Arcos Viera, 2016, p. 150 parece criticar la inexistencia de un criterio uniforme que explique cuándo resulta procedente la extrapolación del baremo al ámbito médico y cuándo no.

V

Relación de sentencias citadas

TRIBUNAL CONSTITUCIONAL

STC 22 octubre 1986 (RJ 1986, 123)

STC 29 junio 2000 (RTC 2000, 181)

TRIBUNAL SUPREMO

STS 21 marzo 1950 (RJ 1950, 394)

STS 20 febrero 1981 (RJ 1981, 564)

STS 26 enero 1984 (RJ 1984, 386)

STS 1 marzo 1984 (RJ 1984, 1191)

STS 26 mayo 1986 (RJ 1986, 2824)

STS 4 abril 1987 (RJ 1987, 2488)

STS 21 septiembre 1988 (RJ 1988, 6847)

STS 26 septiembre 1989 (RJ 1989, 6379)

STS 2 diciembre 1989 (RJ 1989, 8806)

STS 4 febrero 1992 (RJ 1992, 819)

STS 29 octubre 1992 (RJ 1992, 8178)

STS 4 noviembre 1992 (RJ 1992, 9199)

STS 23 diciembre 1992 (RJ 1992, 10715)

STS 25 noviembre 1993 (RJ 1993, 9134)

STS 22 mayo 1995 (RJ 1995, 4088)

STS 23 octubre 1995 (RJ 1995, 7649)

STS 17 noviembre 1995 (RJ 1995, 8735)

STS 30 marzo 1996 (RJ 1996, 2007) (Sala Segunda).

STS 8 abril 1996 (RJ 1996, 2988)

STS 20 mayo 1996 (RJ 1996, 3793)

STS 2 diciembre 1996 (RJ 1996, 8938)

STS 12 diciembre 1996 (RJ 1996, 1248)

STS 16 diciembre 1996 (RJ 1996, 8971)

STS 18 febrero 1997 (RJ 1997, 1240)

STS 26 marzo 1997 (RJ 1997, 1864)

STS 1 julio 1997 (RJ 1997, 5471)

STS 29 septiembre 1997 (RJ 1997, 6460)

STS 11 noviembre 1997 (RJ 1997, 7871)

STS 2 diciembre 1997 (RJ 1997, 8964)

STS 31 diciembre 1997 (RJ 1997, 9493)

STS 28 enero 1998 (RJ 1998, 357)

STS 6 mayo 1998 (RJ 1998, 2934)

STS 18 junio 1998 (RJ 1998, 5290)

STS 25 junio 1998 (RJ 1998, 5013)

STS 29 julio 1998 (RJ 1998, 6453)

STS 3 octubre 1998 (RJ 1998, 8587)

STS 2 diciembre 1998 (RJ 1998, 9156)

STS 9 diciembre 1998 (RJ 1998, 9427)

STS 26 enero 1999 (RJ 1999, 323)

STS 8 abril 1999 (RJ 1999, 2660)

STS 14 mayo 1999 (RJ 1999, 3106)

STS 28 junio 1999 (RJ 1999, 4894)

STS 30 septiembre 1999 (RJ 1999, 9496)

STS 9 diciembre 1999 (RJ 1999, 8173)

STS 5 febrero 2000 (RJ 2000, 251)

STS 12 febrero 2000 (RJ 2000, 820)

STS 8 octubre 2000 (RJ 2000, 842)

STS 7 noviembre 2000 (RJ 2000, 8678)

STS 31 enero 2001 (RJ 2001, 537)

STS 5 febrero 2001 (RJ 2001, 541)

STS 26 febrero 2001 (RJ 2001, 1340) (Sala Segunda)

STS 27 abril 2001 (RJ 2001, 6891)

STS 23 mayo 2001 (RJ 2001, 3372)

STS 16 noviembre 2001 (RJ 2002, 945 (Sala Segunda)

STS 11 diciembre 2001 (RJ 2002, 2711)

STS 29 noviembre 2002 (RJ 2002, 10404)

STS 18 diciembre 2002 (RJ 2003, 47)

STS 30 diciembre 2002 (RJ 2003, 333)

STS 31 enero 2003 (RJ 2003, 646)

STS 13 marzo 2003 (RJ 2003, 3292) (Sala Tercera)

STS 7 abril 2003 (RJ 2003, 3003)

STS 8 abril 2003 (RJ 2003, 2956)

STS 8 mayo 2003 (RJ 2003, 3890)

STS 29 mayo 2003 (RJ 2003, 3914)

STS 8 julio 2003 [RJ 2003, 4613])

STS 14 julio 2003 (RJ 2003, 4630)

STS 22 julio 2003 (RJ 2003, 5391)

STS 28 julio 2003 (RJ 2003, 5989)

STS 13 octubre 2003 (RJ 2003, 7031)

STS 12 diciembre 2003 (RJ 2003, 9285)

STS 12 marzo 2004 (RJ 2004, 2146)

STS 10 junio 2004 (RJ 2004, 3605)

STS 9 julio 2004 (RJ 2004, 5121)

STS 23 septiembre 2004 (RJ 2004, 5890)

STS 29 octubre 2004 (RJ 2004, 7218)

STS 23 diciembre 2004 (RJ 2005, 82)

STS 28 enero 2005 (RJ 2005, 1830)

STS 18 febrero 2005 (RJ 2005, 1682)

STS 28 abril 2005 (RJ 2005, 3646)

STS 14 julio 2005 (RJ 2005, 6532)

STS 21 octubre 2005 (RJ 2005, 8547)

STS 14 diciembre 2005 (RJ 2006, 1225)

STS 25 enero 2006 (RJ 2006, 262)

STS 27 febrero 2006 (RJ 2006, 1564)

STS 21 marzo 2006 (RJ 2006, 1591)

STS 30 marzo 2006 (RJ 2006, 2129)

STS 11 mayo 2006 (RJ 2006, 3950)

STS 30 junio 2006 (RJ 2006, 6580) (Sala Tercera)

STS 17 julio 2006 (RJ 2006, 6547)

STS 27 julio 2006 (RJ 2006, 6548)

STS 4 octubre 2006 (RJ 2006, 6428)

STS 10 octubre 2006 (JUR 2006, 7705) (Sala Segunda)

STS 26 febrero 2007 (RJ 2007, 2115)

STS 26 abril 2007 (RJ 2007, 3176)

STS 30 abril 2007 (RJ 2007, 2397)

STS 7 mayo 2007 (RJ 2007, 3553)

STS 22 mayo 2007 (RJ 2007, 4620)

STS 23 mayo 2007 (RJ 2007, 3273)

STS 23 mayo 2007 (RJ 2007, 4667)

STS 21 junio 2007 (RJ 2007, 3781)

STS 21 junio 2007 (RJ 2007, 3783)

STS 29 junio 2007 (RJ 2007, 3871)

STS 4 julio 2007 (RJ 2007, 5124)

STS 6 julio 2007 (RJ 2007, 3658)

STS 19 octubre 2007 (RJ 2007, 7309)

STS 30 octubre 2007 (RJ 2007, 7334) (Sala Tercera)

STS 22 noviembre 2007 (RJ 2007, 8651)

STS 28 noviembre 2007 (RJ 2007, 8124)

STS 4 diciembre 2007 (RJ 2008, 251)

STS 23 enero 2008 (RJ 2008, 216)

STS 15 febrero 2008 (RJ 2008, 2670)

STS 28 febrero 2008 (RJ 2008, 4035)

STS 12 marzo 2008 (RJ 2008, 4045)

STS 21 abril 2008 (RJ 2008, 4606)

STS 14 mayo 2008 (RJ 2008, 3077)

STS 20 mayo 2008 (RJ 2008, 4607)

STS 26 junio 2008 (RJ 2008, 4272)

STS 26 junio 2008 (RJ 2008, 6525) (Sala Tercera)

STS 7 julio 2008 (RJ 2008, 6871) (Sala Tercera)

STS 7 julio 2008 (RJ 2008, 6872) (Sala Tercera)

STS 23 julio 2008 (RJ 2008, 7063)

STS 29 julio 2008 (RJ 2008, 4638)

STS 22 octubre 2008 (RJ 2008, 5787)

STS 23 octubre 2008 (RJ 2008, 5789)

STS 4 noviembre 2008 (RJ 2008, 5860) (Sala Tercera)

STS 1 diciembre 2008 (RJ 2009, 1111)

STS 9 diciembre 2008 (RJ 2009, 67) (Sala Tercera)

STS 19 diciembre 2008 (RJ 2009, 536)

STS 22 diciembre 2008 (RJ 2009, 162)

STS 21 enero 2009 (RJ 2009, 1481)

STS 26 marzo 2009 (RJ 2009, 2803)

STS 12 mayo 2009 (RJ 2009, 2919)

STS 27 mayo 2009 (RJ 2009, 3044)

STS 4 junio 2009 (RJ 2009, 3380)

STS 9 junio 2009 (RJ 2009, 6531) (Sala Tercera)

STS 30 junio 2009 (RJ 2009, 4323)

STS 30 junio 2009 (RJ 2009, 6460)

STS 18 septiembre 2009 (RJ 2009, 7303) (Sala Tercera)

STS 30 septiembre 2009 (RJ 2009, 5481) (Sala Tercera)

STS 13 octubre 2009 (RJ 2009, 5564)

STS 9 diciembre 2009 (RJ 2010, 267)

STS 20 noviembre 2009 (RJ 2010, 138)

STS 3 marzo 2010 (RJ 2010, 3778)

STS 30 abril 2010 (RJ 2010, 3770)

STS 29 junio 2010 (RJ 2010, 5952) (Sala Tercera)

STS 14 julio 2010 (RJ 2010, 6045)

STS 27 septiembre 2010 (RJ 2010, 5155)

STS 4 noviembre 2010 (RJ 2010, 7988)

STS 20 enero 2011 (RJ 2011, 299)

STS 15 febrero 2011 (RJ 2011, 446)

STS 9 marzo 2011 (RJ 2011, 4250)

STS 20 mayo 2011 (RJ 2011, 3982)

STS 31 mayo 2011 (RJ 2011, 4000)

STS 1 junio 2011 (RJ 2011, 4260)

STS 14 junio 2011 (RJ 2011, 5294) (Sala Tercera)

STS 15 julio 2011 (RJ 2011, 5123)

STS 18 julio 2011 (RJ 2011, 6123)

STS 27 septiembre 2011 (RJ 2011, 7423)

STS 27 octubre 2011 (RJ 2011, 7313)

STS 2 enero 2012 (RJ 2012, 2) (Sala Tercera)

STS 16 enero 2012 (RJ 2012, 1784)

STS 13 abril 2012 (RJ 2012, 5902)

STS 24 mayo 2012 (RJ 2012, 6539)

STS 19 junio 2012 (RJ 2012, 8064) (Sala Tercera)

STS 28 junio 2012 (RJ 2012, 10403)

STS 9 octubre 2012 (RJ 2012, 10198) (Sala Tercera)

STS 6 noviembre 2012 (RJ 2012, 10612) (Sala Tercera)

STS 27 noviembre 2012 (RJ 2012, 435) (Sala Tercera)

STS 3 diciembre 2012 (RJ 2013, 582) (Sala Tercera)

STS 21 diciembre 2012 (RJ 2013, 300) (Sala Tercera)

STS 14 marzo 2013 (RJ 2013, 2422)

STS 22 abril 2013 (RJ 2013, 3690)

STS 5 junio 2013 (RJ 2013, 4970)

STS 5 junio 2013 (RJ 2013, 4971)

STS 28 junio 2013 (RJ 2013, 4986)

STS 3 julio 2013 (RJ 2013, 4380)

STS 19 julio 2013 (RJ 2013, 5003)

STS 19 julio 2013 (RJ 2013, 5004)

STS 8 octubre 2013 (RJ 2013, 6913)

STS 19 noviembre 2013 (RJ 2013, 7448)

STS 16 diciembre 2013 (RJ 2013, 7842)

STS 6 abril 2014 (RJ 2014, 3395)

STS 20 mayo 2014 (RJ 2014, 3761)

STS 6 junio 2014 (RJ 2014, 3395)

STS 17 julio 2014 (RJ 2014, 4080) (Sala Tercera)

STS (Pleno) 16 enero 2015 (RJ 2015, 277)

STS 3 febrero 2015 (RJ 2015, 641)

STS 18 febrero 2015 (RJ 2015, 340)

STS 24 abril 2015 (RJ 2015, 2388)

STS (Pleno) 20 mayo 2015 (RJ 2015, 2256)

STS 27 mayo 2015 (RJ 2015, 2628)

STS 14 septiembre 2015 (RJ 2015, 3719)

STS 23 octubre 2015 (RJ 2015, 4901)

STS 23 octubre 2015 (RJ 2015, 4897)

STS 8 abril 2016 (RJ 2016, 1328)

STS 13 abril 2016 (RJ 2016, 1495)

STS 1 julio 2016 (RJ 2016, 3721)

STS 24 noviembre 2016 (RJ 2016, 5649)

STS 29 mayo 2017 (RJ 2017, 2471)

STS 13 julio 2017 (RJ 2017, 3959)

STS 8 noviembre 2017 (RJ 2017, 4761)

STS 12 diciembre 2017 (RJ 2017, 5410)

STS 20 marzo 2018 (RJ 2018, 1276) (Sala Tercera)

STS 20 marzo 2018 (RJ 2018, 1376) (Sala Tercera)

STS 19 febrero 2019 (RJ 2019, 613)

STS 5 junio 2019 (RJ 2019, 2213)

STS 10 junio 2019 (RJ 2019, 2442)

STS 18 julio 2019 (RJ 2019, 3471)

STS 22 enero 2020 (RJ 2020, 61)

STS 24 febrero 2020 (RJ 2020, 486)

STS 14 mayo 2020 (RJ 2020, 1110) (Sala Tercera)

STS 29 mayo 2020 (RJ 2020, 1331)

STS 17 junio 2020 (RJ 2020, 2184)

STS 1 junio 2021 (RJ 2021, 2615)

STS 28 junio 2021 (RJ 2021, 3024)

STS 30 noviembre 2021 (RJ 2021, 5665)

STS 23 febrero 2022 (RJ 2022, 1107) (Sala Tercera)

STS 23 mayo 2022 (RJ 2022, 2689) (Sala Segunda)

AUDIENCIA NACIONAL

SAN 24 octubre 2011 (RJCA 2011, 880) (Sala Tercera)

TRIBUNALES SUPERIORES DE JUSTICIA

STSJ Navarra 9 diciembre 1997 (RJ 1997, 9414) (Salo de lo Civil y Penal)

STSJ Navarra 2 noviembre 2003 (RJ 2003, 2209) (Sala de lo Civil y Penal)

STSJ Murcia, Sección 1.ª, 13 marzo 2009 (JUR 2009, 332749) (Sala de lo Contencioso-Administrativo)

STSJ Comunidad Valenciana, Sección 2.ª, 9 diciembre 2014 (JUR 2015, 46350) (Sala de lo Contencioso-Administrativo)

STSJ Castilla-La Mancha, Sección 1.ª, 13 febrero 2018 (JUR 2018, 27254) (Sala de los Contencioso-Administrativo)

AUDIENCIAS PROVINCIALES

SAP Ciudad Real, Sección 2.ª, 1 septiembre 1995 (AC 1995, 1701)

SAP Palencia 15 enero 1997 (AC 1997, 1)

SAP Ourense 8 noviembre 1997 (AC 1997, 2311)

SAP Madrid, Sección 14.ª, 23 mayo 1998 (AC 1998, 7206)

SAP Castellón, Sección 1.ª, 2 septiembre 1998 (AC 1998, 6511)

SAP Valencia, Sección 6.ª, 12 diciembre 2001 (JUR 2002, 70087)

SAP Sevilla, Sección 5.ª, 29 abril 2002 (JUR 2002, 206917)

SAP Girona, Sección 2.ª, 21 marzo 2003 (JUR 2003, 158637)

SAP Palencia, Sección Única, 8 abril 2003 (JUR 2003, 203762)

SAP Almería, Sección 2.ª, 11 julio 2003 (AC2003, 1378)

SAP Sevilla, Sección 7.ª, 14 julio 2003 (ARP 2003, 639)

SAP Las Palmas, Sección 3.ª, 4 junio 2004 (AC 2004, 1753)

SAP Madrid, Sección 12.ª, 16 mayo 2005 (AC 2005, 1089)

SAP Álava, 29 julio 2005 (Tol 737. 255)

SAP Madrid, Sección 12.ª, 31 mayo 2006 (AC 2006, 2282)

SAP Barcelona, Sección 14.ª, 15 septiembre 2006 (JUR 2007, 106658)

SAP Islas Baleares, Sección 4.ª, 29 diciembre 2006 (JUR 2007, 274926)

SAP Barcelona, Sección 4.ª, 4 mayo 2007 (JUR 2007, 270008)

SAP Santa Cruz de Tenerife, Sección 4.ª, 13 junio 2007 (JUR 2007, 343524)

SAP Castellón, Sección 3.ª, 12 febrero 2008 (JUR 2008, 192231)

SAP Madrid, Sección 18.ª, 21 febrero 2008 (JUR 2008, 135795)

SAP Madrid, Sección 18.ª, 27 enero 2009 (AC 2009, 293)

SAP Barcelona, Sección 14.ª, 23 abril 2009 (AC 2009, 1681)

SAP Madrid, Sección 8.ª, 22 junio 2009 (JUR 2020, 292987)

SAP Madrid, Sección 12.ª, 16 septiembre 2009 (JUR 2010, 21991)

SAP Madrid, Sección 18.ª, 17 septiembre 2009 (JUR 2010, 21972).

SAP A Coruña, Sección 3.ª, 9 octubre 2009 (AC 2010, 806)

SAP Girona, Sección 1.ª, 19 octubre 2010 (JUR 2010, 383272)

SAP Madrid, Sección 13.ª, 20 diciembre 2010 (JUR 2011, 106924)

SAP Madrid, Sección 13.ª, 17 enero 2011 (AC 2011, 293)

SAP Álava, Sección 1.ª, 7 febrero 2011 (JUR 2011, 295952)

SAP Granada, Sección 3.ª, 18 abril 2011 (JUR 2011, 334565)

SAP Madrid, Sección 21.ª, 17 mayo 2011 (JUR 2011, 268928)

SAP Islas Baleares, Sección 1.ª, 27 septiembre 2011 (JUR 2011, 362051)

SAP Girona, Sección 1.ª, 19 marzo 2012 (JUR 2012, 158490)

SAP Granada, Sección 3.ª, 30 marzo 2012 (AC 2012, 1675)

SAP Navarra, Sección 3.ª, 10 septiembre 2012 (JUR 2013, 175668)

SAP Madrid, Sección 25.ª, 14 septiembre 2012 (JUR 2012, 337812)

SAP Madrid, Sección 12.ª, 30 octubre 2012 (JUR 2013, 7168)

SAP Málaga, Sección 7.ª (Melilla), 4 diciembre 2012 (JUR 2013, 87088)

SAP Zaragoza, Sección 4.ª, 26 abril 2013 (AC 2013, 1447)

SAP Santa Cruz de Tenerife, Sección 1.ª, 16 mayo 2013 (JUR 2013, 313708)

SAP Jaén, Sección 3.ª, 24 mayo 2013 (JUR 2013, 253624)

SAP A Coruña, Sección 3.ª, 31 mayo 2013 (JUR 2013, 218992)

SAP Pontevedra, Sección 6.ª, 27 junio 2013 (JUR 2013, 252084)

SAP Barcelona, Sección 14.ª, 3 julio 2014 (AC 2014, 1552)

SAP Alicante, Sección Tribunal de Marca Comunitaria, 26 febrero 2015 (JUR 2015, 129493)

SAP Las Palmas, Sección 5.ª, 6 marzo 2015 (JUR 2015, 120036)

SAP Islas Baleares, Sección 5.ª, 7 abril 2015 (AC 2015, 1223)

SAP Barcelona, Sección 1.ª, 9 noviembre 2015 (AC 2016, 183)

SAP Badajoz, Sección 2.ª, 1 febrero 2016 (AC 2016, 124)

SAP A Coruña, Sección 6.ª, 12 febrero 2016 (JUR 2016, 57849)

SAP A Coruña, Sección 3.ª, 1 abril 2016 (JUR 2016, 88452)

SAP Barcelona, Sección 4.ª, 13 septiembre 2016 (AC 2017, 125)

SAP Madrid, Sección 21.ª, 13 septiembre 2016 (JUR 2016, 250271)

SAP Sevilla, Sección 5.ª, 13 octubre 2016 (AC 2016, 2298)

SAP Granada, Sección 5.ª, 10 febrero 2017 (JUR 2017, 164740)

SAP Asturias, Sección 7.ª, 29 marzo 2017 (AC 2017, 553)

SAP Castellón, Sección 3.ª, 9 junio 2017 (JUR 2018, 88598)

SAP Islas Baleares, Sección 5.ª, 24 julio 2017 (JUR 2017, 231366)

SAP Islas Baleares, Sección 3.ª, 14 noviembre 2017 (JUR 2018, 28727)

SAP Valencia, Sección 8.ª, 15 marzo 2018 (AC 2018, 473)

SAP Madrid, Sección 8.ª, 28 marzo 2018 (JUR 2018, 224634)

SAP Madrid, Sección 25.ª, 25 julio 2018 (JUR 2018, 279297)

SAP Alicante, Sección 9.ª, 21 septiembre 2018 (JUR 2018, 315976)

SAP Granada (Sección 4.ª), 22 marzo 2019 (AC 2019, 1328)

SAP Barcelona, Sección 19.ª, 28 junio 2019 (JUR 2019, 214398)

SAP Sevilla, Sección 6.ª, 28 junio 2019 (JUR 2019, 6761)

SAP Badajoz, Sección 3.ª, 26 febrero 2020 (JUR 2020, 144166)

SAP Valencia, Sección 8.ª, 9 marzo 2020 (JUR 2020, 180360)

SAP Barcelona, Sección 13.ª, 21 abril 2020 (AC 2020, 1028)

SAP Navarra, Sección 3.ª, 23 abril 2020 (JUR 2020, 301441)

SAP Alicante, Sección 9.ª, 5 junio 2020 (JUR 2021, 194986)

SAP Badajoz, Sección 3.ª, 16 septiembre 2020 (JUR 2020, 306974)

SAP Alicante, Sección 9.ª, 16 septiembre 2020 (JUR 2021, 195694)

SAP Ciudad Real, Sección 2.ª, 2 noviembre 2020 (AC 2021, 132)

SAP Santa Cruz de Tenerife, Sección 3.ª, 16 noviembre 2020 (JUR 2021, 84968)

SAP Barcelona, Sección 19.ª, 20 noviembre 2020 (JUR 2020, 353445)

SAP Santa Cruz de Tenerife, Sección 3.ª, 9 diciembre 2020 (JUR 2021, 83194)

SAP Santa Cruz de Tenerife, Sección 3.ª, 13 enero 2021 (JUR 2021, 136773)

SAP Murcia, Sección 4.ª, 18 febrero 2021 (JUR 2021, 140045)

SAP Barcelona, Sección 16.ª, 17 marzo 2021 (JUR 2021, 173244)

SAP A Coruña, Sección 1.ª, 29 abril 2021 (ARP 2021, 1203)

SAP Murcia, Sección 4.ª, 16 septiembre 2021 (JUR 2021, 365573)

SAP Málaga, Sección 5.ª, 28 septiembre 2021 (AC 2021, 101)

SAP Barcelona, Sección 13.ª, 30 septiembre 2021 (JUR 2021, 356484)

SAP Ourense, Sección 1.ª, 22 diciembre 2021 (JUR 2922, 128274)

SAP Málaga, Sección 5.ª, 7 marzo 2022 (JUR 2022, 260417)

SAP Valladolid, Sección 1.ª, 15 noviembre 2022 (JUR 2022, 52106)

SAP Castellón 31 marzo 2022 (JUR 2022, 242430)

SAP Navarra, Sección 3.ª, 27 mayo 2022 (JUR 2022, 264246)

SAP Alicante, Sección 4.ª, 17 junio 2022 (JUR 2022, 328560)

SAP Cáceres, Sección 1.ª, 28 septiembre 2022 (JUR 2022, 355041)

SAP Madrid, Sección 14.ª, 10 noviembre 2022 (JUR 2022, 387539)

SAP Asturias, Sección 7.ª, 16 noviembre 2022 (JUR 2023, 4096)

SAP Alicante, Sección 4.ª, 4 julio 2022 (JUR 2022, 328968)

SAP Barcelona, Sección 13.ª, 7 julio 2022 (JUR 2022, 281296)

SAP Castellón, Sección 3.ª, 3 octubre 2022 (JUR 2023, 270143)

SAP Almería, Sección 1.ª, 7 febrero 2023 (JUR 2023, 166984)

SAP La Rioja, Sección 1.ª, 17 febrero 2023 (JUR 2023, 202820)

SAP Lleida, Sección 2.ª, 23 enero 2023 (JUR 2023, 112375)

SAP Madrid, Sección 8.ª, 20 abril 2023 (JUR 2023, 240115)

SAP Lleida, Sección 2.ª, 2 junio 2023 (JUR 2023, 316551)

SAP Barcelona, Sección 17.ª, 14 septiembre 2023 (JUR 2023, 388908)

VI

Bibliografía

ALASTUEY DOBÓN, Carmen, «La responsabilidad civil y las costas procesales», en *Tratado de las consecuencias jurídicas del delito,* coord. Boldova Pasamar y Alastuey Dobón, 2.ª ed., Tirant lo blanch, 2023, pp. 959-1034.

ALBANÉS MEMBRILLO, Antonio, «La responsabilidad civil del abogado», *Boletín del ICAM,* núm. 11, febrero 1999, pp. 79-103.

ALBERRUCHE DÍAZ-FLORES, Mercedes, «La responsabilidad civil del abogado por pérdida de la oportunidad procesal», *Actualidad civil,* núm. 9, septiembre 2014, 6 pp. (según pdf).

ALBIEZ DOHRMANN, Klaus Jochen *(et al.)*, *Las formas societarias del despacho colectivo de abogados,* Universidad de Granada, 1992.

ALBIEZ DOHRMANN, Klaus Jochen/GARCÍA PÉREZ, Rosa M.ª, *La sociedad profesional de abogados,* Thomson-Aranzadi, Navarra, 2005.

ALONSO PÉREZ, M.ª Teresa, *Los contratos de servicios de abogados, médicos y arquitectos,* Bosch, Barcelona, 1997.

– «Falta de transparencia de la cláusula sobre el precio en los contratos de servicios jurídicos y sus relaciones en las relaciones de consumo», *Indret,* 2023, núm. 4, pp. 1-25 (según pdf).

ALONSO PÉREZ, M.ª Teresa/ CALDUCH GARGALLO, Manuel, «La aplicabilidad de la norma sobre cláusulas abusivas a los contratos de servicios jurídicos», https://www.icace.org/joomla/images/pdf/PremioMO2019.pdf

ALONSO SOTO, Ricardo, «Responsabilidad civil y seguro», *Anuario de la Facultad de Derecho de la Universidad Autónoma de Madrid,* núm. 4, 2000, pp. 193-204.

ÁLVAREZ OLALLA, Pilar, «El Tribunal Supremo aclara su doctrina relativa a la inaplicación del artículo 1974 del Código civil en el caso de la responsabilidad solidaria de los agentes de la edificación. Comentario a la doctrina contenida en SSTS de 16 enero y 20 mayo 2015, seguidas de las SSTS de 17 septiembre 2015», *Revista Doctrinal Aranzadi Civil-Mercantil,* núm. 11/2015, BIB 2015, 167262.

– *Manual de Derecho de* daños, Thomson-Aranzadi, Navarra, 2021.

– «Los elementos de la responsabilidad civil por negligencia. Visión general», en *Nuevas perspectivas en la responsabilidad civil. Revisión crítica de la imputación objetiva,* Dir. Álvarez Olalla, Thomson-Aranzadi, Navarra, 2022, pp. 127-173.

Andino López, Juan Antonio, *El secreto profesional del abogado en el proceso civil,* Bosch, Barcelona, 2014.

Aparicio Carrillo, Eladio José, «Responsabilidad civil en el sector de la edificación. Cuestiones generales y (pretendida) actualización de la jurisprudencia», en *Cuestiones clásicas y actuales del Derecho de daños. Estudios en homenaje al profesor Dr. Roca Guillamón*, Dir. Ataz López y Cobacho Gómez, Tomo I, Thomson-Aranzadi, Navarra, 2021, pp. 329-370.

Arbesú González, Vanesa, «La naturaleza jurídica de la obligación en odontología curativa y estética», *Revista de Derecho UNED,* núm. 16, pp. 81-119.

Arcos Vieira, M.ª Luisa, *Responsabilidad civil por infecciones asociadas a la asistencia sanitaria,* Thomson-Aranzadi, Navarra, 2016.

– «La privación de la facultad de decidir sobre el aborto: ¿un supuesto de pérdida de oportunidad?», *Revista IBERC,* vol. 3, núm. 3, 2020, pp. 101-124.

– «Sobre el carácter "contractual" o "extracontractual" de la responsabilidad civil por incumplimiento de las obligaciones legales», en *Cuestiones clásicas y actuales del Derecho de daños. Estudios en homenaje al profesor Dr. Roca Guillamón*, Dir. Ataz López y Cobacho Gómez, Tomo I, Thomson-Aranzadi, Navarra, 2021, pp. 371-406.

Asua González, Clara I., «Comentario al artículo 1107 del Código civil», en *Comentarios al Código civil*, Tomo VI, dir. Rodrigo Bercovitz Rodríguez-Cano, Tirant lo blanch, 2013, pp. 8119-8129.

– «Aplicación de la doctrina de la pérdida de la oportunidad en la responsabilidad sanitaria: coincidencias y divergencias entre la jurisdicción civil y la contencioso-administrativa», en *Cuestiones clásicas y actuales del Derecho de daños. Estudios en homenaje al profesor Dr. Roca Guillamón*, dir. Ataz López y Cobacho Gómez, Tomo I, Thomson-Aranzadi, Navarra, 2021, pp. 441-468.

Ataz López, Joaquín, *Los médicos y la responsabilidad civil*¸ Montecorvo, Madrid, 1985.

Atienza Navarro, M. .ª Luisa, «Acerca de la conveniencia de que la Administración responda objetivamente de los daños derivados del funcionamiento normal de los servicios públicos. Especial referencia al servicio público educativo», *Revista de Derecho Privado,* 2000-I, pp. 317-341.

Azparren Lucas, Agustín, «Comentario al artículo 147 TRLGDCU», en *Comentario a las normas de protección de los consumidores. Texto refundido (RDL*

1/2007) y otras leyes y reglamentos vigentes en España y en la Unión Europea, dir. Cámara Lapuente, Colex, 2011, Madrid, pp. 1260-1269.

– «Comentario al artículo 148 TRLGDCU», en *Comentario a las normas de protección de los consumidores. Texto refundido (RDL 1/2007) y otras leyes y reglamentos vigentes en España y en la Unión Europea*, dir. Cámara Lapuente, Colex, 2011, Madrid, pp. 1269-1284.

Basozábal Arrúe, Xabier, «Reseña a Peña López, Fernando: Dogma y realidad del Derecho de daños: Imputación objetiva, causalidad y culpa en el sistema español y en los PETL», *Anuario de Derecho civil,* 2012, Fasc. III., pp. 1361-1366.

Bercovitz Rodríguez-Cano, Rodrigo, «Responsabilidad de abogados y procuradores», *Aranzadi Civil,* 1997-III, pp. 20-21.

Berrocal Lanzarot, Ana Isabel, «A propósito de la responsabilidad civil médica. La teoría de la pérdida de la oportunidad y del resultado o daño desproporcionado», *Revista de la Escuela de Medicina Legal,* febrero 2011, pp. 23-42.

Blázquez Martín, Raquel, «La responsabilidad civil de los profesionales jurídicos en la jurisprudencia del Tribunal Supremo», *Diario La Ley,* núm. 9093, diciembre 2017.

Brezmes Martínez De Villarreal, Alfonso, *Las sociedades profesionales. Análisis práctico de su nueva regulación,* ed. Experiencia, 2007.

Bustos Pueche, José Enrique, «La responsabilidad privada de los sindicatos en el Derecho español», *Documentación Laboral*, núm. 39, 1993, pp. 49-73.

Cabanillas Sánchez, Antonio, *Las obligaciones de actividad y de resultado,* Bosch, Barcelona, 1993.

– «Dependiente (Responsabilidad por) (Derecho civil)», en *Enciclopedia Jurídica Básica,* Vol. II, Civitas, Madrid, 1995, pp. 2122-2124.

– *Los deberes de protección del deudor en el derecho civil, en el mercantil y en el laboral*, Civitas, Madrid, 2000.

– «Los deberes de protección en el desarrollo de la relación obligatoria», en *Estudios de Derecho de contratos,* dir. Morales Moreno, coord. Blanco Martínez, edit. BOE, 2022, pp. 113-146.

Caffarena Laporta, Jorge, Voz «Obligación mancomunada (Derecho civil)», *Enciclopedia Jurídica Básica*, Vol. III, Civitas, Madrid, 1995, pp. 4521-4522.

Campins Vargas, Aurora, *La sociedad profesional,* Civitas, Madrid, 2000.

Carrasco Perera, Ángel, «Comentario al artículo 1104 del Código civil», en *Comentarios al Código civil y Compilaciones forales,* dir. Albaladejo, Tomo XV, Vol. 1, Edersa, Madrid, 1989, pp. 374-444.

– «Comentario al artículo 1104 del Código civil», en *Comentarios al Código civil y Compilaciones forales,* dir. Albaladejo, Tomo XV, Vol. 1, Edersa, Madrid, 1989, pp. 585-630.

– «Revisión conceptual de la imputación y prueba de la culpa aquiliana», en *Derecho de daños,* dir. Herrador Guardia, edit. Lefebvre, 2020, pp. 91-164.

Castillo Martínez, Carolina del Carmen, «La indemnización por daños y la problemática de su cuantificación (cuestiones escogidas)», *Actualidad Civil,* núm. 41, 2003, pp. 1091-1121.

Cavanillas Múgica, Santiago/ Tapia Fernández, Isabel, *La concurrencia de responsabilidad contractual y extracontractual. Tratamiento sustantivo y procesal,* Centro de Estudios Ramón Areces, Madrid, 1992.

Cervilla Garzón, M.ª Dolores, *La prestación de servicios profesionales,* Tirant lo Blanch, Valencia, 2001.

– «Una nueva visión de la responsabilidad profesional del abogado», *Actualidad Civil,* núm. 40, 2003, pp. 1075-1090.

Chaparro Matamoros, Pedro, «Nuevas perspectivas de la responsabilidad civil del abogado», *CEF LEGAL: Revista práctica de Derecho. Comentarios y casos prácticos,* núm. 174, 2015, pp. 5-56.

Chartier, Yves, *La reparation du préjudice,* Dalloz, 1996.

Cobreros mendazona, Edorta, «La pérdida de oportunidad procesal como daño indemnizable por el Estado», *Revista Vasca de Administración Pública,* núm. 96, mayo-agosto 2013, pp. 73-110.

Crespo Mora, M.ª Carmen, *La responsabilidad del abogado en el Derecho civil,* Thomson-Civitas, Madrid, 2005.

– «Las obligaciones de medios y de resultado de los prestadores de servicios en el DCFR», *Indret,* 2013-II, pp. 1-45.

– «Responsabilidad civil del abogado. Especial referencia a la pérdida de la oportunidad procesal. Comentario a la STS de 29 de mayo de 2003 (RJ 2003, 3914)», *Rdpat,* núm. 12, 2003, 307-313.

– «Comentario al artículo 11 de la Ley de Sociedades Profesionales», en *Comentarios a la Ley de Sociedades Profesionales. Régimen fiscal y corporativo,* Thomson-Aranzadi, 3.ª ed., Navarra, 2013, pp. 535-589.

– «Las obligaciones de medios y de resultado: recepción de la distinción por la propuesta CESL», *Revista Jurídica de la Universidad Autónoma de Madrid,* núm. 31, 2015-I, pp. 91-104.

– *La prestación de servicios jurídicos,* Thomson-Aranzadi, Navarra, 2020.

– «La protección del consumidor de servicios jurídicos», *Revista de Derecho civil,* vol. VIII, núm. 1, 2021, pp. 93-145.

– «Renuncia al ejercicio de acciones de responsabilidad contra un abogado», *Anuario de Derecho civil,* 2022, Fasc. II, pp. 725-768.

– «Falta de transparencia de la cláusula contractual de honorarios que tarifica los servicios de abogado por hora. Sentencia del Tribunal de Justicia de la Unión Europea de 12 enero 2023 as. C-395/91: caso DV contra MA», *La Ley Unión Europea,* núm. 113, abril 2023.

Cristóbal Montes, Ángel, «La responsabilidad del deudor por sus auxiliares», *Anuario de Derecho Civil,* núm. 42, 1989-I, pp. 5-17.

De Ángel Yágüez, Ricardo, «Indeterminación del causante de un daño extracontractual. Sentencias de la Audiencia Territorial de Burgos de 4 diciembre 1980 y de Palma de Mallorca de 24 enero 1981», *Revista General de Legislación y Jurisprudencia,* núm. 254, 1983, pp. 23-76.

– «Comentario al artículo 1106 del Código civil», en *Comentario del Código civil,* Tomo II, Ministerio de Justicia, Civitas, Madrid, 1993, pp. 5.57.

– *Algunas previsiones sobre el futuro de la responsabilidad civil: con especial atención a la reparación del daño,* Civitas, Madrid, 1995.

– *Responsabilidad civil por actos médicos. Problemas de prueba,* Civitas, Madrid, 1999.

– «Comentario al artículo 1902 del Código civil», en *Comentario del Código civil,* coord. Sierra Gil de la Cuesta, Tomo 8 (artículos 1790 a 1902), Bosch, Barcelona, 2000, pp. 496-509.

De Barrón Arniches, Paloma, «Comentario a los artículos IV.C.–1:101, 1:102, 1:103, 2:101, 2:102, 2:103, 2:104, 2:105, 2:106, 2:107, 2:108, 2:109, 2:110, 2:111 DCFR», en *Derecho contractual europeo. Libros II y IV del MCR,* Tomo II, coord. Vaquer Aloi, Bosch Capdevilla y Sánchez González, Atelier, Barcelona, 2012, pp. 1137-1205.

De la Puebla Pinilla, Ana, *La responsabilidad civil del sindicato. Un estudio sobre la responsabilidad derivada de la actividad sindical,* La Ley, Madrid, 2000.

De Peralta Carrasco, Manuel, «La contratación y la responsabilidad médica en el tratamiento de la alopecia», en *Cuestiones clásicas y actuales del Derecho de daños. Estudios en homenaje al profesor Dr. Roca Guillamón,* dir. Ataz López y Cobacho Gómez, Tomo III, Thomson-Aranzadi, Navarra, 2021, pp. 1021-1042.

De Verda y Beamonte, José Ramón, «La responsabilidad derivada de la cirugía estética en la jurisprudencia actual (de obligación de resultado a obligación de medios): consideraciones críticas», *Revista de Derecho Patrimonial,* núm. 36, 2015, BIB 2015, 406.

Del Olmo García, Pedro, «Comentario al artículo 1902 del Código civil», en *Comentarios al Código civil,* Tomo V, dir. Ana Cañizares Laso, Tirant lo Blanch, 2023, pp. 8437-8464.

Del Rosal, Rafael, «La obligación de diligencia: puesta al día», *Otrosí 33,* enero 2002, pp. 42-51.

Díaz Martínez, Ana, «El resultado garantizado o pactado en los tratamientos de medicina estética», *Revista Doctrinal Aranzadi Civil-Mercantil,* núm. 10/2011, BIB 2010, 2949.

– «Daño moral y procreación. Especial referencia a la lesión de la autodeterminación en la medicina reproductiva», en *Cuestiones clásicas y actuales del Derecho de daños. Estudios en homenaje al profesor Dr. Roca Guillamón*, dir. Ataz López y Cobacho Gómez, Tomo II, Thomson-Aranzadi, Navarra, 2021, pp. 79-129.

Díaz Vales, Fernando, «La negligencia como factor de imputación de la responsabilidad contractual de abogados y procuradores: quince años de jurisprudencia», *Actualidad civil,* núm. 4, 2002, pp. 1213-1234.

Díez-Picazo, Luis, «La responsabilidad civil hoy», *Anuario de Derecho civil,* Tomo XXXII, 1979, pp. 727-738.

– *Derecho de daños,* Civitas, Madrid, 2000.

– *El escándalo del daño moral*, Thomson-Civitas, Navarra, 2008.

Díez-Picazo, Luis/Gullón Ballesteros, Antonio, *Sistema de Derecho civil,* Vol. II, Tomo 2, Tecnos, Madrid, 2001.

Díez-Picazo Giménez, Gema/Arana de la Fuente, Isabel, *El desbordamiento del Derecho de daños*, Thomson-Civitas, Navarra, 2009.

Díez Soto, Carlos Manuel, «Comentario al artículo 1902 del Código civil», en *Comentarios al Código civil,* Tomo IX, dir. Rodrigo Bercovitz Rodríguez--Cano, Tirant lo blanch, 2013.

Egusquiza Balmaseda, M.ª Ángeles, «Pérdida de oportunidad por retraso diagnóstico: algunas cuestiones desde la perspectiva jurisprudencial de la responsabilidad patrimonial», en *Cuestiones clásicas y actuales del Derecho de daños. Estudios en homenaje al profesor Dr. Roca Guillamón*, dir. Ataz López y Cobacho Gómez, Tomo II, Thomson-Aranzadi, Navarra, 2021, pp. 255-281.

Elizari Urtasun, Leyre, «Reflexiones en torno a la distinción entre medicina satisfactiva y medicina curativa y sus consecuencias», en *Cuestiones clásicas y actuales del Derecho de daños. Estudios en homenaje al profesor Dr. Roca Guillamón*, dir. Ataz López y Cobacho Gómez, Tomo II, Thomson-Aranzadi, Navarra, 2021, pp. 283-326.

ESPINOSA DE RUEDA JOVER, Mariano, «Casuística de responsabilidad patrimonial por asistencia sanitaria defectuosa y sus vías de reclamación», en *Cuestiones clásicas y actuales del Derecho de daños. Estudios en homenaje al profesor Dr. Roca Guillamón*, dir. Ataz López y Cobacho Gómez, Tomo II, Thomson--Aranzadi, Navarra, 2021, pp. 407-425.

ESTEVE PARDO, M.ª Asunción, «Culpa e incumplimiento contractual: del Código civil al moderno Derecho de contratos. Especial referencia a los contratos de prestación de servicios», *Revista Crítica de Derecho Inmobiliario,* núm. 777, enero 2020, pp. 91-126.

EVANGELIO LLORCA, Raquel, «A vueltas con la responsabilidad por daños derivados de servicios sanitarios al amparo del artículo 148 TRLGDCU», en *Cuestiones clásicas y actuales del Derecho de daños. Estudios en homenaje al profesor Dr. Roca Guillamón*, dir. Ataz López y Cobacho Gómez, Tomo II, Thomson-Aranzadi, Navarra, 2021, pp. 475-532.

FERNÁNDEZ FERNÁNDEZ, M.ª Eugenia, «Capítulo II: La responsabilidad del prestador de servicios», en *Derecho de los consumidores y usuarios. (Doctrina, normativa, jurisprudencia, formularios),* dir. De León Arce, coord. L. M. García, vol. 2, 3.ª ed., Tirant lo Blanch, 2016, pp. 2275-2316.

FERNÁNDEZ HIERRO, José Manuel, *Sistema de responsabilidad médica,* 5.ª ed., Comares, Granada, 2007.

GALÁN CORTÉS, Julio César, «Consentimiento informado y nexo causal en la responsabilidad médica», *Actualidad Jurídica Aranzadi,* núm. 716, 2006 (BIB 2006, 1367).

– *Responsabilidad civil médica,* Thomson-Civitas, Navarra, 2022.

GALLARDO CASTILLO, M.ª Jesús, «De nuevo sobre el concepto de *lex artis*: especial referencia a la doctrina de la pérdida de oportunidad y el daño desproporcionado o culpa virtual», *Actualidad Administrativa,* núm. 18, 2009, pp. 1-9 (según pdf; recurso digital).

GARCÍA GARNICA, M.ª Carmen, «Las vías para reclamar ante una negligencia médica. Especial consideración a la doctrina de la STS, sala 1.ª, de 5 de junio de 2019, sobre la acción directa en los supuestos de responsabilidad patrimonial de la Administración», *Revista de Derecho civil,* Vol. VII, núm. 1, 2020, pp. 31-68.

GARCÍA PÉREZ, Rosa M.ª, *El ejercicio en sociedad de profesiones liberales*, Bosch, Barcelona, 1997.

GÁZQUEZ SERRANO, Laura, «Daños causados por ruina del edificio», *Práctica de Derecho de Daños,* núm. 92, abril 2011, pp. 1-16 (según pdf; recurso digital).

GIL MEMBRADO, Cristina, «Pérdida de oportunidad en responsabilidad sanitaria por falta o deficiencia de información: ¿un artificio para sortear la causalidad?», en *Cuestiones clásicas y actuales del Derecho de daños. Estudios en homenaje al profesor Dr. Roca Guillamón*, dir. Ataz López y Cobacho Gómez, Tomo II, Thomson-Aranzadi, Navarra, 2021, pp. 1057-1110.

GÓMEZ CALLE, Esther, «El fundamento de la responsabilidad civil en el ámbito médico-sanitario», *Anuario de Derecho Civil*, octubre-diciembre 1998, Tomo LI, Fascículo IV, pp. 1693-1767.

GÓMEZ LIGÜERRE, Carlos, «La acción directa de la víctima contra la compañía aseguradora de la responsabilidad civil: viejos debates y nuevos problemas», en *Cuestiones clásicas y actuales del Derecho de daños. Estudios en homenaje al profesor Dr. Roca Guillamón*, dir. Ataz López y Cobacho Gómez, Tomo II, Thomson-Aranzadi, Navarra, 2021, pp. 1135-1185.

GÓMEZ POMAR, Fernando, «Pleitos tengas: pérdida de un litigio, responsabilidad del abogado y daño moral. Comentario a la STS 8 abril 2003», *Indret: Revista para el Análisis del Derecho,* julio 2003.

GONZÁLEZ CARRASCO, M.ª del Carmen, «Pérdida de oportunidad procesal: motivación de la identificación y valoración del daño y del nexo causal», *Cuadernos Civitas de Jurisprudencia Civil*, núm. 107, 2018, BIB 2018, 10393.

GONZÁLEZ FERRER, Juan José/YBARRA LÓPEZ-GÓMEZ, Javier, «La indefensión ocasionada por error del abogado», *Otrosí 37*, mayo 2002, pp. 36-40.

GONZALO LÓPEZ, Vicente, «Consideración de la jurisprudencia del Tribunal Supremo en relación con la responsabilidad civil del asegurador de asistencia sanitaria por errores o negligencias del cuadro médico-hospitalario puesto a disposición del asegurado», en *Derecho y salud como realidades interactivas: selección de intervenciones del IV, V y VI Encuentro Interautonómico sobre Protección Jurídica del Paciente como Consumidor*, coord. J. L. Tomillo Urbina/ J. Cayón de las Cuevas, Aranzadi, 2015, BIB 2015, 4613.

GRACIA MARTÍN, Luis/ BOLDOVA PASAMAR, Miguel Ángel, «Introducción al sistema de las consecuencias jurídicas del delito», en *Tratado de las consecuencias jurídicas del delito,* coord. Boldova Pasamar y Alastuey Dobón, 2.ª ed., Tirant lo blanch, 2023, pp. 33-60.

GREGORACI FERNÁNDEZ, Beatriz, «La disciplina normativa de la responsabilidad de los agentes de la edificación: un intento de articulación», *Revista Aranzadi de Derecho Patrimonial,* núm. 23, 2009, BIB 2009, 931.

– «La responsabilidad en el sector de la construcción», en *Practicum Daños 2019*, coord. A. Soler Presas y P. del Olmo García, Thomson Reuters, 2019, pp. 489-503.

– «La responsabilidad proporcional como solución a la incertidumbre causal (reflexiones de una civilista a propósito del libro de Luis Medina Alcoz», *Anuario de Derecho civil,* Tomo LXXIII, 2020, Fasc. II., pp. 807-822.

ILLESCAS RUS, Ángel Vicente, «El daño moral estricto», en *Valoración judicial de los daños y perjuicios*, CGPJ, Madrid, 1999, pp. 227-327.

ITURMENDI MORALES, Gonzalo, «Responsabilidad civil de abogados en el ejercicio de su actividad», *Abogacía,* núm. 2, 2009, pp. 145-199.

JIMÉNEZ-ASENJO SOTOMAYOR, Luis, «Régimen jurídico de las sociedades profesionales tras la publicación de la Ley 2/2007, de 15 de marzo», *Indret: Revista para el Análisis del Derecho,* núm. 4, 2007.

JIMÉNEZ HORWITZ, Margarita, «La distinción entre los contratos de obras y servicios en el Derecho español (estudio comparado con el Derecho alemán)», *Anuario de Derecho Civil,* Tomo LXV, 2012, fasc. II, pp. 551-584.

JORDANO FRAGA, Francisco, «Aspectos problemáticos de la responsabilidad contractual del médico», *Revista General de Legislación y Jurisprudencia,* 1985--I, pp. 29-104.

– «Obligaciones de medios y de resultado (a propósito de alguna jurisprudencia reciente)», *Anuario de Derecho Civil,* 1991-I, núm. 44, pp. 5-96.

– *La responsabilidad del deudor por los auxiliares que utiliza en el cumplimiento*, Civitas, Madrid, 1994.

LLAMAS POMBO, Eugenio, *La responsabilidad civil del médico. Aspectos tradicionales y modernos*, Trivium, Madrid, 1988.

– *Reflexiones sobre Derecho de daños: casos y opiniones,* ed. La Ley, Madrid, 2010.

– «Doctrina general de la culpa médica», en *Estudios sobre la responsabilidad sanitaria,* dir. Llamas Pombo, La Ley, Madrid, 2014, pp. 17-55.

LOBATO GÓMEZ, J. Miguel, «Contribución al estudio de la distinción entre las obligaciones de medios y de resultado», *Anuario de Derecho Civil,* Tomo XLV, 1992-II, pp. 651-734.

LÓPEZ BELTRÁN DE HEREDIA, Carmen, *Efectos civiles del delito y responsabilidad extracontractual*, Tirant lo Blanch, Valencia, 1997.

LOZANO GAGO, M.ª Luz, «La responsabilidad civil del abogado», *Práctica de Derecho de daños*, núm. 134, enero-marzo 2018, p. 1-8 (según pdf; recurso digital).

LUNA YERGA, Álvaro, «Oportunidades perdidas. La doctrina de la pérdida de la oportunidad en la responsabilidad civil médico-sanitaria», *Indret,* 2005.

MACANÁS VICENTE, Gabriel, «Responsabilidad contractual del abogado por el no incumplimiento de deberes deontológicos», en *Cuestiones clásicas y actuales del Derecho de daños. Estudios en homenaje al profesor Dr. Roca Guillamón*, dir. Ataz López y Cobacho Gómez, Tomo II, Thomson-Aranzadi, Navarra, 2021, pp. 1873-1919.

Macía Morillo, Andrea, *La responsabilidad médica por los diagnósticos preconceptivos y prenatales. (Las llamadas acciones de wrongful birth y wrongful life)*, Tirant lo Blanch, Valencia, 2005.

– «La responsabilidad civil en el ejercicio en grupo de la medicina», Revista Jurídica de la Universidad Autónoma de Madrid, núm. 31, 2015-I, pp. 253-282.

– *Diagnóstico genético preimplantacional y responsabilidad médica por falsos negativos,* Reus, Madrid, 2018.

– «El daño derivado de la falta de información médica», en *Derecho de daños,* dir. Herrador Guardia, edit. Lefebvre, 2020, pp. 531-622.

– «El parámetro de la *lex artis* de los profesionales médicos en tiempos de Coivd-19», *Revista de Derecho Patrimonial,* núm. 54, enero-abril 2021 (versión digital).

– «Responsabilidad civil en el ámbito sanitario», *Anuario de la Facultad de Derecho de la Universidad Autónoma de Madrid,* Núm. *Extra* 2, 2021, pp. 113-128.

Maraver Gómez, Mario, *El principio de confianza en Derecho penal: un estudio sobre la aplicación del principio de autorresponsabilidad en la teoría de la imputación objetiva,* Civitas, Navarra, 2009.

Martín-Casals, Miquel, «*Wrongful conception and wrongful birth cases in spanish law: two wrongs in search of a right*», en *European Tort Law. Liber amicorum for Helmut Koziol,* Peter Lang, Frankfurt-Berlín-Berna-Bruselas-Nueva York-Oxford-Viena, 2000, pp. 179-208.

– «Acotaciones sobre la relación de causalidad y el alcance de la responsabilidad desde una perspectiva comparada», en *Nuevos retos del Derecho de daños en Iberoamérica. I Congreso Iberoamericano de Responsabilidad civil,* dir. Santos Morón, Mercader y Del Olmo, Tirant lo blanch, Valencia, 2020, pp. 215-264.

Martínez Calcerrada y Gómez, Luis, «La responsabilidad civil profesional del abogado», en *La responsabilidad civil profesional de los tele informáticos, auditores de cuentas, periodistas, arquitectos-peritos, médicos-peritos y de los peritos judiciales en general. Especial estudio de la responsabilidad civil de los médicos, administradores, consejeros de las sociedades mercantiles y de los abogados,* Colex, Madrid, 1999, pp. 361-409.

Mate Satué, Loreto Carmen, *La configuración del daño y su relación con el nexo causal en la responsabilidad civil del abogado,* Thomson-Aranzadi, Navarra, 2021.

Mato Pacín, Natalia, «Cuestiones actuales sobre el concepto de consumidor a la luz de la jurisprudencia», *Revista de Derecho Patrimonial*, núm. 48, 2019 (recurso *online*).

– «¿Quién es comerciante en las plataformas de venta *online*? La importancia de su delimitación», en *Estudios sobre jurisprudencia europea*, coords. Ruda González y Jerez Delgado, Sepin, Madrid, 2021.

Mazeaud, Henri Leon/ Tunc, André, *Tratado teórico y práctico de la responsabilidad civil delictual y contractual*, Tomo I, Vol. I, traducción de la quinta edición por Alcalá-Zamora y Castillo, Buenos Aires, 1961.

Medina Alcoz, Luis, *La teoría de la pérdida de oportunidad. Estudio doctrinal y jurisprudencial de derecho de daños público y privado*, Thomson-Civitas, Navarra, 2007.

– *La responsabilidad proporcional como solución a la incertidumbre causal*, Thomson Aranzadi, Navarra, 2018.

– «Propuestas sobre la responsabilidad proporcional como solución de incertidumbre causal: fundamento, ámbito de aplicación y posición del juez ante la llamada responsabilidad por oportunidad perdida, causa anónima y cuota de mercado», en *Derecho de daños,* dir. Herrador Guardia, edit. Lefebvre, 2020, pp. 981-984.

Miquel González, José María, «Observaciones en torno a la responsabilidad extracontractual por el hecho de un contratante independiente», *Anuario de Derecho civil*, 1983-II, núm. 36, pp. 1501-1514.

– «La responsabilidad contractual y extracontractual: distinción y consecuencias», *Cuadernos de Derecho Judicial,* Madrid, 1993, pp. 61-78.

Monterroso Casado, Esther, «La responsabilidad civil del abogado: criterios, supuestos y efectos», *Saberes. Revista de estudios jurídicos, económicos y sociales,* vol. 3, 2005, 30 p. (según pdf).

Montés Penadés, Vicente, «Perfiles jurídicos de la relación de gestión», en *Contratos de Gestión. Cuadernos de Derecho judicial*, CGPJ, Madrid, 1995, pp. 11-64.

– «Comentario al Título V del Código penal. De la responsabilidad civil derivada de los delitos y faltas y de las costas procesales», en *Comentarios al Código penal de 1995*, coord. Vives Antón, Tomo I, Valencia, 1996, pp. 570-616.

Montes Rodríguez, M.ª del Pilar, «¿Derecho de daños o responsabilidad civil extracontractual?: Concepto y cuestiones terminológicas. Su delimitación respecto de la responsabilidad contractual», en *Cuestiones clásicas y actuales del Derecho de daños. Estudios en homenaje al profesor Dr. Roca Guillamón*, dir. Ataz López y Cobacho Gómez, Tomo II, Thomson-Aranzadi, Navarra, 2021, pp. 417-449.

Morales Moreno, Antonio Manuel, *Incumplimiento del contrato y lucro cesante*, Real Academia de Jurisprudencia y Legislación, 2010.

– «Claves de la modernización del Derecho de contratos», en *Autonomía de la voluntad en el Derecho privado. Estudios en conmemoración del 150 aniversario de la Ley del Notariado*, coord. Prats Albentosa, Tomo III, Consejo General del Notariado, 2013, pp. 319-428.

Moreo Ariza, Javier, «La compleja configuración del daño en la responsabilidad civil del abogado», *Indret,* enero 2007.

Muñoz Campos, Juan, «La responsabilidad civil de abogados y procuradores», en *Centenario del Código Civil,* Vol. II, dir. y coord. Rico Pérez, Madrid, 1989, pp. 343-354.

Muruaga Herrero, Pablo, «Acción de consentimiento y pago de precio en el contrato de hospitalización. Entre consumidores sanitarios, aseguradoras y prestación de servicios médicos», *Revista de Derecho Civil,* Vol. X, núm. 3 (abril-junio 2023), Ensayos, pp. 201-240.

Navarro Simón, Eva María, «Incertidumbre causal y pérdida de oportunidad en la responsabilidad civil sanitaria por infracción del deber de información: comentario a la STS de 8 de abril de 2016», *Actualidad Jurídica Iberoamericana (ADIBE),* núm. 8, febrero 2018, pp. 313-327.

Núñez Iglesias, Álvaro, «Significado y cuestiones que suscita la expresión "dentro del tiempo legal" del artículo 1909 del Código civil», en *Cuestiones clásicas y actuales del Derecho de daños. Estudios en homenaje al profesor Dr. Roca Guillamón*, dir. Ataz López y Cobacho Gómez, Tomo III, Thomson-Aranzadi, Navarra, 2021, pp. 793-814.

Oliva Blázquez, Francisco, «La defectuosa prestación del servicio jurídico por parte de los abogados: criterios de determinación de la indemnización por pérdida de oportunidad procesal», en *La modernización del contrato de servicios,* dir. Infante Ruiz/ Oliva Blázquez, Tirant lo blanch, 2022, pp. 303-320.

Olmos Pildain, Asunción, *El seguro de defensa jurídica,* Aranzadi, Navarra, 1997.

Ortega Reinoso, Gloria, *Ejercicio colectivo de la profesión de abogado,* ed. GEU, 2006.

– «La prosperabilidad de la acción frustrada, criterio delimitador del daño y de su cuantificación en la responsabilidad contractual del abogado», *Revista Crítica de Derecho Inmobiliario,* núm. 747, 2015, pp. 451-482.

Oyarzún Vargas, Felipe, «Aproximaciones doctrinales a la teoría de la pérdida de la oportunidad. Análisis y reflexiones del caso español», *Revista Jurídica de la Universidad Autónoma de Madrid*, núm. 43, 2021-1, pp. 119-147.

Pacheco Jiménez, M.ª Nieves, «Responsabilidad por vicios constructivos de habitabilidad y responsabilidad por incumplimiento contractual: los ámbitos de aplicación de la Ley de Ordenación de la Edificación y del Código civil. Comentario a la STS 2 febrero 2018 (RJ 2018, 337)», *Cuadernos Civitas de Jurisprudencia Civil,* núm. 108, 2018, BIB 2018, 13312.

PADILLA, Rodrigo, *Misión, derechos, deberes y responsabilidades del abogado*, Reus, Madrid, 2013.

PANIZA FULLANA, Antonia, «Responsabilidad profesional del abogado por la pérdida de oportunidad procesal: la problemática determinación del *quantum* indemnizatorio (a propósito de la STS 27 octubre 2011)», *Revista Doctrinal Aranzadi Civil-Mercantil,* Vol. I, núm. 11, 2012, BIB 2012, 285.

PANTALEÓN DÍAZ, Marta, *Delito y responsabilidad civil extracontractual: una dogmática comparada,* Marcial Pons, Madrid, 2022.

PANTALEÓN PRIETO, Fernando, «Comentario a la STS 19 junio 1984», *Cuadernos Civitas de Jurisprudencia Civil,* 1984, núm. 6, pp. 1869-1884.

– «Comentario a la STS 13 julio 1984», *Cuadernos Civitas de Jurisprudencia Civil,* 1984, núm. 6, pp. 1953-1964.

– «El sistema de responsabilidad contractual (Materiales para un debate)», *Anuario de Derecho Civil,* 1991-II, núm. 44, pp. 1019-1091.

– «Los anteojos del civilista: hacia una revisión del régimen de responsabilidad patrimonial de las Administraciones Públicas», *Documentación Administrativa,* núm. 237-238, enero-junio 1994, pp. 239-253.

– «Responsabilidad por hecho ajeno (Derecho civil)», *Enciclopedia Jurídica Básica*, Vol. IV, Civitas, Madrid, 1995, pp. 5955-5958.

– «Responsabilidad patrimonial de las Administraciones públicas: sobre la jurisdicción competente», *Cuadernos de Derecho Judicial*, 1996, XIV, pp. 25-44.

– *La responsabilidad civil de los auditores: extensión, limitación, prescripción*, Civitas, 1996.

– «Sobre la inconstitucionalidad del sistema para la valoración de daños personales en la Ley sobre Responsabilidad Civil y Seguro en la Circulación de Vehículos de Motor», *Actualidad Jurídica Aranzadi,* núm. 245, 1996.

– «Presentación», en *La responsabilidad en el Derecho, AFDUAM*, núm. 4, 2000, pp. 13-14.

PARDO GATO, José Ricardo, *La relación abogado-cliente. El contrato de servicios del abogado*, Thomson-Aranzadi, Navarra, 2017.

PARRA LUCÁN, M. Ángeles, *La protección del consumidor frente a los daños. Responsabilidad civil del fabricante y del prestador de servicios*, Reus, Madrid, 2011.

PARRA LUCÁN, M. Ángeles / REGLERO CAMPOS, L. Fernando, «La responsabilidad civil de los profesionales del Derecho», en *Tratado de responsabilidad civil,* coord. Reglero Campos y Busto Lago, Tomo II, 5.ª edición, Thomson-Aranzadi, Navarra, 2014, pp. 439-596.

PAZ-ARES, Cándido, «Comentario al artículo 1678 del Código civil», en *Comentarios del Código civil*, Tomo II, Ministerio de Justicia, Madrid, 1993, pp. 1393-1407.

– «Las sociedades profesionales (Principios y bases de la regulación proyectada)», *Revista Crítica de Derecho Inmobiliario*, núm. 653, 1999, pp. 1257-1275.

PEÑA LÓPEZ, Fernando, «Comentario al artículo 1902 del Código civil», en *Comentarios al Código civil*, coord. Rodrigo Bercovitz Rodríguez-Cano, 5.ª ed., Thomson-Aranzadi, 2021.

PÉREZ CONESA, Carmen, «Responsabilidad civil de la compañía de seguros por daños causados al asegurado por facultativos en centros de su cuadro médico en el seguro de asistencia sanitaria», en *Cuestiones clásicas y actuales del Derecho de daños. Estudios en homenaje al profesor Dr. Roca Guillamón*, dir. Ataz López y Cobacho Gómez, Tomo III, Thomson-Aranzadi, Navarra, 2021, pp. 1043-1069.

– «Responsabilidad hospitalaria por hecho propio», en *Nuevas perspectivas en la responsabilidad civil. Revisión crítica de la imputación objetiva,* dir. Álvarez Olalla, Thomson-Aranzadi, Navarra, 2022, pp. 743-769.

PÉREZ PÉREZ, Manuel, «El sindicato, empleador», *Actualidad Laboral,* 1994-3, pp. 639-655.

PÉREZ VALLEJO, Ana M.ª, «Responsabilidad médica y mecanismos correctores del rigor probatorio», *Práctica de Derecho de daños,* núm. 110-111, noviembre-diciembre 2012, pp. 1-21 (según pdf; recurso digital).

– «Responsabilidad médico-sanitaria y daños por pérdida de oportunidad», en *Cuestiones clásicas y actuales del Derecho de daños. Estudios en homenaje al profesor Dr. Roca Guillamón*, dir. Ataz López y Cobacho Gómez, Tomo III, Thomson-Aranzadi, Navarra, 2021, pp. 1131-1164.

PÉREZ VELÁZQUEZ, Juan Pablo, *La indemnización de daños y perjuicios por incumplimiento del contrato en los principios de Derecho contractual europeo,* edit. BOE, 2016.

PERTÍÑEZ VÍLCHEZ, Francisco, «Capítulo II. Daños causados por otros bienes y servicios», en *La defensa de los consumidores y usuarios. Comentario sistemático del Texto Refundido aprobado por el Real Decreto Legislativo 1/2007,* dir. Rebollo Puig/ Izquierdo Carrasco, Iustel, Madrid, 2011, pp. 1905-1951.

PLAZA PENADÉS, Javier, *El nuevo marco de la responsabilidad médica y hospitalaria*, Aranzadi, Navarra, 2002.

– «Comentario al artículo 1902 del Código civil», en *Código civil comentado*, Vol. IV, 2.ª ed., dir. Ana Cañizares Laso, Pedro de Pablo Contreras, Javier Orduña Moreno, Rosario Valpuesta Fernández, 2.ª ed., Thomson-Aranzadi, Navarra, 2016.

REBOLLEDO VARELA, Ángel Luis, «Comentario a la STS 16 diciembre 1996», *Cuadernos Civitas de Jurisprudencia Civil,* núm. 44, 1997, pp. 475-499.

RODRÍGUEZ DEVESA, José María, «Responsabilidad civil derivada de delito o falta y culpa extracontractual», en *Libro homenaje a Jaime Guasp*, Comares, Granada, 1984, pp. 511-527.

ROMEO CASABONA, Carlos María, *El médico ante el Derecho*, Servicio de Publicaciones del Ministerio de Sanidad y Consumo, Madrid, 1985.

– «Responsabilidad penal y responsabilidad civil de los profesionales. Presente y futuro de los conceptos de negligencia y riesgo. Perspectivas», *Revista Jurídica La Ley*, 1993-4, pp. 979-994.

ROMERO COLOMA, María Aurelia, *La medicina ante los derechos del paciente,* Montecorvo, Madrid, 2002.

ROMERO REY, Carlos, «Tema 44: La responsabilidad de las Administraciones», en *Fundamentos de Derecho administrativo,* coord. Huerta Garicano y Millán Herrandis, Tirant lo blanch, Valencia, 2022, pp. 917-935.

RUBIO TORRANO, Enrique, «Pérdida de oportunidad, falta de consentimiento informado y responsabilidad de la administración sanitaria», *Revista Doctrinal Aranzadi Civil-Mercantil,* núm. 17, 2009, pp. 1-4 (según pdf; recurso digital).

– «Responsabilidad civil médica y falta de consentimiento informado; pérdida de oportunidad (a propósito de la STS 16 enero 2012)», *Revista Doctrinal Aranzadi Civil-Mercantil,* núm. 3, 2012, BIB 2012, 915.

SÁINZ-CANTERO CAPARRÓS, María Belén, *La reparación del daño ex delicto. Entre la pena privada y la mera compensación*, Comares, Granada, 1997.

SÁNCHEZ CALERO, Fernando, «Comentario al artículo 74 LCS. Dirección jurídica», en *Ley de contrato de seguro. Comentarios a la Ley 50/1980, de 8 de octubre y a sus modificaciones,* dir. Sánchez Calero, 2.ª ed., Aranzadi, Navarra, 2001, pp. 1253-1280.

– «Comentario al artículo 76 LCS. Dirección jurídica», en *Ley de contrato de seguro. Comentarios a la Ley 50/1980, de 8 de octubre y a sus modificaciones,* Dir. Sánchez Calero, 2.ª ed., Aranzadi, Navarra, 2001, pp. 1298-1356.

SANTOS MORÓN, M. .ª José, «La imputación de responsabilidad médica con base en las normas de protección de consumidores: el artículo 148 TRLC», *Anuario de Derecho Civil*, vol. 70, núm. 1, 2017, pp. 119-164.

– «La responsabilidad médica (en particular en la medicina "voluntaria"): una relectura desde el punto de vista contractual», *Indret*, enero 2018.

– «A vueltas con la pérdida de la oportunidad en la responsabilidad sanitaria», *Indret,* 2024.

SANZ ACOSTA, Luis, «La responsabilidad civil del abogado», *Práctica de Derecho de daños,* núm. 81, abril 2010, pp. 1-6 (según pdf; recurso digital).

SCHOPF OLEA, Adrián, «Las obligaciones de medios, de resultado y de garantía en la configuración de la responsabilidad contractual en el derecho civil chileno», *Revista de Derecho de la Universidad Católica de la Santísima Concepción,* núm. 42, 2023, pp. 56-83.

SERRA RODRÍGUEZ, Adela, *La relación de servicios del abogado, Tirant lo Blanch, Valencia,* 1999.

– *La responsabilidad civil del abogado*, Aranzadi, Navarra, 2001.

– «La responsabilidad civil del abogado: algunas consideraciones sobre su naturaleza jurídica, el incumplimiento, la configuración del daño y su cuantificación en el Derecho español», *Revista Justicia y Derecho,* Santiago, Vol. 2, núm. 2, 2019, pp. 81-100.

SILVA MELERO, Valentín, «En torno a las consecuencias civiles del delito», *Revista de Derecho Privado,* núm. 50, 1966-II, pp. 1065-1072.

SOLÉ FELIÚ, Josep, «Mecanismos de flexibilización de la prueba de la culpa y del nexo causal en la responsabilidad civil médico-sanitaria», *Revista de Derecho civil,* Vol. V, núm. 5 (enero-marzo 2018), pp. 55-97.

– «Estándar de diligencia médica y valor de los protocolos y guías de práctica clínica en la responsabilidad civil de los profesionales sanitarios», *Revista de Derecho civil,* Vol. IX, núm. 3, 2022, pp. 1-52.

SOLÉ RESINA, Judith, «La obligación de hacer: del Código civil al Derecho actual», en *Estudios de Derecho de contratos,* dir. Morales Moreno, coord. Blanco Martínez, edit. BOE, 2022, pp. 1255-1280.

TAPIA HERMIDA, Alberto J., «Comentario a los artículos 76.a) a 76.g) LCS», en *Ley de contrato de seguro. Comentarios a la Ley 50/1980, de 8 de octubre y a sus modificaciones,* dir. Sánchez Calero, 2.ª ed., Aranzadi, Navarra, 2001, pp. 1357-1475.

TORRALBA SORIANO, Orencia V., «La responsabilidad por los auxiliares en el cumplimiento de las obligaciones», *Anuario de Derecho Civil,* núm. 24, 1971-II, pp. 1143-1166.

VERGER CUART, Joana María, «El error en el diagnóstico de tumores», *Práctica de Derecho de daños,* número 130, enero-marzo 2017 (recurso digital).

VICENTE DOMINGO, Elena, «El daño», en *Tratado de la responsabilidad civil,* Tomo I, coords. Reglero Campos/ Busto Lago, Thomson-Aranzadi, 5.ª ed., Navarra, 2014, pp. 317-462.

VILLANUEVA LUPIÓN, Carmen, «Asistencia y asesoramiento profesional en la Ley de contratos de crédito inmobiliario y su desarrollo normativo. Consideraciones críticas», *Revista de Derecho civil,* Vol. VII, núm. 3, 2020, pp. 71-121.

YZQUIERDO TOLSADA, Mariano, *La responsabilidad civil del profesional liberal,* Reus, 1989.

– «El perturbador artículo 1092 del Código civil: cien años de errores», en *Centenario del Código civil*; Tomo II, Asociación de Profesores de Derecho civil, Centro de Estudios Ramón Areces, Madrid, 1990, pp. 2109-2135.

– «Responsabilidad civil del abogado», en *La Universidad y las profesiones jurídicas (deontología, función social y responsabilidad),* organizado por el Consejo de la UCM, Madrid, 1998, pp. 43-95.

– «Comentario a la STS 28 enero 1998», *Cuadernos Civitas de Jurisprudencia Civil,* núm. 47, 1998, pp. 673-688.

– *Sistema de responsabilidad civil contractual y extracontractual,* Dykinson, Madrid, 2001.

– «La responsabilidad civil médico-sanitaria al comienzo de un nuevo siglo. Los dogmas creíbles y los increíbles de la jurisprudencia», *Derecho y Salud,* vol. 9, núm. 1, 2001, pp. 35-50.

– «La responsabilidad civil de las sociedades profesionales y de sus miembros», *Práctica Derecho de Daños: Revista de Responsabilidad Civil y Seguros*, núm. 71, 2009, pp. 7-34.

– *Responsabilidad civil extracontractual*, 6.ª ed., Dykinson, 2020.

– «Por una revisión integral del régimen de solidaridad de deudores. Las trampas de la obligación *in solidum*», en *Estudios de Derecho de contratos,* dir. Morales Moreno, coord. Blanco Martínez, edit. BOE, 2022, pp. 1333-1356.

ZAMPROGNA MATIELLO, Fabricio, *Responsabilidad civil del abogado conforme a la naturaleza de la prestación y de la relación jurídica,* ed. Universidad de Granada, 2012.